김억의 창작적 역시와 근대시 형성

글쓴이
최라영(崔羅英, Choi Ra-young)
부산대학교 사범대학 국어교육과를 졸업하고 서울대학교 인문대학 국문학과에서 석사학위(서정주론)와 박사학위(김춘수론)를 받았다. 2002년『서울신문』신춘문예평론으로 등단하였으며, 부산대・서울대・서울시립대・서울여대 등에 출강해 오고 있다.
연구서로는『김춘수 시 연구』(푸른사상, 2014),『현대시 동인의 시세계』(예옥, 2006),『한국현대시인론』(새미, 2006),『김춘수 무의미시 연구』(새미, 2004) 등이 있으며, 최근에는 김억의 창작적 역시에 관한 논문들과 서술이론에 관한 번역물 및 관련 논문들을 썼다.

김억의 창작적 역시와 근대시 형성

초판인쇄 2014년 10월 1일 **초판발행** 2014년 10월 10일
글쓴이 최라영 **펴낸이** 박성모 **펴낸곳** 소명출판 **출판등록** 제13-522호
주소 서울시 서초구 서초중앙로6길 15(란빌딩 1층)
전화 02-585-7840 **팩스** 02-585-7848 **전자우편** somyong@korea.com **홈페이지** www.somyong.co.kr

값 23,000원

ISBN 979-11-85877-23-5 93810

김억의 창작적 역시와 근대시 형성

최라영 지음

A Study on the Kim-eok's Creative poetry Translation and the Formation of Modern poetry

소명출판

일러두기

- 본문에 나오는 시집 속 작품명은 원본, 중역·직역본 구분을 하지 않고 모두「 」를 사용하였다.

__서문

이 책은, 김억의 창작적 역시와 번역관에 관하여 중점, 연구하였으며 그 결과를 토대로 하여 김억의 창작적 역시가 우리나라 근대시 형성에 미친 영향에 관하여 한용운과 김소월 시 등과의 관련성을 중심으로 논의하였다. 김억의 창작적 역시에 관한 연구의 결과, 김억의 창작적 역시집들은 우리나라 최초, 서구 근대시 역시집이자 '원어역' 시집이었다. 이 책에서, 김억은 자신이 잘 모르는 러시아어와 프랑스어로 된 시집들을 제외한, 영어본 시집들은 모두 그가 '원어역'한 것임을 실증적으로 확인하였다. 놀라운 일은 당시 일어본과 대비하는 것이 아니라 오늘날의 시각에서 보아도 김억의 타고르 역시집은 전문가급의 높은 수준을 보여준다.

연구의 결과, 또 다른 사실은, 1920년대 초반의 김억이 서구 근대시를 우리말로 된 창작적 역시로 만들어내는 과정은, 고전시가로부터 근대시로의 이행기인 근대시의 전범이 부재한 당시에, 우리 고유의 근대시형과 시체를 고안해내는 일과 등가의 의미를 지닌다는 것이다. 이러한 작업의 핵심에 놓인 것이 서구 근대운문시와 산문시를 우리나라 최초로 원어역하여 우리말 구어체로 된 자생적 근대시형과 시체를 고심한 김억의 '창작적 역시'이다.

당대에, 아서 시몬즈 역시체인 김억의 '-어라 / -서라체'와 타고르 역시체인 김억의 '-습니다체'는, 김소월과 한용운을 비롯한 당대 문인들과 문학지망생들이 김억의 문체라고 불렀을 만큼 지대한 영향력을 지니고 있었다. 김억이 원어역을 통해 고안한 창작적 번역시집인『기탄자리』는 한용운의 종교적 산문시형, 시체의 근간을 이루고 있다. 그리고『잃어진 진주』에서 김억이 고심하여 만든 낭만적 운문시형, 시체는 김소월의 전통시가풍의 민요시가 우리말 구어체로 된 근대적 민요시형, 시체로서 나아가는 데에 주요한 매개가 되었다. '김억의 창작적 역시'는 근대 초창기 일제치하에 이루어진 우리나라 최초의 '원어역'이라는 점에서 식민지 지식인의 주체적 정신의 소산이다. 그리고 그의 창작적 역시는 고전시가로부터 근대시로의 이행기에 형성된 우리 근대 산문시형, 시체 및 근대운문시형, 시체의 근간을 형성하고 있다.

문학연구의 길로 이끌어주시고 삶의 지표를 가르쳐주신 고마우신 스승님들, 양왕용 선생님, 민병욱 선생님, 김용직 선생님, 오세영 선생님, 김유중 선배님, 방민호 선배님, 그리고 이 책을 흔쾌히 출간해주신 소명출판 사장님, 편집부장님, 한사랑 님께 깊은 감사의 말씀을 올린다.

2014년 가을 저자

목차

1

『기탄자리』의 번역과 번역관

1. 서론

김억의 번역에 관해서는 그의 번역이 근대 초창기 근대시 형성에 끼친 효과에 관해서 고평된다. 그런데 실제 그의 번역물 자체는 '중역'이라는 오명을 쓴 측면이 있다. 이것은 김억의 첫 번째 역시집인 『오뇌의 무도』와 그가 번역한 초기 프랑스시편들에 연구의 초점이 집중되었기 때문이다.

『오뇌의 무도』에 실린 상당수가 프랑스시편과 러시아시편이며 김억은 일어와 에스페란토어 등을 참고로 하여 이것을 우리말로 역하였다. 이것은 기존 연구자들에 의해 밝혀진 것으로서, 이 글은 김억의 『오뇌의 무도』(광익서관, 1921.3.20)에 관해서는 기존 연구자들의 견해인 '중역'임을 인정하고 출발한다.[1]

이 글은『오뇌의 무도』이후의 영어로 된 번역시집들에 관해서 그의 번역이 중역인지, 직역direct translation[2]인지 알아보는 일과 만약 원어역이라면 번역과정에서 김억이 어떠한 지향과 의식을 지녔는지를 실증적으로 고찰해 보는 것을 목표로 한다.

김억은 스스로가 프랑스어와 러시아어를 모른다고 밝힌 바 있으며 김억은 영문과 전공이력에 영어교사를 하였으므로[3] 영어에 관해서는 원어역을 하였을 가능성이 높다. 원어역이냐 중역이냐의 문제가 왜 중요하냐 하면 그것은 바로 김억의 번역물이기 때문이다. 김억은 번역시집이나 개인창작시집이 모두 우리 근대시사에서 '최초의'라는 수식어를 단 선구적 근대인이다. 그리고 그의 전방위 문학활동은 당대 근대시의 문체와 내용 형성에 지대한 영향을 끼쳤다. 특히 김억이 번역한 '—어라 / —서라체'는 당대에 김억의 문체라고 불렸을 만큼[4] 김억이 근대시의 문체를 만들어내는 것은 번역의 과정과 긴밀한 관련성을 지녔다.

'중역'은 여러 언어로 된 번역물들을 비교해서 절충한 형식이라면 '직접 번역'은 우리와 완전히 다른 서구어를 우리말의 구조와 의식에

1 김억의 프랑스 상징주의 시편들의 중역 문제에 관해서는, 김은전, 「김억의 프랑스 상징주의 수용 양상」, 서울대 박사논문, 1984; 김윤식, 「에스페란토 문학을 통해 본 김억의 역시 攷」, 『근대한국문학연구』, 일지사, 1973; 조동구, 「안서 김억 연구—시론과 시의 변모 과정을 중심으로」, 연세대 박사논문, 1988 참고.

2 '직접 번역'은 '원어역direct translation'으로서 '중역'과 대비되는 개념이다. 또한 '직접 번역(원어역)'은, '의역'과 대비되는 개념으로서의 '직역直譯' 즉, '축자역literal translation'과는 확연히 구별된다.

3 김억은 영어가 능통한 것으로 보이는데, 그는 일본유학 이후 자신의 고향 오산 학교에서 영어교사이자 국어교사를 하였다.

4 "도로혀 '다'를 쓰는 것보다도 나는 '어라, 서라'와 가튼 것을 씁니다. 이 말 못한는 '어라, 서라'를 가지고 시적 용어詩的 用語로 이러니 저러니 하면서 김동인金東仁 가튼 친우親友는 소위所謂 '안서식岸曙式'이라는 이름을 부처 줍니다. (…중략…) 이것이 내가 초기시작初期詩作에 '어라, 서라'를 지리支離할 만큼 사용使用한 소이所以외다. '다'보다는 훨신 아름답은 말인 줄 압니다", 『조선일보』, 1930.1.1~2.

맞도록 문체와 문맥을 만들어내는 것이다. '과정' 면에서 볼 때, 이 둘은, 우리말과 우리문장구조 그리고 우리의 정서와 문화에 대한 고민의 치열성의 정도가 비교가 되지 않는다. 또한 일제치하에서 우리말의 구조와 유사하며 친숙한 일어를 통해서가 아니라 서구어로 된 문학을 직접 번역하는 행위와 의식 그 자체는, 1920년대 초 근대인의 주체적 의식을 가늠하게 하는 부분이다. 그리고 이것은 김억이 이후에 '조선심'과 '민요시'를 지향한 사실과 관련성을 지닌다.

이 글은, 『오뇌의 무도』 이후의 김억의 서구 번역시집인 『잃어진 진주』(평문관, 1924.8.10)가 원어역임을 밝히고 우리말 구조와 자연스러운 문맥을 존중한 결실임을 고찰한 글[5]의 후속 작업에 해당된다. 『잃어진 진주』의 원저자인 아서 시몬즈와 『기탄자리』의 원저자인 타고르는 김억의 번역관을 설명하는 데에 상징적인 의미를 지닌다. 아서 시몬즈는 프랑스 상징주의를 영국시단에 소개한 시인으로서 김억이 이전에 심취해있던 프랑스 상징주의 시편 경도의 연장선상에서 설명될 수 있다. 그리고 타고르는 영국의 식민지하를 사는 인도인의 작품으로서 일제치하에서 정신적 의지처를 찾아야 했던 당대 지식인들에게 필요한 의식의 자양분 격이다.[6]

이 글은 김억의 『기탄자리』(이문관, 1923.4.3) 번역이 중역, 직역인지의

---

5 최라영, 「김억의 번역과 번역관 연구—『잃어진 진주』를 중심으로」, 『어문학』 114집, 한국어문학회, 2011.12.

6 김억은 1921년부터 1924년 8월까지 타고르의 시집 전권의 번역집을 모두 발간하였다. 타고르의 번역시의 문체 및 내용과 관련성을 지니며 일제치하 우리 시문학의 정점을 차지하는 한용운의 『님의 침묵』이 1926년도에 출간된 것을 감안할 때, 김억의 타고르 번역 시집들이 한용운 시와 관련하여 간접적인 매개항으로 작용하였을 가능성은 크다("이 신월新月로 써 타고아 시집詩集은 전부全部 조선朝鮮말로 옴기여젓습니다", 「머리에 한마듸」, 『신월』, 문우당, 1924).

여부를 고찰하고 이 번역물이 지닌 특성에 관하여 살펴보면서 김억의 창의적 번역관을 실증적으로 살펴볼 것이다. 특히 시 전체맥락이나 주제해석에 있어서 중요한 역할을 하면서 번역자의 의도나 창의성이 개입될 여지가 큰 영역, 특히 시 전체에서 유의성을 지니고 중첩적으로 반복되는 '지시대명사', '인칭대명사' 등의 해석에 초점을 두고 그의 번역을 살펴보고자 한다.[7]

2. 『기탄자리』의 중역, 원어역 여부

『기탄자리』는 모두 103편으로 된 방대한 산문시집이다. 김억은 이 시집의 103편 모두를 완역하였다. 『오뇌의 무도』가 우리나라 최초의 서구시 번역집이라면 『기탄자리』는 우리나라 최초로 서구어로 된 시집 완역본이다. 김억이 『기탄자리』를 번역한 1921년 이전인 1915년에 일본에서 『기탄자리』의 번역이 이루어진 바 있다. 이 글은 타고르의 *GITANJALI*[8]와 김억의 『기탄자리』 그리고 일본인 마시노 사부로增野三良의 『기탄자리』 번역인 『인도신시집印度新詩集』[9] 세 가지를 참고로 하면서 논의를 전개해 나갈 것이다.

먼저 시집의 전체 체제와 목차를 보면 김억의 번역시집과 마시노 사

7 시 전체에서 중첩되면서 복합적으로 나타나는 지시대명사와 인칭대명사의 해석과 의역 표현은 김억이 시 전체를 어떻게 이해하고 어떠한 번역방향을 지향했는가를 구체적으로 확인할 수 있는 방식이기도 하다.

8 Rabindranath Tagore, *GITANJALI*, Macmillan Co., March 1913.

9 增野三良 역, 『印度新詩集』, 東京 : 東雲堂書店, 1915大正 4.

부로의 번역시집 모두 원 시집의 목차를 그대로 따라서 완역한 공통점을 지니고 있다. 형식상의 차이점이라면 타고르의 시집과 김억의『기탄자리』는 산문시의 맨 첫 행의 일부를 따서 목차를 구성하고 본문에서는 제목이 없이 1, 2, 3 …… 등의 번호만 매겨져서 바로 시편이 이어지는 반면,『인도신시집印度新詩集』의 경우는 본문에서, 각각의 산문시 맨 첫 행의 일부를 딴 일어와 영어로 된 제목을 따로 붙였다.

나의旅路는 時間이 걸니며, 그길이 멉니다. 나는 번듯하며 빗나는 새벽볏의 첫수레를 타고, 길을써나, 만흔恒星과 여러遊星에 나의足跡을 남기면서 三千世界의 荒漠界를 지내, 나의길을 빨니하엿습니다.

主에게 가장 갓갑은길은 가장 먼길이며, 가장單純한 音調를 타는것은 가장複雜한것입니다.

길손이 自己의 잇을집을 차즈랴면 다른 모든집을 뚜다려보아야하며, 畢竟 가장깁흔 聖殿을 차즈랴하면 外部의全世界를 싸고돌아야합니다.

눈을 감고,「主가 여긔게시다」하기싸지에는 나의눈은 멀게도 넓게도 아득엿습니다.

「아々어데?」하는疑問과, 絶叫는 千萬줄기의눈물이되야,「내가 여긔잇다.」하는 確信의洪水에 왼世界는 잠깁니다.

「기탄자리 12」

THE time that my journey takes is long and the way of it long.

I came out on the chariot of the first gleam of light, and pursued my voyage through the wildernesses of worlds leaving my track on many a star and planet.

It is the most distant course that comes nearest to thyself, and that training is the most intricate which leads to the utter simplicity of a tune.

The traveller has to knock at every alien door to come to his own, and one has to wander through all the outer worlds to reach the innermost shrine at the end.

My eyes strayed far and wide before I shut them and said "Here art thou"

The question and the cry "Oh, where?" melt into tears of a thousand streams and deluge the world with the flood of the assurance "I am!"

「GITANJALI 12」

わしの旅行が費す時間はがいな, そしてその道程もながい.

私は光の第一の開光の戰車に乘つて生れて來た, そして澤山な衛星や澤山な遊星の上に私の痕跡を殘して, あらゆる全世界の荒寥を横斷して, わしの航路を進めてゐるのだ.

爾自身に一番近づくのは一番遠い航路てある, そしてその操縦は實に紛糾て, 遂には一つの調子の聲を發する單純となるまで導かねばならぬ.

旅人が, 彼の自分の家にくるまで, 一軒一軒異邦の人の戸口を叩いて居る. そしてまた一人は終局は最も奥深い神殿に入らうとしてあらゆる地球外の世界までも放浪して居る.

私の眼は, わしが眼をつぶつて「神ここに在す」といふ前を, 遙かに遠く隔たつて迷うて居る.

「おお何處に」といふ懷疑と悲歎とは, 千の河川の涙に解けてゐる. そして「我也」の妄念の汎濫が世界を洪水としてゐる.

「わしの旅行が費す時間」

내가 여행에 소비한 시간은 길며, 그리고 그 여로旅路도 길다.

나는 빛의 제일의 섬광閃光의 전차를 타고 태어났으며 그리고 수많은 위성과 수많은 유성위에 나의 발자취를 남기고 있으며 전세계의 온갖 황폐함과 쓸쓸함을 횡단하면서 나의 항로를 계속하고 있는 것이다.

네 스스로에게 가장 접근할 수 있는 것은 가장 먼 항로이다. 그리고 그 조종은 참으로 분규紛糾하여, 마침내 한 리듬의 목소리를 낼 수 있도록 단순하게 될 때까지 유도하지 않으면 안 된다.

여행자가, 그 자신의 집에 다다를 때까지, 한 집 한 집 이방인의 집 문을 두드리고 있다. 그리고 또 다른 한명은 마지막 순간에는 가장 깊은 곳의 신전에 들어가기 위해 여러 지구 외地球外의 세계까지도 방랑하고 있다.

내 눈은 내가 눈을 감고 '신은 여기에 있다'고 말하는 앞을, 아주 멀게 떨어져 헤매고 있다.

'아 어디에'라는 회의와 비탄은 천개의 하천의 눈물로 녹고 있다. 그리고 '아야我也'의 망념妄念의 범람은 세계를 홍수로 넘치게 하고 있다.

먼저 영어원문 첫 행에서 "THE time that my journey takes is long"에 관하여 김억은 '나의 여로旅路는 시간時間이 걸니며'라고 하였으며 마시노 사부로는 "내가 여행에 소비한 시간은 길며わしの旅行が費す時間はがいな"라고 번역하였다. 즉 전자의 주어는 "나의 여로旅路는"이며 후자의 주어는 "내가 여행에 소비한 시간은"이며 술부는 "시간時間이 걸니며"와 "길며"이다. 즉 각각의 주어와 술어의 지점이 상이하다.

마시노 사부로가 좀 더 영어식 직역에 가까운 표현이라고 할 수 있다. 그러나 문장구성을 볼 때 주어부가 긴 일어 표현보다 술어부가 긴

김억의 표현이 우리말 어순에는 자연스럽다고 할 수 있다. 그리고 김억은 일어시의 "소비が費"라는 표현에 비해 '걸니다'라는 우리말 표현을 사용하여 좀 더 구어체에 가까운 번역을 하였다.

그리고 첫 행의 이어지는 다음에서 "and the way of it long"은 김억은 "그길이 멉니다"로 역하였고 마시노 사부로는 "그리고 그 여로旅路도 길다そしてその道程もながい"로 역하였다. 이 구절에서 마시노 사부로는 여정 즉 '도정道程'이라는 한자어를 써서 표현한 반면 김억은 '그 길'이라는 표현을 쓴 점이 상이하다.

두 번째 단락인 "I came out on the chariot of the first gleam of light"의 경우, 김억은 "나는 번듯하며 빗나는 새벽볏의 첫 수레를 타고"라고 역하였으며 마시노 사부로는 "나는 빛의 제일의 섬광閃光의 전차를 타고 태어났으며私は光の第一の閑光の戰車に乘つて生れて來た"라고 역하였다. 여기서 '새벽볏의 첫 수레'가 '제일의 혈광의 전차'보다 의역이면서도 자연스러운 시적 표현이다. 무엇보다도 "came out"에 관해서 마시노 사부로는 '타고 태어나다'로 해석하였는데 김억의 '타다' 즉 타고 떠나다, '나오다'라는 표현이 정확한 번역이다. 마시노 사부로가 역한 것처럼 되려면 "come from"이 되어야 할 것이다.

이어지는 "the wildernesses of worlds"에 관해서 마시노 사부로는 그대로 직역한 반면 김억은 "삼천세계三千世界의 황막계荒漠界"라고 표현하였는데 여기서, '거칠고 을씨년스럽다', '거칠고 아득하게 넓은 느낌이 있다'는 '황막스럽다'의 '황막'에 '계'를 붙인 합성명사이다. '황막계'에다, 가상의 거리나 심리적 거리상으로 먼 느낌을 표현하기 위하여 '삼천'이라는 수치를 붙인 것은 김억의 창의적 표현이다. 이러한 덧붙

인 표현은 실제로 김억이 영어원문을 해석하고 작업하지 않았다면 구사하기가 힘든 것이다.[10]

세 번째 단락인, "It is the most distant course that comes nearest to thyself, and that training is the most intricate which leads to the utter simplicity of a tune"을 보자. 김억은 이것을, "주主에게 가장 갓갑은 길은 가장 먼 길이며, 가장 단순單純한 음조音調를 타는 것은 가장 복잡複雜한 것입니다"라고 역하였다. 그리고 마시노 사부로는 이것을, "네 스스로에게 가장 접근할 수 있는 것은 가장 먼 항로이다. 그리고 그 조종은 참으로 분규紛糾하여, 마침내 한 리듬의 목소리를 낼 수 있도록 단순하게 될 때까지 유도하지 않으면 안 된다爾自身に一番近づくのは一番遠い航路てある, そしてその操縱は實に紛糾て, 遂には一つの調子の聲を發する單純となるまで導かねばならぬ"로 역하였다.

여기서 "thyself"에 관하여 김억은 "주主"라고 역한 반면 마시노 사부로는 "네 스스로에게"라고 역하였다. 후자가 직역에 가까운 표현이다. 그런데 "thou", "thy" 등과 같은 2인칭대명사가 『기탄자리』 시집 전편에 나오는 점을 주목해 보아야 한다. 김억은 이것을 당신 즉 '신'의 문제와 관련지어 해석한 반면 마시노 사부로는 이것을 '너', '당신'으로 일관되

---

10 김억은 번역에서 수치 표현이 나올 때 수치를 좀 더 더하여 번역하는 성향이 있다. 『잃어진 진주』의 「The Opium-smoker阿片쟁이」 1연의 후반부에서도 '백천만 년百千萬年'이라는 역어가 나온다. 이것은 영어원문의 'A million ages'의 번역어이다. 'million'은 '백만'으로 번역해야 하는데 이것을 '백천만'이라고 의역한 것은 뒤에 이어지는 'ages'와의 연관성을 고려한 번역이라고 볼 수도 있다. 그러나 그보다는 김억은 'million'이 영겁의 세월인 '백천만'에 상응하는 것으로 해석한 것이다. 만약 이것이 중역이라면 '백만'이라는 표현을 '백천만'이라는 훨씬 큰 수치로 쉽사리 바꾸기가 어려웠을 것이다. 이것은 김억이 'million'을 직접 읽고서 이것을 개인적인 취향에 부합하도록 다시 의역한 증거라고 할 수 있다. 김억이 "백천만 년"이라고 한 것은 한시소양을 갖춘 김억이 한시 구절에 나오는 오랜 세월 혹은 영겁의 의미로서 이 어구를 해석한 것이다.

게 번역하고 있다. 김억의 호칭어 선정이 시의 맥락에 가까운 것이다.

다음으로, 김억이 역한, "주主에게 가장 갓갑은 길은 가장 먼 길이며, 가장 단순單純한 음조音調를 타는 것은 가장 복잡複雜한 것입니다"라는 구절이 단순하면서도 명료하게 맥락을 잡은 표현이라는 것은 마시노 사부로가 역한 "네 스스로에게 가장 접근할 수 있는 것은 가장 먼 항로이다. 그리고 그 조종은 참으로 분규紛糾하여, 마침내 한 리듬의 목소리를 낼 수 있도록 단순하게 될 때까지 유도하지 않으면 안 된다" 구절과 비교하면 단적으로 알 수 있다.

김억의 번역이 김억자신이 원문의 맥락을 명확하게 이해하고 이것을 단순화시켜 시적 역설로 만든 표현에 가깝다. 즉 이 구절의 일어시 번역의 경우, "that training is the most intricate which leads to the utter simplicity of a tune"에 관하여 "so —that" 구문 즉 '참으로(너무) —해서 —하다'로 해석한 것은 문법적으로는 적절하지 않다.

그리고 네 번째 단락에서, "one has to My eyes strayed far and wide"를 보자. 여기서 "one"에 관하여 김억은 앞 구절에 나온 길손을 암묵적으로 받는 주어로 해석한 반면 마시노 사부로는 "또 다른 한명"이라고 역하였다. 이때의 "one"은 앞에 나온 길손과 같은 특정지어지지 않는 어떤 사람으로 해석하는 것이 적절하며 김억처럼 앞 주어에 이어서 오히려 명명하지 않고 술어부를 전개하는 것이 더 적절한 번역이다.

여기까지 김억과 마시노 사부로의 번역에서 알 수 있듯이, 마시노 사부로의 번역물이 앞서 출간된 것을 충분히 감안해보더라도, 김억의 번역은 원문을 직접 보고 번역한 직역일 뿐만 아니라 원문의 해석에서 마시노 사부로가 빈번하게 보여주는 확연한 문법적 오역은 거의 없는 의역임을 알 수 있다. 김억이 자연스러운 우리말 의역을 중시하면서도 문법적으로 정확하게 번역한 것은, 단적으로 이 시 네 번째 단락의 "has to"의 경우, 시에서 두 번이나 나오며 강조된 표현이라는 점을 감안하여 김억은 '－아야 합니다'란 표현을 살리는 데 반해 마시노 사부로는 '－하고 있다'로 역한다.

김억 번역의 문학적 이해의 정도는 위 시의 마지막 두 단락에서 단적으로 드러난다. 논의를 위해 이 시 마지막 두 단락을 다시 인용하면,

> 눈을 감고, 「主가 여긔게시다」하기까지에는 나의눈은 멀게도 넓게도 아득엿습니다.
>
> 「아々어데?」하는疑問과, 絶叫는 千萬줄기의눈물이되야, 「내가 여긔잇다.」하는 確信의洪水에 왼世界는 잠깁니다.

> My eyes strayed far and wide before I shut them and said "Here art thou"
>
> The question and the cry "Oh, where?" melt into tears of a thousand streams and deluge the world with the flood of the assurance "I am!"

> 私の眼は，わしが眼をつぶつて「神ここに在す」といふ前を，遙かに遠く隔たつて迷うて居る.
>
> 「おお何處に」といふ懷疑と悲歎とは，千の河川の涙に解けてゐる．そして「我也」の妄念の汎濫が世界を洪水としてゐる.

내 눈은 내가 눈을 감고 '신은 여기에 있다'고 말하는 앞을, 아주 멀게 떨어

져 헤매고 있다.

'아 어디에'라는 회의와 비탄은 천개의 하천의 눈물로 녹고 있다. 그리고 '아야我也'의 망념妄念의 범람은 세계를 홍수로 넘치게 하고 있다.

마지막 두 단락은 두 사람의 해석이 매우 상이하게 달라지는 부분이다. 이것은 "here art thou"와 "Oh, where?" 그리고 "I am!"에 관한 연관 해석으로 인한 것이다. 먼저 인용 첫 번째 단락의 "here art thou"의 경우는, 김억은 "주主가 여긔 게시다"로 마시노 사부로는 "신은 여기에 있다"로 대체로 일치하며 이 문장의 내용상으로도 특별한 차이를 보여주지는 않는다.

그런데 마지막 단락을 보자. 여기서 김억은 "'아々어데?' 하는 의문疑問과, 절규絶叫는 천만千萬 줄기의 눈물이 되야, '내가 여긔 잇다' 하는 확신確信의 홍수洪水에 왼 세계世界는 잠깁니다"로 해석하였는데, 이것은 구도자의 의문과 절규 끝에 신에 대한 확신 혹은 깨달음으로 인한 감격으로 시행을 역한 것이다.

반면에 마시노 사부로는, "'아 어디에'라는 회의와 비탄을 천개의 하천의 눈물로 녹고 있다. 그리고 '아야我也'의 망념妄念의 범람은 세계를 홍수로 넘치게 하고 있다"로 해석하였는데, 이것은 구도자의 회의와 비애에도 불구하고 '나라는 망념' 즉 나의 망령된 생각 혹은 그릇된 생각으로 인해 끝없는 절망에 빠지는 인간의 비극으로 역한 것이다.

이것은 "the flood of the assurance "I am!""을, 두 사람이 각각 다르게 해석한 것에 기인한다. 즉 김억은 '나이다 하는 확신의 홍수'로 이해하였으나, 마시노 사부로는 '나'라는 망념에서 끝내 벗어나지 못하는 구+

도자의 비애 쪽으로 해석하였다. 이 중 김억이 해석한 "'나'이다라는 확신의 홍수', 즉 구도자가 '나'에 대한 궁극적 깨달음과 기쁨을 발견한다는 해석이 타고르의 이 구절에 대한 정확한 해석이다.[11]

이것은, 첫째, 위의 단락 바로 앞에 있는, "The traveller has to knock at every alien door to come to his own, and one has to wander through all the outer worlds to reach the innermost shrine at the end"의 해석과 관련시킴으로써 확인된다. 즉 이 문장은, 궁극적으로 가장 안쪽의 신전에 도달한다는 것으로서, 길손이 자기의 '집'에 다다를 때까지 방랑과 수행의 여정을 거친다는 의미를 지닌다. 이때 '자기의 집his own'이나 '가장 안쪽의 신전the innermost shrine'은 단순한 장소를 넘어서서 구도자의 참된 내면까지 뜻하고 있다.[12] 즉 이 문장 다음의 위 단락은 이와 같이 구도자의 '집'으로의 도정에 대한 상징적 의미를 구체화한 것이다.[13]

다음으로, 위의 구절에 대한 김억의 해석이 옳다는 것은 위 단락의 "here art thou"와 "Oh, where?" 그리고 "I am!"이라는 세 개의 인용구에 의해 더욱 확연해진다. 즉 구도자가 "신이 여기에 있다"는 확신을 얻게 되는 과정을 서술한 것이다. 마지막의 "I am!"의 경우는 신을 끊임없이 찾는 구도자의 질문에 대한 신의 대답으로 해석할 수도 있지만 궁극적으로 그러한 끝없는 질문과 회의를 통해 구도자의 참된 자아에 이를

---

11 "Accept only what is offered by sacred love"(「기탄자리 9」(이후 「기탄 ○○」으로 약칭))의 경우, 김억은 "다만 신성神聖한 사랑으로 발비남아 들니워시는것만을 받아라"로, 마시노 사부로增野三良는 "오직 성스러운 사랑으로 비쳐진 것만을 드려라"로 해석하였다. 이 중 김억의 것이 옳은 번역이다.

12 "innermost"는 '가장 중심부의', '가장 사적인(내밀한)' 등의 의미를 지니는데, 이것은 이 시의 문맥상 공간적인 의미를 넘어서 시적 자아의 내면적인 공간을 함께 아우르는 것이다.

13 "thousand streams"의 번역 역시 김억이 역한 '천만 줄기의 눈물'이 마시노 사부로가 역한 '천 개의 하천의 눈물'보다 자연스러운 번역이다.

것을 뜻한다. 김억이 번역한 구도자의 내적 깨달음의 결말이 원시 해석에 정확한 것이면서도 종교적 깊이를 더하는 해석이다.

이와 같이 김억의 『기탄자리』 번역은 원시로부터의 직접 번역일 뿐만 아니라 마시노 사부로의 번역과는 명백히 차별화되며 문학성을 지닌 간결한 구어체 표현임을 알 수 있다.[14] 그리고 『기탄자리』는 원어로부터의 직접 번역일 뿐만 아니라 서구어로 된 방대한 시집을 선구적으로 완역하였다는 사적 의의를 지닌다.[15]

---

14 김억의 번역과 마시노 사부로의 번역을 대비해 볼 때 한자어가 겹치는 구절을 찾아볼 수는 있다. 「기탄 6」에서 첫 구절을 대비해보면 'take it' 해석의 생략과 'delay'를 '주저하다'로 해석한 것이 일치한다. 그런데 이 첫 문장 이후의 해석을 보면 두 사람의 번역이 전혀 다르다는 것을 알 수 있다. 'garland'의 경우 김억은 이것을 '화관'으로 보아서 의역하였고 마시노 사부로는 '정원'으로 보아서 직역하고 있다. 이후에 이어지는 문장을 비교해 보아도 김억의 것이 의역이면서도 내용을 명확하게 전달하는 간결하고도 자연스러운 문맥을 지니고 있음을 확인할 수 있다. 이것으로 미루어 보아서, 이 시의 맨 첫 행에서, 'take it' 해석의 생략과 'delay'를 '주저하다'로 해석한 것이 일치한 것은 김억의 간결한 번역지향으로 인한 것이라고 보아도 무방하며 우연한 일치로 볼 수 도 있다. 그리고 설사, 김억이 미리 출판된 마시노 사부로의 타고르 번역을 참고로 하였다 하더라도 번역의 상태가 김억의 것이 전문가급의 안목을 지닌 것임을 확연하게 보여준다. 또한 영어 번역의 해석에서 일치하는 한자어들은 당시에 이들이 사용한 영어사전이 설명부분에서 활용된 한자어와 오히려 관련이 있을 수도 있다. 김억이 타고르시를 번역한 이후에 마시노 사부로의 것을 대비하였을 가능성은 크다. 그러나 김억의 것보다 마시노 사부로의 것이 이전에 나온 번역임을 감안하더라도 김억의 것이 탁월하게, 정확하고 자연스러운 해석을 보여준다.

15 김억의 오역이자 의역에 해당되는 사례를 통해서도 김억의 번역과 마시노 사부로의 번역이 상이함을 확인할 수 있다. 「기탄 7」에서, "Thou hast made me endless, such is thy pleasure. this frail vessel thou emptiest again and again, and fillest it ever with fresh life"를 보자. 여기서 김억은 이것을, "주主씌서 저를 무한無限케 하섯습니다. 이리하심이야말노 주主의 즐거움입니다. 주主씌서는 이 연약軟弱한 그릇을 다시금 뷔이게 하시고는 항상恒常 신선新鮮한 생명生命을 다시금 가득케 하여주십니다"로 역하였다. 마시노 사부로의 경우는, "그대는 나를 무한하게 만든다. 그것이 당신의 환영歡迎이다. 그 깨지기 쉬운 항아리를, 당신은 몇 번이나 몇 번이나 비게 해서, 또 끊임없이 새롭고 산뜻한清新 생명을 가득히 담고 있다爾は私を無限にする, それが爾の歡樂ある. この壊易い甕を, 爾は幾度も幾度も空虛にして, また絶えず清新な生命を一杯盈して居る"로 역하였다. 여기서 김억은, "again and again" 어구를 앞 문장과 뒷 문장에 의미를 분산시켜 "다시금－다시금"으로 의역한 것에서 두 사람의 번역의 방향이 확연히 다름을 알 수 있다. 이것 또한 김억이 일어를 중역한 것이 아님을 보여주는 사례가 된다.

3. 『기탄자리』와 김억의 창의적 번역

1) 의미의 함축성 중시

앞 절에서 『기탄자리』가 일어의 중역본이 아니라 원어로부터의 직역임을 살펴보았다. 직역일 뿐만 아니라 일어역이 지닌 오류나 생경한 표현이 적게 나타나며 원문이 지닌 시적 깊이를 간결하게 살려내는 번역임을 알 수 있었다. 이 점은 김억의 『잃어진 진주』 번역보다 『기탄자리』 번역이 진일보한 지점이다.

> 제노래는 온갖裝飾을 벗어버렷습니다 제노래는 衣服과裝飾을 자랑으로 알지안습니다. 裝飾은 우리의合一을 妨害합니다. 裝飾은 主와 저의사이를 막으며, 裝飾의 성가신소리가 主의소근거리는말슴을 못듣니게 합니다.
>
> 저의詩人의虛榮은 主의압헤서는 부쓰럽어 죽습니다.
>
> 오々 主되시는詩人이여, 저는 主의발아래에 안젓습니다. 主끠서 갈대피리를 音樂으로 채우시는모양으로, 저의生命을 單純하고 率直하게 하여주서요, 아못죠록.
>
> 「기탄자리 7」

> My song has put off her adornments. She has no pride of dress and decoration. Ornaments would mar our union; they would come between thee and me; their jingling would drown thy whispers.
>
> My poet's vanity dies in shame before thy sight. O master poet, I have sat down

at thy feet. Only let me make my life simple and straight, like a flute of reed for thee to fill with music.

「GITANJALI 7」

私の歌はあの女の衣裳を脫がしてしまつた. あの女に衣服や裝具の驕傲がなくなつてしまつた. 華飾といふことは私達の融和を妨げるもので, いつもお前と私との間に華飾が邪魔をして, その裝具の釘鐺と鳴る音がお前の聶を消すのである.

私の詩人といふ矜持はおまへの眼の前で, 羞辱のうちに滅入つてしまつた. おお大詩人よ, 私はおまへの足もとに跪いてゐる. ただ私をして私の生命を單純で直截にさせて吳れ, 宛然お前のために音樂を吹きてむ蘆の笛のやうに.

「私の歌はあの女の衣裳を」

나의 노래는 그 여자의 의상을 벗겨버리고 말았다. 그 여자에게서 의복과 장신구의 교만과 오만이 사라지고 말았다. 화려하다는 것은 우리들의 융화를 방해하는 것이어서, 언제나 너와 나와의 사이를 화려함이 방해하여, 그 장신구가 쨍그랑거리며 울리는 소리가 너의 속삭임을 지우고 있는 것이다.

나의 시인詩人으로서의 긍지는 너의 눈앞에서, 치욕 속으로 잦아들고 말았다. 오 대시인이여, 나는 너의 발밑에 꿇어 앉아있다. 다만 나로 하여금 나의 생명을 단순하고 똑바르게 할 수 있도록 해주기 바란다, 마치 너를 위해 음악을 울리고 있는 갈대피리와도 같이

이 시의 번역을 김억 역과 마시노 사부로 역을 대비하여 살펴보면 의미의 방향이 매우 상이함을 알 수 있다. 「기탄자리 7」의 해석이 극명

하게 갈라지는 이유는 바로 이 시의 전반부에 나오는 'her', 'She', 'our', 'thee' 등의 해석에 있다. 먼저 이 시의 첫 문장, "My song has put off her adornments"를 보자. 이것에 대하여, 김억은 "제 노래는 온갖 장식裝飾을 벗어버렷습니다"로 해석하였고 마시노 사부로는, "나의 노래는 그 여자의 의상을 벗겨버리고 말았다私の歌はあの女の衣裳を脫がしてしまつた"로 해석하였다.

이 문장 하나로만 보면 마시노 사부로의 해석이 직역이면서 정확한 것으로 보인다. 왜냐하면 김억은 이 문장의 'her'를 해석하지 않았는데, 그것은 이 인칭대명사를 "My song"을 암묵적으로 지칭하는 것으로 보았기 때문이다. 반면에 마시노 사부로는 "My song"과 별도로 존재하는 여성인 것처럼 그녀, "her"를 상정하고 해석하였다.[16]

첫 문장의 해석 차이는, 김억이, 이 문장 다음에 나오는, "She has no pride of dress and decoration. Ornaments would mar our union; they would come between thee and me; their jingling would drown thy whispers"를, 신과 나의 문제와 관련지어서 해석한 데서 연유한다. 즉 김억은, '제 노래가 온갖 장식을 벗어버렸다'는 앞 문장의 내용과 의미상의 일치를 이루도록, 첫 문장에 이어지는 위의 영어구절도, '제 노래가 의복과 장식을 자랑으로 하지 않으며 장식은 주主와 저 사이의 합일을 막는 존재'라고 해석하였다. 이에 반해 마시노 사부로의 해석을 보면, '나의 노래가 그

16 김억은 『잃어진 진주』 번역의 시편들에 나오는 'she'는 대부분 '내 님'으로 번역하였다. 이러한 번역은 이 시집의 '연가戀歌'풍을 강화시키는 역할을 한다. 김억은, 원시에 빈번하게 나오는, '그he'나 '그녀she'와 같은 생경한 서구식 대명사를 직역하는 것을 삼가며 이들 대명사가 의미하는 것 혹은 앞 문맥에서 나왔던 자연스러운 명명어를 이어 받아서 번역하는 경향이 있다.

여자의 의상을 벗겨버리고 그 여자에게서 의복과 장신구의 허영이 사라졌으며 화려함은 우리들의 융화를 방해한다'고 하였다.

즉 김억의 번역은 '나의 노래' 즉 '나의 마음속에 존재하는 장식과 같은 허영'이 '신과의 합일을 방애하는 장애물'이라고 해석하였다. 반면에, 마시노 사부로의 번역은 마치 '어떤 여자의 의상을 벗겨버리고 그녀와의 합일을 방해하는 것'으로서 '의상과 장식'을 형상화하고 있다. 즉 김억의 번역은 '나의 내면적 갈등과 신의 문제'라는 방향으로 해석한 반면에, 마시노 사부로의 번역은 '세속적인 여성과 나의 문제를 환기'시키면서 '장식'이라는 제재를 해석하였다.

어떤 것이 적확한 번역이냐에 관해서는 후반부의 시내용이 증명해준다. 즉 후반부에서 시적 화자가 자신의 생명이 갈대피리를 통해 들리는 음악처럼 단순하고 솔직할 수 있도록 되기를 기원하는 모습에서 구도자의 자세가 형상화되고 있다. 시의 맥락상의 전개로 볼 때 김억의 번역이 시적인 함축성을 지닐 뿐만 아니라 전체 맥락의 전개에도 정확한 해석을 한 것이다.

뿐만 아니라 세부적으로 보면, 김억은 이 시에 나오는 "her", "she"에 관하여 허영심을 지닌 듯한 나의 노래로 지칭하였으며 "our"는 '이 노래'와 '나'를 아울러 지칭하고 있다. 그리고 그는 "thee and me"를 '신'과 '나'라는 관계로 해석하고 있다. 이에 비해 마시노 사부로의 해석은 'her', 'she'를 여성을 지칭하는 인칭대명사로서, 그리고 "our"는 세속적 여성인 '그녀'와 '나'로 해석하고 있으며 "thee and me"는 '너와 나'로 단순하게 해석하였다. 즉 김억의 인칭대명사 해석이 직역에서 나아가 있을 뿐만 아니라 의미상으로나 문법적으로 차별적인 지칭어를 사용하여 의역함으로써 자연스러운 의미를 형성한다.

또한 이 시의 후반부에서 “My poet’s vanity” 또한 김억의 ‘허영’이라는 표현이 마시노 사부로의 ‘긍지’라는 표현보다 문맥상으로 적절하다. 왜냐하면 신 앞에서 시적 화자의 “허영”으로 인해 매우 부끄러워한다는 표현이 맥락상으로 적합하기 때문이다.

이 시의 마지막 문장, “Only let me make my life simple and straight, like a flute of reed for thee to fill with music”을 보자. 이것에 대해서, 김억은, “주主씌서 갈대피리를 음악音樂으로 채우시는 모양으로, 저의 생명生命을 단순單純하고 솔직率直하게 하여주서요, 아못죠록”으로 해석하였다. 그리고 마시노 사부로는, “다만 나로 하여금 나의 생명을 단순하고 똑바르게 할 수 있도록 해주기 바란다, 마치 너를 위해 음악을 울리고 있는 갈대피리와도 같이ただ私をして私の生命を單純で直截にさせて吳れ, 宛然お前のために音樂を吹きてむ蘆の笛のやうに”로 해석하였다.

여기서 비유어인 ‘갈대피리’에 주목해 보면 마시노 사부로는 이것을 단순히 음악을 내는 소재로 나타낸 반면, 김억은 ‘신이 갈대피리를 음악으로 채우는 모양으로’로 의역하였다. 즉 김억은 이 시 마지막에서 신에게 자신의 생명이 단순하고 솔직해지기를 바라는 기원에 합치되도록 ‘갈대피리’와 ‘갈대피리의 음악’을 ‘나’와 ‘나의 생명’과 연관지어 서술한 것이다. 김억의 마지막 구절 표현이 이 시의 종결을 의미상으로 깊이 있고 풍부하게 만들고 있다.

김억이 번역에서 의미의 함축성을 살리는 지향을 보여주는 특성은 2절과 이 절에서 보았듯이, 시 전체의 의미해석에 중요하게 작용하는 지시대명사와 인칭대명사 등에 대한 해석에서 단적으로 확인된다.

2) 우리말 구어체와 창의적 번역

김억의 『기탄자리』와 비슷한 시기에 번역된 『잃어진 진주』를 대비할 때, 『기탄자리』의 번역은 김억이 주장한 창의적 번역의 사례를 실증적으로 보여주고 있다. 앞 절에서 고찰하였듯이 일차적인 해석에 머무르기 쉬운 영어원시를 원시의 의미보다 더욱 함축성을 지니는 방향으로 김억의 번역이 이루어지고 있음을 알 수 있다. 『잃어진 진주』는 이러한 문학적 함축성을 돋보이게 하는 번역이 「아편쟁이」를 비롯한 몇몇 시편들에서 돋보이는 한계를 지니는 반면, 『기탄자리』의 번역에서는 이와 같은 문학적 의미를 살리는 시편들이 상당수를 차지한다.

『기탄자리』 번역이 지닌 시적 함축성의 의의는, 이 글 2절과 3절 1항에서 보듯이, 김억이 중첩적으로 나오는 지시대명사와 인칭대명사를 각각 맥락에 맞도록 차별적으로 번역한 데서 단적으로 확인할 수 있다. 마시노 사부로의 『기탄자리』 번역에서 2인칭대명사는 한결같이 '너'라고만 되어 있으며 그 외의 지시대명사들도 직역 그 자체에 머물러 있기 때문에 원시가 지닌 신앙적 깊이를 살리기 어려운 측면이 있다.

반면에 김억의 번역에서는 이와 같은 장소 및 인칭대명사를 원뜻에 부합되게 의역하며 때로는 우리말 구조에 적합하도록 이러한 대명사를 생략하기도 한다. 이것은 정확한 원시 이해와 고도의 우리말 구사가 뒷받침되지 않는다면 이루어지기 어려운 일이다.

김억의 『기탄자리』 번역의 창의적 특성에 관해서, 첫째로 문학적 함축성을 살리는 섬세한 언어 구사를 들 수 있다면 이것과 연관되는 또 다른 특징으로서 간주되는 부분은 그가 우리말로 된 자연스러운 구어체를 실현시키고 있다는 것이다. 김억의 『기탄자리』 번역을 살펴보면, 마시노 사부로의 번역에 대비할 때 되도록이면 한자나 문어체 표현을 배제하고 자연스럽게 우리말을 활용하고 있음을 알 수 있다.

또한 김억은 원문의 번역에서 발견하기 쉬운 영어 문장의 생경한 구문순서를 온전하게 우리식으로 바꾸어 놓고 있으며 또한 글에서만 통용되는 문어체 표현을 간결한 구어체로 의역하고 있다. 이것은 그가 『기탄자리』 서문에서 산문시의 형태라 번역이 일견 쉬워 보이지만 막상 번역하면 생경한 "서양식" 문장이 되기 쉽기 때문에 '구어체'를 지향하는 전환과정에서의 어려움을 토로한 내용과 일치한다("역문譯文은 직역直譯을 줄기로 잡고 하엿읍니다, 만은 넘우 직역直譯만으로는 뜻의 불명不明과, 또는 넘우도 서양식西洋式이 되기 때문에 의역意譯한 곳도 적지 아니합니다").[17]

제慾望은 만하, 저의부르지즘은 설습니다. 만은 主씌서는 恒常 굿은拒絶로 저를救援하여주십니다. 그리하야 이 힘잇는恩惠는 제生命속으로 깁게도 사모찻습니다.

날이면 날마다, 主씌서는 저로하야금 求치안아도 주시는單純하고, 偉大한 선물을 밧을수가 잇는것되도록 만들어주십니다. ― 이 하늘과, 이빗과, 이몸과, 이生命과, 이맘과, ― 그리하고 모든過慾의災禍에서 저를 救援하여주십니다.

저는 때때 설어서 彷徨하기도하며, 때々 깨여서 제所願을 成就식이랴고 배밧비합니다. 만은 主씌서는 몸쓸게도 제안헤서 몸을 감추시고 맙니다.

---

17 「서문」, 『기탄자리』, 이문관, 1923.4.3.

날이면 날마다, 主끠서는 제所願을拒絶하시면서, ○○○하고, 쓸데업는 慾望의 災禍에서 저를 救援하야 主의모든것을 밧아들일만한것이 되도록 만들어주십니다.

「기탄자리 14」

My desires are many and my cry is pitiful, but ever didst thou save me by hard refusals; and this strong mercy has been wrought into my life through and through.

Day by day thou art making me worthy of the simple, great gifts that thou gavest to me unasked — this sky and the light, this body and the life and mind — saving me from perils of overmuch desire.

There are times when I languidly linger and times when I awaken and hurry in search of my goal; but cruelly thou hidst thyself from before me.

Day by day thou art making me worthy of thy full acceptance by refusing me ever and anon, saving me from perils of weak, uncertain desire.

「GITANJALI 14」

이 시편들은 타고르의 시적 지향과 신앙심을 보여주는 한편, 김억 번역이 얼마나 우리말로 된 자연스러운 어법과 문장을 지향하였는가 하는 것을 단적으로 보여준다. 먼저 김억이 번역한 시편을 읽어보면 마치 우리말로 처음 쓴 시편처럼 특별히 어색한 부분 없이 자연스럽게 읽힌다. 그 이유는 그가 영어 원문의 문장 구조를 우리의 문장구조에 맞도록 변용시킨 덕분이다. 그리고 그가 생경한 영어직역 투를 김억의 창의적 개인어로 바꾸어놓은 때문이다. 그 결과 번역시편이 1920년대

초 근대 초창기의 번역임에도 불구하고 우리말로 된 유장한 리듬까지 형성하는 것이다.[18]

이러한 자연스러운 문장의 호흡을 만들어주는 특징적인 표지를 살펴보면, 먼저 접속사인 'and'와 'but'의 창의적 번역을 들 수 있다. "My desires are many and my cry is pitiful, but ever didst thou save me by hard refusals"에 관해서, 김억은, "제 욕망慾望은 만하, 저의 부르지즘은 설습니다. 만은 주主꾀서는 항상恒常 굿은 거절拒絶로 저를 구원救援하여 주십니다"로 번역하였다.

여기서 김억은 'and'를 앞의 'many'와 연관지어 '만하' 즉 '많아(서)'라고 역함으로써 'and'의 '그리고'의 의미에다 원인과 결과의 의미를 추가하면서 간결하고도 자연스러운 표현을 보여준다. 또한 김억은, 그 뒤에 나오는 'but'를 '만은'이라고 역하였는데 '그러나'보다 완화된 의미를

---

18 이 시에 대한 마시노 사부로의 번역은 다음과 같다.
"나의 욕망은 여러 가지이다. 나의 울음소리는 처량하다. 그러나, 그대는 끊임없이 준엄한 배척으로 나를 구하려 하는 것은 아닐까. 그렇게 이 강한 자애는 계속해서 계속해서 나의 생명 속에 섭취되고 있는 것이다私の渴愛はさまざまである, 私の泣き聲は愍然である. しかし, 爾は絶えず峻嚴な擯斥によつて私を救うてゐるてはないか. 而してこの强い愛は, くりかへしくりかへし私の生命のなかに攝取されてゐるのである.
매일매일 그대는 나를 단순하고 심대한 선물만큼 가치 있는 것으로 만들고 있다. 그대는 애구받지 않으면서 나에게 주고 있다. ―이 하늘, 이 빛, 이 육체, 이 생명, 이 정신―과 이 아침 공기에 황금빛 하프가 연주되고 있을 때, 내가 출석한 욕망의 위험으로부터 나를 구하고 있는 것이다每日每日爾は私を單純で深大の賜物の價値あるものとなしてゐる, 爾は哀求されずして私に與へて居る. ―この空, この光, この肉體, この生命, この心意―過剩朝の空氣に黃金の竪琴が奏てられるときに, 私の出席の渴愛の危險から私を救うてゐるのだ.
내가 나른하게 헤매 섣고 있을 때 시섭이 있나. 그리나 참혹하게도 그대는 내 앞에서 그내 사신을 숨기고 있다私が倦怠く迷ひ步くときに時劫がある, 私がが眼を醒して私の勝標に急いでゐるときに時劫がある. しかし慘酷に爾は私の前から爾自身を隱してゐる.
매일매일 그대는 나를 싫다 싫다 거절함으로써 나를 그대의 충만한 가납만큼 가치 있는 것으로 만들고 있다. 가냘프고 불안한 욕망의 위험으로부터 나를 구하고 있다每日每日爾は私を屢屢拒絶することによつて, 私を爾の充滿の嘉納の價値あるものとなしてゐる. 孱弱な不安な渴愛の危險から私を救うて居る."

'ㅁ음'과 'ㅇ음'을 살린 음악성이 있는 간결한 표현으로 만들었다. 그리고 'but'를 '만은'이라고 역한 것은, 앞의 '만하'와도 음성적으로 유사하여 이 구절을 낭독할 때에 리듬감을 주도록 한다. 이후에 나오는 'but'의 해석도 '만은'이라고 되어있다. 그럼에도 김억은 'but'가 문두에 나와서 문맥상으로 강한 부정의 의미를 지닐 때에는 '그러나'라고 해석할 때도 있다. 이 시편의 '만은'은, '하지만은'의 축약이라는 점에서, '그러나'보다는 좀 더 약한 부정의 의미를 지니면서 맥락의 흐름에 단절을 주지 않는 효과를 준다.

이 시 두 번째 단락의 'and' 해석도 김억의 창의적 번역을 특징적으로 보여준다. 즉 "this sky and the light, this body and the life and mind"를 직역한다면, '이 하늘과 빛, 이 몸과 생명, 그리고 정신'이 될 것이다. 이것을 김억은, "이 하늘과, 이 빗과, 이 몸과, 이 생명生命과, 이 맘과"로 역하였다. 이것은 'and'의 해석을 우리말 리듬에 맞추어 만든 것이다. 이 구절의 직역과 김억의 번역을 비교해보면 후자의 것이 우리말의 표현과 구어체에 자연스러운 것임을 알 수 있다. 또한 'and'의 직역보다는 자연스러운 우리말식 표현에 부합되는 '와'와 '과'의 반복을 통하여 자연스러운 시의 리듬까지 만들어내고 있다.[19]

김억의 번역 시에서, 'but'와 'and'의 해석에서 뿐만 아니라 'before'의

---

19 김억은 『기탄자리』의 번역에서, 특히 접속사의 해석에 있어서 음악성을 지닌 음운을 지니면서도 의미맥락의 단절을 최소화하는 간결한 접속어를 지향한 것으로 보인다. 이 점은 인과관계를 나타내는 표현에 있어서도 마찬가지이다. 일례로, "Life of my life, I shall ever try to keep my body pure, **knowing that** thy living touch is upon all my limbs(「기탄 4」)"의 경우, 김억은 "저의 생명生命의 생명生命이여, 주主의 생명生命의 접촉接觸이 저의 왼몸에 오실것을 알으매, 저는 항상恒常 제 몸을 깨긋케 하랴고 합니다"라고 역하였다. 여기서 이 시 전체에서 지속적으로 반복되는 "knowing that"에 대해서, 김억은 "알으매"의 '으매'라는 'ㅇ'과 'ㅁ'을 활용한 간결한 인과 표현을 만들어내어서 활용하고 있다.

해석은 창의적 번역의 또 다른 면모를 확인하게 해주는 부분이다. 위 시 세 번째 단락에서, "cruelly thou hidst thyself from before me"의 경우, 김억은 "주主끠서는 몹쓸게도 제 안헤서 몸을 감추시고 맙니다"로 역하였다. 여기서 "before"는 '제 앞에서'로 해석되어야 하는데 이것을 김억은 '제 안헤서'라고 해석하였다. 이것은 원문의 해석에서 다르게 나아간 경우라고 볼 수도 있다.

그런데 이 문장과 함께 시의 문맥을 살펴보면 신이 '몹쓸게도' 제 앞에서 몸을 감추신다는 것보다 신이 '몹쓸게도' 제 안에서 몸을 감추신다는 표현이 시적 의미가 깊이를 지닌 측면이 있다. 즉 후자의 해석은 구도자의 갈등과 신앙을 내면화시키는 효과까지 거두는 것이다. 즉 'before'의 해석이 직역에서는 벗어난 것이지만 원시보다 내면화된 문맥을 만드는 경우라고 할 수 있다.

김억은 'before'의 해석에서 얼핏 보아서는 오역의 오해를 주는 구문을 만들어내는 측면이 있다. 또 다른 사례로는 「기탄 11」에서 "Open thine eyes and see thy God is not before thee"를 들 수 있다. 이것에 대해서 김억은 "눈을 쓰고, 그대들의 압헤 계시는 하느님을 보시요"라고 역하였다. 원문에 충실한 직역이라면 '그대의 눈을 뜨고 신이 그대 앞에는 계시지 않다는 것을 보시오'라고 되어야 한다. 이렇게 본다면 김억의 번역은 오역이다.

그런데 이 시의 전후 문맥을 고려해 볼 때, 즉 신을 숭배하는 온갖 상식과 치장을 걷어내고 진실한 신을 맞이하라는 의미를 생각해본다면, 김억의 번역은 이 구절의 직역에서 좀 더 나아간 의역으로서 허상의 신이 아닌 내면의 신을 보아라라는 구절로 해석될 여지를 충분히 지닌다. 『기탄자리』에서는, 반복적으로 중첩되는 지시대명사들과 인칭대명사들도 섬세하게 구별하여 번역하는 김억이, 'before'의 일차적 해석에 오류를 범했다기보다는 그가 이 시의 전후 맥락을 고려한 바탕 위에서 한 단계 나아가 번역한 것이라는 결론을 내릴 수 있다.[20] 이와 같이 지시대명사, 인칭대명사 및 접속사의 번역을 살펴보면, 김억 번역의 창의적 특성을 구체적으로 엿볼 수 있다. 그리고 이와 같은 김억의 의역은, 한 편의 시가 문학적 함축성을 지니는 방향으로 나아가도록 한 결과임을 알 수 있다.

위 시에 대한 김억의 번역에서, 자연스러운 우리말 표현은, 위 시의 영어원문을 살펴보면 확연해진다. 먼저, 김억이 원시가 신을 향한 발화임을 충분히 고려한 흔적은, 이 시의 문두에 나오는 "주主씌서는"이나 문장 끝에 나오는 "-주십니다"에서 보듯이, 우리말식 높임법에서 알 수 있다. 높임법 구사뿐만 아니라 이 시의 자연스러운 문맥은 원시가 평이하거나 번역하기가 쉬운 구문이어서는 아니다. 이것은 우리말로 번역할 때 난감함을 주는 표현과 어구들이 상당히 있는 데서 확인된다.

먼저, 첫 행의 'pitiful'을 '설습니다'라고 표현한 것을 비롯하여, 첫 번째 단락의 "this strong mercy has been wrought into my life through and through"를, "이 힘잇는 은혜恩惠는 제 생명生命 속으로 깁게도 사모찻습니다"로 해석한 것, 두 번째 단락의 "thou gavest to me unasked"를, "주主씌서는 저로하야금 구求치 안아도 주시는"으로 해석한 것, 마지막 단락

20 이 시의 'before'에 대하여 마시노 사부로는 '앞에'로 직역하였다.

의 "thou art making me worthy of thy full acceptance"를, "주主의 모든 것을 밧아들일 만한 것이 되도록 만들어주십니다"로 해석한 것을 보자.[21]

각각의 어구들을 직역한다면 '이 강렬한 자비가 내 생명 속으로 아주 들어왔습니다', '당신은 제게 묻지 않은 채 주십니다', '당신은 나로 하여금, 당신을 전적으로 받아들일 가치가 있는 것으로 만들고 있습니다' 정도로 될 것이다. 김억이 이러한 일차적인 직역으로부터 '사모치다', '구하지 않아도', '받아들일 만한 것이 되도록'이라는 맥락에 적합한 자연스러운 우리말을 찾아내서 이것을 다시 우리말식의 간결한 구어체로 바꾸고 있다. 바로 이 전환의 과정에서, 김억의 창의적이면서 주체적인 번역관이 절대적으로 작용하고 있다.

이와 같은 김억의 창작적 번역관이 실제 사례로서 실증적으로 확고히 뒷받침되는 것은 『기탄자리』부터이다. 『오뇌의 무도』가 우리 최초의 서구시 중역선집이며 『잃어진 진주』가 우리 최초의 서구시 원어역 시선집이라면, 김억의 『기탄자리』는 우리나라 최초로 서구 근대시를 원어역한 완역집이라는 문학사적 의의를 지닌다. 그중에서도 김억의

---

21 김억의 창의적 해석을 좀 더 살펴보면, "keep my love in flower(「기탄 4」)"를 "저의 사랑이 꼿처럼 곱도록 만들겟읍니다"로 역한 것을 들 수 있다. 이것은 마시노 사부로가 "꽃 안에 나의 사랑을 담아두려는 노력을 한다"로 직역 투로 번역한 것과 대비하면 당시로서는 참신한 비유어로 된 간결한 시어임을 알 수 있다. 또한, "My heart longs to join in thy song, but vainly struggles for a voice. I would speak, but speech breaks not into song, and I cry out baffled(「기탄 3」)"과 같이 직역하면 생경한 표현이 되거나 긴 문장에 관해서 김억은 "저의 맘은 간절하게도 주主의 노래에 곡조曲調를 마추려하야 애를 쓰며, 안타갑아하나 소리좃차 나지 안습니다"로 역하였다. 여기서 "My heart longs to join in thy song" 구절을 "저의 맘은 주主의 노래에 곡조曲調를 마추려하야 애를 쓰며"란 구절은 직역과 의역 그리고 자연스럽고 간결한 우리말을 모색한 흔적을 보여주는 번역이다. 그리고 "I ask for a monent's indulgence to sit by thy side. The words that I have in hand I will finish afterwards(「기탄 5」)"에 관해서 김억은 "주主여, 한동안만 주主의 겻헤 안게 해주셔요, 하든 일은 잇다가 하겟읍니다"라는 간결한 구어체 표현을 하고 있다.

『기탄자리』는 '원어역'일 뿐만 아니라 오늘날의 관점에서 보아도 전문가급 수준의, 문학성을 살린 그의 창작적 역시집이다.

4. 결론

이 글은 타고르의 *GITANJALI*와 김억의 『기탄자리』 그리고 일본인 마시노 사부로의 『기탄자리』 번역인 『인도신시집印度新詩集』을 비교하면서 논의하였다. 김억의 『기탄자리』는 원시로부터의 '직접' 번역임을 확인하였으며 마시노 사부로의 번역과는 차별화된 문학성을 지닌 번역임을 알 수 있다. 『오뇌의 무도』가 최초의 서구시 중역선집이며 『잃어진 진주』가 최초의 서구시 원어역 시선집이라면 김억의 『기탄자리』는 최초로 서구 근대시를 원어역한 완역시집이라고 할 수 있다.

또한 김억의 『기탄자리』는 '원어역'일 뿐만 아니라 생경한 표현이나 오류가 아주 적으며 원문의 내용적 깊이를 살려내는 것이다. 이 점은 김억의 두 번째 역시집인 『잃어진 진주』와 대비할 때 그의 세 번째 역시집인 『기탄자리』가 진일보한 부분이다. 그의 번역에서 문학적 함축성을 고려한 특성은 시 전체에서 유의성을 지니고 반복되는 '지시대명사'와 '인칭대명사'의 의역을 통해서 확인된다. 『기탄자리』는 김억이 주장한 창의적 번역관을 구체적 실례로서 보여준다.

『기탄자리』에서, 김억의 창의적 번역관의 주요 특성은, 문학적 함축성을 살리는 섬세한 언어 구사 그리고 우리말로 된 자연스러운 구어체의 실현을 들 수 있다. 또한 일제치하에서 우리말의 구조와 유사하며 친숙한 일어를 통해서가 아니라 서구어로 된 문학을 직접 번역하는 행위와 의식 그 자체는, 1920년대 초 근대인의 주체적 의식을 가늠하게 하는 부분이다.

『잃어진 진주』의 번역과 번역관

1. 연구의 시각 및 문제 제기

우리나라 근대문학 형성기에 김억이 근대시의 형성과 전개에 기여한 공헌은 지대하다. 우리나라 최초의 근대시집이자 근대번역시집인 『오뇌의 무도』는 고전시가의 형식과 내용에 익숙한 당시 독자들에게 서구 근대시 형식이 지닌 새로움과 내용의 다채로움을 각성시켰으며 이것은 당시 우리 시가 나아가야 할 방향성에 대하여 새로운 시각과 깊이를 제시해주었다. 그리고 김억은 김소월을 지도하고 그의 시편들을 소개함으로써 1920년대 우리 시가 놓일 수 있는 정점의 밑거름 역할을 하였다. 번역활동과 제자육성이 두드러진 것이기에 근대문학 초창기에 실제적으로는 시와 시론과 소설과 수필 등을 아우른 그의 전방위 문학활동은 가려지는 경향이 있다.

그럼에도 우리 근대문학사의 형성에서 두드러진 김억의 공헌을 들자면 단연 그의 번역활동을 꼽을 수밖에 없다. 특히 첫 번째 근대번역시집인 『오뇌의 무도』가 당시 문인들에게 끼친 영향은 대단한 것이었다. 정한모는 "안서岸曙는 중요한 시기에 가장 적절한 서가西歌의 시詩를 소개하였다. 『오뇌의 무도』가 '안서의 역시譯詩'로 변용變容되었다 하더라도 안서는 이 번역시飜譯詩를 통하여 새로운 '설음의 미학美學'을 시현示顯해 주었다. 안서가 보여준 '설음의 미학'이 3·1운동運動 직후 패배敗北와 좌절의식挫折意識에 지배支配되던 한국적 자아自我의 감상感傷에 크게 영합迎合되어, 그 뒤의 시詩를 거의 『오뇌의 무도』화化한 했던 것이다"고 논의하였다.[1]

이후의 연구자들은 다수가 『오뇌의 무도』에 실린 시편들에 대하여 프랑스어와 에스페란토어와 일어 등을 대비하여 고찰함으로써 김억의 외국어 번역능력 혹은 김억이 번역시편들을 직역하였는지 혹은 번역된 여러 언어들을 참고로 하여 중역하였는지의 여부를 확인하는 작업에 몰두하였다. 그 결과 『오뇌의 무도』에 실린 상당수 시편들이 에스페란토어와 일어 등을 중역한 것임을 밝힌 바 있다.[2]

근래에 오면서 김억에 관한 연구는 그의 번역결과물이 당대 근대시를 형성하는 데에 미친 영향을 중심으로 이것에 적극적인 의미를 부여하는 방향을 지니고 있다. 즉 김억의 번역능력 혹은 그의 번역이 직역

1 정한모, 「한국 근대시 형성에 미친 역시의 영향—안서 김억의 작업을 중심으로」, 『동대논총』 4집, 동덕여대, 1974.5, 55쪽.

2 김억의 프랑스 상징주의 시편들의 중역 문제에 관해서는, 김은전, 「김억의 프랑스 상징주의 수용 양상」, 서울대 박사논문, 1984; 김윤식, 「에스페란토 문학을 통해 본 김억의 역시 攷」, 『근대한국문학연구』, 일지사, 1973; 조동구, 「안서 김억 연구—시론과 시의 변모 과정을 중심으로」, 연세대 박사논문, 1988 참고.

直譯[3]이나 중역重譯이나[4]의 여부를 특별히 문제시 삼지 않으며 오늘날 새롭게 조명되는 김억의 창작번역관이 지닌 현대적 의의를 재발견하고서 김억의 번역결과물이 고전시가로부터 한국 근대시의 이행기에 미친 영향력을 부각시키고 있다.[5]

김억에 관한 연구사를 살펴볼 때, 논의의 쟁점이 되었던 대상은 주로 김억의 번역시편들이었으며 그 중에서도 최초의 근대번역시집인 『오뇌의 무도』를 중심으로 집중적인 논의가 이루어졌음을 알 수 있다. 그리고 김억의 번역결과물에 관해서는 원본으로부터의 직접적 번역이 아니라 에스페란토어나 일어 등을 참고로 한 중역이라는 결론을 보여준다. 그럼에도 김억의 번역활동이 우리 근대시 형성에 미친 영향력에 관해서는 인정하고 있으며 김억이 지녔던 창작적 번역관의 현대적 의의에 관해서 주목하고 있다.

즉 김억의 번역시편들이 여러 언어들을 참고로 한 중역의 형태라는

---

3 여기서 직역直譯은 축자역literal translation이 아니라 직접 번역direct translation을 말한다.

4 중역重譯은 한 번 번역된 말이나 글을 다시 다른 말이나 글로 번역하는 것이다. 그리고 직역은 두 가지 다른 의미로 쓰인다. 첫 번째는 문자 그대로의 번역literal translation으로서 외국어로 된 말이나 글을 단어 하나하나의 의미에 충실하게 번역하는 것으로서 축어역逐語譯과 유의어이다. 이것과 비교되는 것으로는 의역意譯이 있으며 이것은 원문의 단어나 구절에 지나치게 얽매이지 않고 전체의 뜻을 살리는 번역이다. 직역의 두 번째 의미로는 직접 번역으로서 이것은 출발어에서 도착어로 바로 옮기는 것이다. 이 장에서의 직역은 직접 번역의 의미로 쓰인 것이다. 이것은 김억이 서술한 인용문에 빈번하게 나오는 "직역" 즉 문자 그대로의 번역과 구별해야 한다.

5 김진희는 김억이 당대의 공리적인 문학관에서 벗어나 정규적인 시의 형식을 반성하고 새로운 시의 형식을 모색했던 중요한 문학인으로 평가하며 김억이 상징주의 시의 조류 중에서 베를렌느의 시를 주로 수용한 것은 김억의 정서에 가장 부합되는 선택이었음을 강조한다. 김진희, 「근대문학의 場과 김억의 상징주의 수용」, 『한국문학이론과비평』 22집, 한국문학이론과비평학회, 2004.3; 김지영, 「김억의 창작적 번역과 창작시 연구」, 서울대 석사논문, 1996; 김준희, 「김억의 번역이 한국 근대시에 미친 영향 연구」, 숙명여대 석사논문, 2007; 심선옥, 「근대시 형성과 번역의 상관성－김억을 중심으로」, 『대동문화연구』 62집, 성균관대 대동문화연구원, 2008.6.

것을 암묵적으로 인정하고서 김억의 번역시 활동과 근대시 형성 간의 관련성 논의가 이루어지고 있다. 구체적으로 김억의 번역을 긍정적으로 검토하는 논의에서도 그의 번역 작업과정에 관해서는 중역임을 전제로 하고 있으며 그의 창작번역론에 관해서는 고평하고 있다.[6]

1920년대 초에 우리나라에서 외국어를 접하고 배울 수 있었던 여건이 주어지긴 했으나 지금에 비하면 지극히 미미한 형편이었다. 일제치하로 접어든 이후로는 미션스쿨에 의한 영어교육의 기회가 제도적으로 더 줄었던 그러한 시기에 한시소양을 갖춘 근대 초창기의 지식인이 우리 근대시 발전에 기여하였던 노고를 면밀히 다시 살펴볼 필요가 있다.[7]

특히 김억이 문학활동 초기에 프랑스 시를 소개하여 번역한 모음집인 첫 번째 번역시집에만 초점을 두고서 그의 번역시집들 전체에 대해서도 일어, 에스페란토어 등의 중역의 혼합물이 아닌가 하는 기존의 의혹에 대해서는 이후 번역작품들을 중심으로 구체적으로 고찰할 필요가 있다. 즉 김억의 번역시집들에 관해서 그가 참고로 한 원본시집과 대비하여 『오뇌의 무도』 이후의 번역물도 그가 중역하였는지 혹은 초기에 번역한 프랑스시편과 러시아시편을 제외한 영어시편들은 김억이 원본을 보고 직접 번역하였는지에 관해서 실증적으로 고찰할 필요가 있다.

6 김지영의 논문은 김억의 번역에 대해서 직역 혹은 중역 여부보다는 그의 창작번역관에 입각하여 그의 번역이 지닌 특성과 의의를 살폈으며 이 논문은 김억의 번역문학과 번역관을 현대적인 시각에서 보기 시작한 시발점이라는 의의가 있다. 김지영, 「김억의 창작적 번역과 창작시 연구」, 서울대 석사논문, 1996.

7 근대 초창기에 영어사전의 발간상황을 살펴보면, 1890년에 언더우드Underwood가 일본 요코하마에서 최초의 한영사전이라고 할 수 있는 *A Concise Dictionary of the Korean Language in Two Parts, Korean-English & English-Korean*을 출판하였다. 이후 1892년에 스코트Scott 목사가 영한사전을 출판하였으며, 1897년에는 게일Gale 목사가 요코하마에서 한영사전을 출판하였다고 한다. 홍아영, 「한국영어교육에 대한 사적 고찰」, 성균관대 석사논문, 2000, 17쪽 참고.

김억의 번역이 일어나 에스페란토어의 중역인지 아니면 원본으로부터 직접적 번역인지는 중요한 의미를 지닌다. 김억이 모르거나 잘 모른다고 술회한 러시아어와 프랑스어를 제외하고서 다른 번역시집들이 김억의 원본에 대한 직접적 번역에 의한 것이라면, 그가 서구권 시작품을 우리말 시작품으로 바꾸는 모든 과정에서 그가 고민하면서 선구적으로 재구성한 과정을 통하여 우리나라 근대시의 형성과정이 구체화될 수 있는 가능성이 열리기 때문이다.

즉 김억의 번역관과 근대시에 대한 지향에 관한 규명은, 서구권 언어를 우리말 번역시로 그가 처음 바꾸는 과정에서 어떻게 고민하며 변용시켰는지 하는 과정에 대한 고찰이 뒷받침될 때에 의미를 지닐 것이다. 이러한 과정이 결여되고서 김억의 번역결과물은 중역이지만 김억 번역물이 우리 근대시 형성에 미친 영향력은 지대하다라는 논의란 비약적 논리에 빠지거나 중간 매개항이 빠진 거시적 담론에 머무를 경향이 있다.

따라서 이 글은 『오뇌의 무도』 이후에 나온 김억의 번역시집을 대상으로 하여 먼저 김억의 번역시가 원본으로부터의 직접적 번역인지의 유무를 고찰할 것이다. 그리고 그의 번역시가 직접적 번역의 과정을 거쳤다면 김억이 서구권 언어인 영어를 우리말로 재구성하는 과정에서 나타나는 특성을 고찰하면서 여기서 나타나는 김억의 번역관과 그의 근대시에 대한 지향을 살펴볼 것이다.

이 글의 목적을 위한 대상텍스트로서는 『잃어진 진주』가 특히 유효한데, 그 이유는 『잃어진 진주』는 김억이 서문에서 원본 텍스트를 김소월로부터 얻게 된 경위를 밝히고 있다.[8] 또한 김억이 밝힌 '런던 하이네사'에서 발간된 아서 시몬즈 시집은 그가 번역할 당시에 여러 권 있었지만 김억이 밝힌 '두 권'이라는 말이 결정적인데 '두 권'으로 된 런던 하이네사의 아서 시몬즈 시집은 당시에 단 하나로서 이 글의 의도에 부합된다.

2. 『잃어진 진주眞珠』의 중역, 원어역 여부

서구권 언어를 대상으로 한 김억의 번역시집으로는, 『오뇌懊惱의 무도舞蹈』(광익서관, 1921.3.20), 『기탄자리』(이문관, 1923.4.3), 『신월新月』(문우당, 1924.4.20), 『잃어진 진주眞珠』(평문관, 1924.8.10), 『원정園丁』(회동서관, 1924.12.7)을 들 수 있다(이후 인용 시 '작품명, 시집명'만 표기). 김억의 서구시 번역집이 직역이냐 중역이냐 혹은 여러 언어들의 참고냐에 대해서는 무엇보다도 번역시집 각각의 서문을 살펴볼 필요가 있다.

> 이 가난한 역시집譯詩集 한 권卷에 대對한 역자譯者의 생각은 말하랴고 하지 아니함니다. 말하자면 그것이 출세出世됨 만한 값이 잇고 업는 것에 대對하야는 역자譯者는 생각하랴고도 하지 아니하며, 그 갓튼 때에 알랴고도 하지 아니함니다. **더욱 새 시가詩歌가 우리의 아직 눈을 쓰기 시작始作하는 문단**

---

8 "자전字典과 목을 맨다는 말이 잇습니다. 한 달 이상以上의 밤낫을 자전字典과 목을 매여오면서 직무職務 뒤의 시간時間을 배밧브게 들이엿습니다. 대단히 분주하게 또는 침착沈着치 못한 시간時間 속에서 이 한 권券이 되엿다 함을 말하여 둡니다. 엇지하엿으나 이렇케라도 만들어 세상世上에 보내게 되니 깃븜은 씃이 업습니다. 그러나 그 갓튼 때에 부엄을 개로 맨들은 서오한 설음과 죄罪스럽은 잘못은 나의 깃버하는 가슴의 중앙中央에 편책鞭責의 자리를 잡고 잇다 함을 역자譯者인 나는 거즛업시 고백告白하여 두며, 또한 넓은 용서容恕를 독자에게 바랩니다. 말하자면 시詩처럼 읽을 때와 번역飜譯할 때가 엄청나게 다른 것은 업습니다. **첨에 이 시선집譯詩集의 원문原文(두 권券으로 된 런든하이네사社의 출판出版)을 읽을 때에는 한갓 깃버하엿습니다(…중략…) 그러고 이 시집詩集의 원서原書를 빌녀 준, 나의 사랑하는 소월 군素月君에게 고맙은 씃을 들입니다**", 「序文代身에」, 『잃어진 진주』.

文壇에서 오해誤解나 밧지 아니하면 하는 것이 역자譯者의 간절한 열망熱望이며, 쏘한 애원哀願하는 바입니다. 자전字典과 씨름하야 말을 만들어 노흔 것이 이 역시집譯詩集 한 권卷입니다. 오역誤譯이 잇다하여도 그것은 역자譯者의 잘못이며, 엇지하야 고흔 역문譯文이 잇다하여도 그것은 역자譯者의 영광榮光임니다. 시가詩歌의 역문譯文에는 축자逐字, 직역直譯보다도 의역意譯 쏘는 創作的創作的 무드를 가지고 할 수박게 업다는 것이 역자譯者의 가난한 생각엣 주장主張임니다. 엇지하엿스나 이 한 권卷을 만드려 놋코 생각할 째에는 셜기도 하고 그립기도 한 것은 역자譯者의 속임업는 고백告白임니다. (…중략…) 그리하고 이 역시집譯詩集에 모하노흔 대부분大部分의 시편詩篇은 여러 잡지雜誌에 한 번식은 발표發表하엿든 것임을 말하여 둡니다. 쏘 이 역시집譯詩集의 원고原稿를 청서淸書하여준 권태술 군權泰述君의 다사한 맘에 고맙움을 들임니다.

「역자譯者의 인사人事 한마듸」, 『오뇌의 무도』

원저자原著者의 손에 된 영역문英譯文이, 결決코 난해難解롭은 것은 아닙니다. 엇더케 그 영역문英譯文이 곱게도 맛기 죠흔 방향芳香을 놋는가는 영어英語를 조곰 아는 이라도 알 것입니다. 만은 무엇보다도, 역출譯出할 째에 썩한 것은 문체文体엿습니다. 엇더한 문체文体를 취取할가 하는 것이 지금只今도, 다역화譯華한 지금只今도, 의심疑心으로 잇습니다. 내 손에 된 문체文体이지만은 나는 동의同意할 수 업다는 것을 말슴하여 둡니다. 이것은 일후日後의 완전完全한 적임자適任者를 기달닐밧게 업습니다.

원지지原著者의 이름에 대對하아, '타골', '타쿠르', '타코르' 사는 '타쿨'하는 여러 가지 발음發音이 잇습니다, 만은 인도印度의 원原이름을 몰으는 역자譯者는 ◯順하게, 영어식 발음英語式發音 그대로, '타꼬아'라고 하엿습니다.

역문譯文은 직역直譯을 줄기로 잡고 하엿습니다. 만은 넘우 직역直譯만으로는 뜻의 불명不明과, 쏘는 넘우도 서양식西洋式이 되기 째문에 의역意譯한 곳도 적지 아니합니다. 엇지하엿으나, 번역飜譯이라는것은 시문詩文에서처럼 어렵은 것은 업다는 것을 곰곰이 늣겻습니다.

「역자譯者의 인사人事」, 『기탄자리』

일본日本말로 번역飜譯된 신월新月이 잇다는 말을 듯고, 여러 방면方面으로 그것을 구求하야 대조對照라도 하랴고 하엿습니다, 만은 진재震災 뒤의 일이기 째문에 엇을 수가 업섯습니다, 하야 타고아 자신自身의 손에 된 영역문英譯文에만 의依하야 옴겻습니다.

「머리에 한마듸」, 『신월』

첨에 이 역시집譯詩集의 원문原文(두 권券으로 된 런든하이네사社의 출판出版)을 읽을 째에는 한갓 깃버하엿습니다. 한 줄 한 구句가 말할 수 업는 망아적 황홀忘我的恍惚을 가지고 나의 가난한 심금心琴의 줄을 울니여서는 미지未知의 다른 세계世界로 그 음향音響을 써돌게 하엿습니다. 나는 문득 번역飜譯하야 이 망아적 황홀忘我的恍惚을 여러 사람과 난호아 볼 생각이 낫습니다. (…중략…) 물론勿論 첫재에 모든 어렵음보다 싹한 것은 형용사形容詞와 부사副詞엿습니다. 참말로 비애悲哀가 아니고 비참悲慘한 생각이 낫습니다. **될 수만 잇으면 형용사形容詞와 부사副詞는 영문英文 그대로라도 쓰고 십헛습니다.** 하고 원문原文의 뜻을 허물내이지 아니하기 위하야는 직역直譯보다 수자역逐字譯도 하여 보앗습니다. 만은 그것좃차 맘하든 바와는 달나 도로徒勞에 끗나고 말앗습니다. 그래서 할 수 업시 직역直譯하여도 될 것은 직역直譯하고 직역直

譯으로는 아모 뜻도 아니되는 것이면 의역意譯하고 말앗습니다. 그러나 무드만은 엇지하든지 허물내이지 아니하랴고 왼맘을 다하엿습니다.

「서문대신序文代身에」, 『잃어진 진주』

『오뇌의 무도』 서문에서는 김억이 일본 유학생 시절에 여러 잡지에 게재한 번역시편들의 모음집이며 원본텍스트가 불명확하며 에스페란토어나 일어 등의 여러 언어를 참고로 한 것임을 알 수 있다. 그리고 시집에 실린 시편들이 주로 프랑스시편과 러시아시편이라는 점에 고려할 필요가 있다. 그리고 김억 스스로가 『오뇌의 무도』 서문에서 러시아어와 프랑스어를 모른다는 술회를 하고 있다.[9]

이러한 사실은, 『오뇌의 무도』 서문과 김억의 다른 서구시 번역집의 서문들을 비교해 보면 더욱 확연해진다. 서문 각각의 강조한 부분을 유의해 보면, 『오뇌의 무도』 이후의 번역시집들의 서문에서는 그가 영어원문을 번역하였다는 사실을 모두 직접적으로 밝히고 있으며 그 번역과정에서의 고충을 토로하고 있음을 볼 수 있다(단적으로, "원저자原著者

9 "실제로 김억의 경우 이러한 이유에서 생기는 오역이나 중역의 문제는 그렇게 심각하지는 않다. 오히려 번역대본이 원전인가 아닌가 하는 것을 다른 역자들보다는 비교적 성실하게 밝히고 있으며, 중역重譯의 경우 어떤 언어(이를테면 영어, 일어, 에스페란토)로 1차 번역된 것인가 하는 것을 가능하면 밝히고 있다. 또한 자신의 어학력에 대해서도 비교적 솔직하게 고백하고 있는데, 당시의 어떤 역자들보다 뒤떨어진다고는 볼 수 없었다", 조동구, 「안서 김억 연구—시론과 시의 변모과정을 중심으로」, 연세대 박사논문, 1988, 44쪽. 「투르게네프의 번역시 「산문시」의 서」(『창조』 8호, 1921.1)와 「격조시형론小考」(『동아일보』, 1930.1.16~26 · 28~30) 등에서 러시아어와 프랑스어를 모른다고 밝혔다. 그리고 김억은 그가 모르는 러시아어와 프랑스어에 관해서는 주로 에스페란토어와 일어를 참고로 하였음을 밝히고 있다. 단적으로, 김억은 톨스토이의 『나의 참회懺悔』의 번역에 관해서, "에쓰어역본과 일어역을 대조해가면서 번역이라고 하엿습니다"(「최근의 저서 『나의 참회懺悔』」, 『삼천리』 23, 1932.3)라고 진술하였다. 이에 비해 김억은 영어는 능통한 것으로 보이는데, 그는 일본 유학 이후 자신의 고향 오산 학교에서 영어교사이자 국어교사를 하였다.

의 이름에 대對하야, '타골', '타쿠르', '타코르' 또는 '타쿨' 하는 여러 가지 발음發音이 잇슴니다, 만은 인도印度의 원原이름을 몰으는 역자譯者는 ◯順하게, 영어식 발음英語式發音 그대로, '타오아'라고 하엿슴니다").

이에 비하여 『오뇌의 무도』의 서문을 보면 김억은 어떠한 언어를 참고하였다는 사실을 밝히고 있지 않으며 그간 그가 여러 잡지에서 근대 서구시를 소개하였던 시편들을 모아놓았다는 것도 밝히고 있으며 또한 이 시집 자체의 가치에 대해서도 다소 회의적인 시선을 보여준다.

이와 같이 김억은 자신이 아닌 범주의 언어들을 최대한 활용하여 시번역모음집을 내었으며 그는 서구의 근대시를 우리나라에 최초로 소개하고 우리 근대시의 방향성을 제시해주는 의도에 부합하였다. 그런데 『오뇌의 무도』 이후에 김억이 타고르 시집과 아서 시몬즈 시집을 번역한 것에는 근대 초창기 지식인으로서의 혜안이 작용하였을 것으로 보인다.

아서 시몬즈는 프랑스 상징주의를 영국에 소개한 시인이며 타고르는 당시 영국의 식민지였던 인도의 대표적 시인이다. 김억이 문학활동 초기에는 프랑스 상징주의를 중심으로 하여 우리문단에 서구시를 소개하였지만 이후 번역시집을 내었던 대상 시인들을 살펴 볼 때 이것은 김억 나름의 취향에 그치는 것이 아니라 나아가서 당시 영국의 식민지였던 인도와 마찬가지로 일본의 식민지였던 우리나라의 상황에 적절한 소개였음도 고려해 볼 수 있다.

『오뇌의 무도』 이후의 타고르 시집들이 일어로부터의 중역이 아니라는 것은 타고르의 세 권의 번역시집 중 마지막으로 출간한 『신월』의 서문에서 "일본日本말로 번역飜譯된 『신월新月』이 잇다는 말을 듯고, 여러 방면方面으로 그것을 구求하야 대조對照라도 하랴고 하엿슴니다, 만은 진재震災 뒤의 일이기 때문에 엇을 수가 업섯습니다, 하야 타고아 자신自身의 손에 된 영역문英譯文에만 의依하야 옴겻습니다"라는 구절에서 단적으로 알 수 있다. 즉 김억이 타고르 영어원문을 모두 번역한 다음에 타고르 시집이 일어로 번역되었다는 말을 듣고서 그것을 구하여 대비해 보려했으나 어쩔 수 없었다는 것이다.

즉 김억은 서구의 프랑스시편과 러시아시편을 우리문단에 소개하는 의미를 지닌 시편들에 대해서는 이 언어에 대해서 배울 여건이 되지 못했으므로 일어와 에스페란토어를 중심으로 중역하였다. 그러나 이후의 번역시집들은 김억의 번역시집들의 서문을 통해서 먼저 확인하자면 영어원문을 직접적으로 번역한 것이며 일어로부터의 중역이 아님을 알 수 있다.

『오뇌의 무도』를 뺀 나머지 서구번역시집들이 중역이 아니라 김억이 영어원문을 충실하게 직접적으로 번역하였다는 사실은 매우 중요하다. 왜냐하면 기존의 연구에서 김억의 번역자체는 중역이지만 김억의 창작번역관과 김억의 번역시집들이 미친 근대시 형성에 미친 영향은 지대하다는 결론에서는 빠져있던 매개항 즉 김억이 서구시로부터 새로운 문체와 형식을 만들기 위해 고민한 궤적을 고찰해봄으로써 우리 근대자유시의 문체와 형식의 형성과정이 좀 더 의미 있게 규명되는 길이 열리기 때문이다.

『잃어진 진주』 서문에서 김억은 김소월로부터 런던 하이네사의 두 권으로 된 아시 시몬즈 시집을 얻고 이 텍스트를 대상으로 자전에 '목을 메'며 번역하였음을 밝히고 있다. 김억이 실제로 참고로 한 런던 하이네사의 두 권으로 된 아서 시몬즈 시집은 *POEMS BY ARTHUR SYMONS*,

VOLUME I · II, London : William Heinemain으로서 1901년 첫 번째 인쇄되었으며 이후 1906년, 1907년, 1909년, 1910년, 1912년 등으로 이어서 지속적으로 발간되었다. 이 시집들은 아서 시몬즈가 쓴 다양한 시집들의 시편을 모은 것이다. 김억은 이 두 권의 시집 전체를 그대로 번역한 것이 아니라 이 시집들에서 상당수 시편들을 선택, 번역하였다.

김억의 번역시집에 실린 시편들을 순서대로 밝혀서 원시집과 대비 고찰해 보면 다음과 같다.

〈『잃어진 진주』에 실린 작품의 원시집 비교〉

『잃어진 진주』의 작품명(수록순)	출전시집	비고
「The Opium-smoker阿片쟁이」 「Of Charity慈善」 「The fishor's widow漁夫의 寡婦」 「Night and wind밤과 바람」	*Days and Nights* (1889)	• *POEMS BY ARTHUR SYMONS*, VOLUME I · II, London : William Heinemain, 1901을 선별 번역하였으며 원 시전집의 수록순서를 그대로 따름.
「After Sunset落日 뒤」 「On the beach海邊」 「Rain on the down沙丘의 비」 「Requires安息」 「On meeting after…뒤에 맛나서」 「Gipsylove찝시의 사랑」 「In Kensington Garden컨싱톤 公園」 「Perfume香내」 「Souvenir紀念」 「In Carnival快樂節」 「Love in Dreams꿈의 사랑」 「Music and memory音樂과 記憶」 「Spring twilight봄의 黃昏」 「Second thoughts뒤의 생각」 「During Music音樂의 때」 「On the bridge橋上」 「Dreams꿈」 「Tears눈물」 「In the night밤」 「A white night白夜」 「Peace at noon白日의 平和」 「In Autumn가을」	*Silhouettes* (1892)	• 김억이 *The Loom of Dreams*의 수록시편들과 함께 실은 「Love in spring봄철의 사랑」은 *Silhouettes* 시집에 수록된 것이다.

『잃어진 진주』의 작품명(수록순)	출전시집	비고
「Christmas-eve그리스마스 저녁」 「In the vale of Llangllen랑글랜의 골작이」 「Autumn Twilight : Grey and Gold가을의 黃昏」 「Hands玉手」 「Veneta Marina베니스의 바다」 「At Dogana稅關에서」 「Venice베니스」 「Love in autumn가을의 사랑」 「A prayer to Saint Anthony聖안토니에게 들이는 긔도」 「Memory記憶」	*London Nights* (1895)	• 「Christmas-eve그리스마스 저녁」와 「In the vale of Llangllen랑글랜의 골작이」은 김억 번역 시집에서 연이어 있는데, 「랑글랜의 골작이」의 마지막 3연인, "Out of the heaven of the trees : / The voice of a bird in the sunshine singing me / Messages, messages"가 「In the vale of Llangllen랑글랜의 골작이」의 마지막에는 빠져 있으며 이 부분이 「Christmas-eve그리스마스 저녁」 시편의 뒤에 이어져 있다. 이것은 김억이 편집할 때 오류를 범한 것으로 보인다. • 「Venice베니스」는 김억이 출처를 밝힌 원본 시집에 있지 않고 *Knave of Hearts THE FOOL OF THE WORLD AND OTHER POEMS. BY ARTHUR SYMONS*, LONDON : WILLIAM HEINEMANN, 1913에 실린 것이다.
「He who has entered by this sorrow's door悲哀의 이 門으로」 「Moonrise月出」 「Loss喪失」 「The Rat쥐」 「Love and Sleep사랑과 잠」 「Twilight黃昏」 「Remembrance記憶」 「Argues Noon낫때」 「Disgnises假裝」 「The Return再歸」	*Amoris Victima* (1897)	• 「He who has entered by this sorrow's door悲哀의 이 門으로」는 「Amoris Victima」 시의 첫 행을 제목으로 삼은 것이다. • 「Disgnises假裝」는 영어 Disguises의 오기이다.
「Why are you so sorrowful in dreams엇지하야 그대는」 「Strange to remember tears!異常도 하여라」 「To Night밤에게」 「In Ireland : Isle of Aram아람의 섬」 「By the pool at the Third Roses第三로스湖水가에서」 「By Lough-na-Gar : Rain비」 「In the wood of Finvara옌빠라의 森林」 「Dreams in Rome로마의 꿈」 「The coming of spring오는 봄」 「Weariness倦怠」 「Wind on the sea海風」 「A tune몰을 曲調」	*Images of Good and Evil* (1899)	• 「Why are you so sorrowful in dreams엇지하야 그대는」와 「Strange to remember tears!異常도 하여라」는 「Airs for the Lute」 시의 III과 IV의 첫 줄을 제목으로 쓴 것이다. • 「In Ireland : Isle of Aram아람의 섬」은 「In Ireland」 시 중에서 I. On Inishmaan : Isles of Aran을 줄여 쓴 것이다. 즉 큰 제목하에 연작시 형태로 실린 시편의 경우에 연작시들의 소제목이 없을 경우는 첫 행을 제목으로 하여 작품을 번역하였다.

『잃어진 진주』의 작품명(수록순)	출전시집	비고
「The grey wolf灰色의 늑대」 「Sleep잠」 「Isolation孤寂」 「The sick Heart病든 맘」 「Sea twilight바다의 黃昏」 「Love in spring봄철의 사랑」	*The Loom of Dreams*	• 「Sea twilight바다의 黃昏」은 김억이 번역한 원시집에는 없으며 *THE FOOL OF THE WORLD AND OTHER POEMS. BY ARTHUR SYMONS*, LONDON : WILLIAM HEINEMANN, 1906에 실려 있음.

위 시편들의 첫째 그룹은 아서 시몬즈의 시집 *Days and Nights*에 수록된 것이며 두 번째 그룹은 *Silhouettes*에서, 세 번째 그룹은 *London Nights*, 네 번째 그룹은 *Amoris Victima*, 다섯 번째 그룹은 *Images of Good and Evil*, 마지막 그룹은 *The Loom of Dreams*에 수록된 것이다. 이 중에서 김억이 번역한 두 권으로 된 원본 시집은 아서 시몬즈 시전집으로서, Volume 1은, *Days and Nights*(1889), *Silhouettes*(1892), *London Nights* (1895)를 실었으며 Volume 2는 *Amoris Victima*(1897), *Images of Good and Evil*(1899), 당시에서 아서 시몬즈가 최근 3년에 쓴 *The Loom of Dreams*를 실었다.

김억은 이 두 권의 시전집으로부터 그가 선별적으로 뽑은 시편들을 원시집의 순서를 대체로 따라서 번역시집을 내었다. 다만, 시편들 중에서 「Love in spring봄철의 사랑」 한 편만이 *Silhouettes*에 수록된 것인데 *The Loom of Dreams*가 수록된 시편들과 함께 실었다. 그리고 아서 시몬즈 원본시집들의 제목을 그대로 번역하면 '아서 시몬즈 시집'이 되는데 이러한 밋밋한 시집제목을 '일허진 진주'라고 번역시집의 표제로 한 것은 김억만의 창의적인 명명이다.

이와 같이 김억의 『잃어진 진주』는 두 권으로 된 아서 시몬즈 시전집이 출간 시집 연도에 따라 실은 것처럼 그 순서를 대체로 따랐으며 2편은 다른 시모음집에서 과거 그가 번역한 것을 합한 것으로 보인다.

그리고 『잃어진 진주』는 아서 시몬즈의 초기 시집들에 비중을 두고 작품을 고르고 있으며 작품들의 내용이 애상적이며 서정적인 것들이 주류를 이룬다. 시집의 번역시편들은 하나같이 원시의 제목을 그대로 달고서 바로 뒤에 괄호 안에 이 제목의 번역어를 부기하고 있는데 원시의 제목이나 배열순서가 김억이 밝힌 영어원본 시전집과 모두 일치하고 있다.

이 점은 중요한데 김억이 첫 번째 번역시집인 『오뇌의 무도』가 그가 접했던 프랑스 상징주의 시와 러시아 시를 중역해서 모아서 낸 것과는 대조를 보이는 부분이기 때문이다. 즉 이 번역시집은 원본의 출처를 정확히 알 수 있으며 그 목차상의 시제목들을 대비해 볼 때 김억이 영어원문으로부터 '직접적으로 번역'한 증거가 되기 때문이다. 즉 김억이 『오뇌의 무도』와 『잃어진 진주』 및 타고르 번역시집의 서문이나 발문에서 밝힌 번역상의 경위는 전혀 과장이 없이 실제번역에 있어서도 일치하는 진술이다.

『잃어진 진주』의 첫 페이지를 장식하는 것은 아서 시몬즈의 대표작품인 「아편쟁이」이다. 그리고 동시에 김억 번역이 지닌 특성과 장점을 전형적으로 보여주고 있는 번역시편이다.

> 나는 深淵에 빠져 곱게도 잠들엇노라.
> 芳香인듯한 보드랍은音調와 들니는듯한
> 색 아름답은金色의 곱디란빗은
> 나의 이몸을 애워싸고 말아라.
> 내게는 時間이란 늣김이나 잇으랴.

停止한듯하나 나는 날아가노라.
百千萬年은 어둡은밤으로 나를 덥허서
나는 百千萬年의 즐겁음을 다 마시노라.
나의記憶에는 未來가 잇을짜름이노라.

나의所有라고는 貰내인 이 Garret과
다 낡은천조박布片갓튼 나의困憊한 이肉體와
쥐가 짝가먹다가 남겨노흔 팡조각와
阿片대와憤怒, 그리하고는 後悔와失望,
典當鋪에 典當잡힌 나의靈과,
錯覺에 錯覺을 거듭한 내맘밧게 업노라.

I am engulfed, and drown deliciously
Soft music like a perfume, and sweet light
Golden with audible odours exquisite,
Swathe me with cerements for eternity.
Time is no more. I pause and yet I flee.
A million ages wrap me round with night.
I drain a million ages of delight.
I hold the future in my memory.

Also I have this garret which I rent,
This bed of straw, and this that was a chair,

This worn-out body like a tattered tent,

This crust, of which the rats have eaten part,

This pipe of opium; rage, remorse, despair;

This soul at pawn and this delirious heart.

「The Opium-smoker阿片쟁이」

이 시편의 「The Opium-smoker阿片쟁이」라는 제목에서 단적으로 알 수 있듯이 시집의 전체 시편들의 모든 제목은 원어와 한글이 함께 표기되어 있다. 여기서 이 시편의 'Opium'과 'smoker'의 합성어를 우리말 '아편쟁이'로 번역하였는데 이것은 자연스러우면서도 무리 없는 우리말 합성명명어이다. 이러한 제목의 명명은 김억의 시편들이 일어로부터의 중역이 아님을 밝혀주는 것인데 당시에 이 시를 번역한 일본인 고바야시 아이유小林愛雄는 이 시의 제목을 일본어로 '阿片아편'이라고 번역하였기 때문이다. 김억의 '아편쟁이'라는 말은 우리말 어감으로도 적절하면서 원시에도 충실한 것이다.

첫 번째 시 1행의 "심연에 빠져 곱게도 잠들엇노라"의 번역어투가 자연스럽다. "deliciously"를 "곱게도"라고 역하였는데, '곱다'라는 표현은 김억의 번역에서 자주 등장하는 형용사이다. 원시 2행과 3행은 "썩 아름답은금색의 곱다란빗은"이라고 역하였는데, "sweet"를 "곱다란"으로 표현한 것이다. 이 어구를 직역하면 "녹일 듯한 정교한 양으로 금빛을 띤 달콤한 빛" 정도가 되겠지만 이것을 다시 김억만의 자연스러운 우리말 표현으로 재구성한 것이다.

그런데 여기서 '곱다'라는 형용사는 김억이 개인적으로 선호하는 형용사로서 번역시편 전체적으로 빈번하게 나오는 것이다. 'deliciously'를 '유쾌하게', '즐겁게' 혹은 'sweet'를 '달콤하게' 정도로 번역할 수 있는 것을, 굳이 '곱다'라는 김억이 개인적으로 선호하는 형용사로 바꾸는 것은 원문을 인지하고 있지 않다면 쉽게 고안될 수 있는 부분이 아닌 측면이 있다. 그리고 1연의 2, 3, 4행의 경우, 우리말 어순에 적합하도록 주어와 부사구의 위치를 교체시켰으면서도 행의 형식이나 내용에서 원시의 의미와 등가를 유지하는 데서 벗어나지 않는 부분도 눈여겨볼 부분이다.

그리고 1연의 후반부에 '백천만 년百千萬年'이 나오는데 이것은 'A million ages'의 번역어이다. 'million'은 '백만'으로 번역해야하는데 이것을 '백천만'이라고 의역한 것은 뒤에 이어지는 'ages'와의 연관성을 고려한 번역이라고 볼 수도 있겠지만 그보다 'million'은 영겁의 세월인 '백천만'에 상응하는 것으로 김억은 본 것이다.

그런데 이것이 만약 중역이라면 '백만'이라는 표현을 '백천만'이라는 훨씬 큰 수치로 쉽사리 바꾸기가 어려웠을 것이다. 이것은 김억이 'million'을 직접 읽고서 이것을 개인적인 취향에 부합하도록 다시 의역한 증거라고 할 수 있다. 김억이 "백천만 년"이라고 한 것은 한시소양을 갖춘 김억이 한시 구절에 나오는 오랜 세월 혹은 영겁의 의미로서 이 어구를 해석한 것이다.

이와 같이 김억이 우리의 정서적 문맥에 맞도록 'million'을 '백천만'이라고 번역한 것은 이 시의 번역이 일어로부터의 중역이 아님을 명확히 밝혀주는 증거이기도 하다. 왜냐하면 김억이 『잃어진 진주』를 번역할 당시에 일본에서 아서 시몬즈의 시편들의 번역이 이루어지곤 했는

데 아서 시몬즈의 위 시의 경우, 일본인 고바야시 아이유는 이것을 원시에 충실하게 '백만 년'이라고 일어로 그대로 직역하였기 때문이다("百萬年が夜の姿で俺そ包んてゐる").[10]

2연에서 원어 그대로 표기한 "Garret" 또한 중역이 아니라는 직접적인 증거가 될 수 있다. 이것은 서양주택의 다락방에 해당되는 것으로서 당시 우리와 다른 서양식 집 구조를 접하기 어려운 김억으로서는 '다락방'이라는 표현을 몰랐을 수도 있었으며 맥락상으로는 중요하기 때문에 생략하지 않고 그대로 표기한 것으로 보인다. 이것 또한 『잃어진 진주』가 김억의 번역이 중역이 아님을 보여주는 직접적인 증거가 된다.

그리고 둘째 연의 경우에, "This bed of straw, and this that was a chair"라는 원문의 한 행 전체가 생략되어 번역되어 있다. 이것은 단순한 번역상의 오류가 아닌데, 그 이유는 김억이 "Garret"을 원어 그대로 쓴 것의 연장선상에서 설명될 수 있다. 즉 짚으로 된 예전에 의자였던 침대도 다락방과 마찬가지로 온돌식 좌식문화에 익숙한 당시 우리의 독자들은 이해하기가 어려운 부분이었다. 그리고 원시가 상기시키는 초라하고 쓸쓸한 소품의 느낌도 독자에게 적확히 전달하기가 어려웠기 때문이다.[11]

김억보다 앞서 1918년에 이 시를 일본어로 번역하였던 고바야시 아이유[12]는 이 둘째 연을 다음과 같이 번역하였다.

10 小林愛雄・佐武林藏 역, 『近代詩歌集』, 東京 : 估堂書肆, 1918, 113쪽.
11 한 행 전체를 의역도 하지 않고 과감히 생략한 것은, 김억의 『잃어진 진주』에서는 유일한 것이다.
12 小林愛雄・佐武林藏 역, 『近代詩歌集』, 東京 : 估堂書肆, 1918, 114쪽.

それから借りてゐる此屋根裏の室を持つてゐる,

この藁の寢臺と, もと椅子だつた此奴と,

ぼるぼるの天幕のやうなこの疲れ切った肉體と

鼠が半分嚙りやがつたこのパンの外皮と,

この阿片の煙管と, 嗔怒と, 悔恨と, 絶望と,

質に入ってるこの魂とこの立派な心とを持つてゐんだ.

그리고 빌린 이 지붕 밑 방을 갖고 있는,

이 짚으로 만든 침대와, 본래 의자였던 이것과

낡아빠진 천막 같은 이 지쳐 빠진 육체와

쥐새끼가 절반 갉아먹은 것 같은 이 빵 껍질과

이 아편 파이프와, 분노와, 회한과, 절망과

볼모로 잡혀있는 이 영혼과 이 훌륭한 마음을 갖고 있는 것이다.

「The Opium-smoker阿片쟁이」 2연

김억이 번역할 당시, 일본에는 『잃어진 진주』와 같이 아서 시몬즈에 관한 전면적 시역집은 없었으며 고바야시 아이유에 의하여 아서 시몬즈의 대표적인 시편들이 번역되었다. 김억이 일본어로 된 시편들을 참고로 하지 않았다는 것은 고바야시 아이유의 일어역과 대비해 봄으로써 명확히 드러난다.

먼저 아서 시몬즈의 시제목인 'The Opium-smoker'를 김억은 '아편阿片쟁이'라고 역하였으며 고바야시 아이유는 '아편阿片'이라고 역하였다. 원시에 가까우면서도 우리말의 어감을 살린 것은 김억의 제목 명명이라고 할 수 있다. 그리고 이 시 2연의 두 번째 줄에 대해서, 고바야시 아이유는 짚으로 만든 침대와 원래 의자였던 것이라는 원시의 어구를 그대로 번역하였다. 김억은 이것을 과감하게 생략하였다.

김억은 왜 "Garret"은 생략하지 않고 짚으로 된 침대와 의자는 과감히 생략한 것일까. 그것은 전자가 이 시의 화자가 있는 전체 공간 구조물에 해당되기 때문이며 침대문화가 더 생경하고 후자의 생경한 소재는 당시 독자에게 이 시의 내용을 독해하는 데에 오히려 걸림돌이 된다고 판단하였기 때문일 것이다. 사실상 "다 낡은 천조박布片 갓튼 나의 곤비困憊한 이 육체肉體와 / 쥐가 싹가먹다가 남겨노흔 팡조각와"만으로도 화자의 초라한 방의 풍경과 쓸쓸한 신세를 충분히 드러내고 있다.

이와 같이 생소한 서구문화를 담고 있는 부분을 중요도에 따라 원어 그대로 밝히거나 과감히 생략하는 것은 원시를 직접 독해한 것이 아니라면 시행하기가 어려운 부분이다. 중역이라면 우리문화와 서구문화의 차이를 고려한 과감한 의역이 이루어지기가 어렵고 만약 그렇게 하였다면 원시의 의미로부터 상당히 이탈하였을 공산이 크다.

그리고 김억은 "This pipe of opium; rage, remorse, despair / This soul at pawn and this delirious heart"을, "아편阿片대와 분노憤怒, 그리하고는 후회後悔와 실망失望, / 전당포典當鋪에 전당典當잡힌 나의 영靈과, / 착각錯覺에 착각錯覺을 거듭한 내 맘밧게 업노라"로 역하였다. 생경한 ";"은 접속어로 바꾸었으며 원시 2행을 3행으로 늘여서 앞에서 생략한 1행을 보충적으로 채우면서도 후반부의 주제의식을 심화시키는 데 효과적으로 작용하고 있다.

그리고 이 시에서 매우 효과적인 번역이라고 할 수 있는 부분은 "this

delirious heart"이다. "착각錯覺에 착각錯覺을 거듭한 내 맘밧게 업노라"란 구절은 원시보다 수식어구를 많이 늘였지만 아편쟁이의 쓸쓸하고도 몽롱한 의식상태를 잘 드러내고 있다. 그런데 "delirious"는 '정신착란적', '헛소리를 하는', '무아경의', '열광적인' 등으로 번역할 수 있는 것을 "착각錯覺에 착각錯覺을 거듭한"이라고 번역한 것에 주목할 수 있다. 이 형용사를 여러 어구로써 길게 설명한 것은 김억이 이 단어의 의미를 적확하게 시에서 분위기를 살리려고 한 것으로서 이 또한 김억의 번역이 중역이 아닌 원시 영문으로부터의 직접적 번역임을 보여주는 직접적인 증거이자 김억의 개성적인 번역을 보여주는 단적인 보기이다.

이 시의 마지막 행에 대해서, 고바야시 아이유의 경우는 "볼모로 잡혀있는 이 영혼과 이 훌륭한 마음을 갖고 있는 것이다質に入ってるこの魂とこの立派な心とを持つてゐんだ"로 역하였으며 김억은 "전당포典當鋪에 전당典當잡힌 나의 영靈과, / 착각錯覺에 착각錯覺을 거듭한 내 맘밧게 업노라"로 역하였다.

이 번역의 원시 구절은 "This soul at pawn and this delirious heart"이다. 김억의 번역이 고바야시 아이유의 번역에 비하여 더욱 구체적이며 단어의 어감이 살아나는 것임을 알 수 있다. 이것을 단적으로 보여주는 것이 'delirious'의 번역이다. 고바야시 아이유는 이것을 '훌륭한 마음'이라고 역하였으나 김억은 '착각錯覺에 착각錯覺을 거듭한'이라고 역함으로써 아편쟁이의 몽롱하고도 착란적인 마음상태를 잘 표현하였다고 할 수 있다.

일본에서 아서 시몬즈의 시번역이 당시에 부분적으로 이루어졌으며 대표적인 시인 「아편쟁이」의 시를 고바야시 아이유의 것과 김억의 것을 비교해 볼 때 김억의 역은 그의 것을 참고로 하지 않았음, 즉 일어로부터의 중역이 아님을 단적으로 알 수 있다. 그리고 시제목의 명명이나 시의 마지막을 이루는 핵심적인 수식어구의 번역에서 원시의 분위기와 묘미를 더욱 살리고 있음을 알 수 있다. 또한 '짚으로 채운 침대와 의자'와 같이 시의 전체적인 흐름에는 부분적인 것이면서 당시 우리 문화에 생경한 표현을 생략한 것 또한 시의 전체적인 묘미를 살리고자 한 창의적인 것이었음을 알 수 있다.

일제치하에서 우리가 서구문화와 문예를 수용하는 것은 주로 일본을 통해서 이루어졌으며 그리하여 일본이 서구권 문학을 일어로 번역한 것을 우리는 다시 우리말로 번역 즉 중역의 형태로 근대화가 이루어졌다. 그리하여 일제치하의 서구문예 수용과 우리문학의 근대화 과정을 "중역한 근대"[13]라고 일컫는 것은 타당성 있는 명명이다.

이것은 당시에 우리나라에 외국어를 습득하고 전문적으로 배울 여건이 조성되지 못한 점이 근본적 원인이 될 것이다. 당시는 일제치하였으므로 외국어를 습득한 사람이라 하더라도 우리말 구조와 유사하고 또 당시에 상용되는 일어를 우리말로 바꾸는 것이 용이하였으므로 일본어를 우리말로 바꾸어서 서구권 문학을 소개하는 일이 보편적인 것이었다.

그런데 이러한 방식의 서구권 소개와 수용에 대하여 의식적 자각을 가지고 우리가 외국어를 습득해서 서구권 문예물을 직접 받아들이는 번역의 중요성을 자각한 선구적 인물이 김억이다.[14] 그는 그가 "원문

13 김욱동, 『번역과 한국의 근대』, 소명출판, 2010, 53쪽.

14 "김억이 근대 한국문학에 끼친 공헌은 뭐니 뭐니 하여도 직역의 전통을 수립하였다는 점에서 찾아야 한다. 20세기 초엽 최남선을 비롯한 많은 번역자들은 원문에서 직접 번역하기보다는 일본어 번역에서 다시 한국어로 옮기는 중역의 형태를 취하기 일쑤였다. 그러

을 몰으는" "엇지할 수 업"는 상황에 한해서만 일어본을 '중역'하였는데,[15] 가령 러시아 작품이나 프랑스 작품에 관해서는 그가 아는 언어들인 에스페란토어와 일어를 동원하여 중역하였다.

그리고 그의 전공이자 그가 아는 영어에 관해서는[16] 중역을 피하고 직접 번역하였다고 발언하고 실제로 그 발언을 실천하였다. 그가 중역한 『오뇌의 무도』 서문을 제외한 타고르 시집들과 아서 시몬즈 시집의 서문에서 그는 원어로부터의 직접 번역으로 인한 고충에 관해서 구체적으로 토로하고 있다. 즉 문체 설정의 문제나 형용사 부사를 정하는 문제, 우리말 어감을 고려한 문맥 등에 관해서 고심한 흔적을 보여준다.[17]

이것은 일제 식민지하에서 문예근대화를 이루어야 하는 당시상황

나 김억은 처음으로 원문에서 직접 번역하기 시작하였다. 한국 번역사에서 이러한 시도는 코페르니쿠스적 전환처럼 가히 혁명적인 변화라고 할 만하다", 김욱동, 『근대의 세 번역가』, 소명출판, 2010, 263쪽.

15 김억의 경우는 중역일 경우 번역물 말미에서 대체로 그것을 명확히 밝히고 있다. 일례로, 러시아 시인인 투르게네프의 산문시를 번역한 역자 후기에서 "원문을 몰으는 역자는 엇지할 수 업시 세계어역본과 영문역본과 또는 일어역본을 대조하여 중역한다"(『창조』 8, 1921.1.27)고 적고 있다.

16 김억은 1913년 게이오 의숙 문과에서 영문학을 전공하였다.

17 "첫재에 모든 어렵음보다 짝한 것은 형용사形容詞와 부사副詞엿습니다. 참말로 비애悲哀가 아니고 비참悲慘한 생각이 낫습니다. 될 수만 잇으면 형용사形容詞와 부사副詞는 영문英文 그대로라도 쓰고 싶헛습니다. 하고 원문原文의 뜻을 허물내이지 아니하기 위하야는 직역直譯보다 수자역逐字譯도 하여 보앗습니다. 만은 그것좃차 맘하든 바와는 달나 도로徒勞에 씃나고 말았습니다. 그래서 할 수 업시 직역直譯하여도 될 것은 직역直譯하고 직역直譯으로는 아모 뜻도 아니되는 것이면 의역意譯하고 말앗습니다. 그러나 무드만은 엇지하든지 허물내이지 아니하랴고 왼맘을 다하엿습니다", 「서문대신序文代身에」, 『잃어진 진주』.
"만은 무엇보다도, 역출譯出할 때에 짝한 것은 문체文体엿습니다. 엇더한 문체文体를 취取할가 하는 것이 지금只今도, 다 역화譯華한 지금只今도, 의심疑心으로 잇습니다", 「역자譯者의 인사人事」, 『기탄자리』.
"정正작 조선朝鮮옷을 입히랴고 하니, 어렵기가 『기탄자리』, 『원정園丁』 이상以上이엇습니다. 암만하여도 어린아희답은 곱은 필치筆致를 그대로 옴길 수가 업섯습니다. 그러한 필치筆致와 표현에 대對하야 꽤 충실充實하게는 한다고 하엿읍니다, 만은 결국結局 된 것은 이러한 어즈럽은 문체文體입니다." 「서문」, 『신월』.

에서 서구권 문예물을 몸소 체험하고 주체적으로 해석해내려는 선구적 지식인의 면모로서 파악할 수 있다. 그는 외국어를 습득하여 우리의 힘으로써 서구권문화를 습득함으로써 우리의 주체적인 서구문물 수용의 첫걸음을 보여주며 이후 이것은 그가 주장한 민요시 운동과 '조선심'과 일맥상통하는 면이다.

3. 김억의 번역관

김억의 『잃어진 진주』가 중역이 아니라 직접적 번역임을 앞장에서 논증하였다. 이 절에서는 김억의 번역이 지닌 특성에 관하여 살펴볼 것이다. 그런데 김억의 번역은 그가 우리나라에 최초로 서구시를 번역하여 내면서 우리의 근대시 형성을 모색한 선구자였음을 충분히 감안하여 보기로 한다. 즉 오늘날의 번역과정에서 당연시되는 어미선정이나 명사 선정과 어순선정 등의 제 과정이 김억에 의해 처음 이루어진 부분이 많다는 것을 감안하여 그가 서구시를 우리 시로 어떻게 변용시키고 있는가에 주요한 초점을 두고자 한다.

1) 우리말식 어법과 자연스러운 맥락

김억의 번역시편들에서 부자연스러운 표현이나 오역이 더러 없는 것은 아니다. 그러나 근대 초창기의 선구자로서 그가 우리의 고전시가의 새로운 근대시 형태와 새로운 내용 담기를 모색하는 과정의 중대한 산물로서 그의 서구시 번역 작업이 그 매개항으로 놓인 점을 고려할 필요가 있다. 그리하여 원시의 순서를 심하게 바꾼 시편이나 우리말식 표현으로는 부자연스러운 물주구문을 바꾼 방식 등에서 그의 번역관의 일단을 살펴볼 수 있다.

> 아니오는잠 엇을길이 쓴기여,
> 힘을 다하야 크게도 울부짓는
> 罪지은이의 울음소리와도갓치,
> 부르짓으며, 울며 흐득이는
> 밤中에 우는바람소리를,
> 우는 바람의소리를 나는듯노라.

> I hear the voice of the wind,
> The voice of the wind in the night,
> Cry and sob and weep,
> As the voice of one that hath sinned
> Moaning aloud in its might
> In the night when he cannot sleep.

「Night and wind밤과 바람」 2연

> 그러나 엇제랴, 밤만 갓싸워오면
> 나는 또다시, 아츰볏이 빗날때에는

내머리를 누엇든 나의벼개가 쓸데도업시,

쓰겁은눈물에 젓을것을 걱정하노라.

Yet still, as night comes round, I dread,

With unavailing fears,

The dawn that finds, beneath my head,

The pillows wet with tears.

「Dreams꿈」 2연

밤, 灰色하늘, 幽靈인듯한 바다,

곱게도 오시기비릇하는 비,

컴하게도 水平線우의 배들은

안개와갓치 먼곳으로 업서지어라.

Night, a grey sky a ghostly sea,

The soft beginning of the rain;

Black on the horizon, sails that wane

Into the distance mistily.

「On the beach海邊」 1연

전자의 빈역시편은 이것의 원시와 비교해볼 때 시행의 배열순서를 완전히 거꾸로 바꾸어놓았음을 알 수 있다. 원시의 배열순서와 똑같이 한다면, 1, 2, 3, 4, 5, 6행이라는 순서를 6, 5, 4, 3, 2, 1행으로 바꾸어 놓아야 한다. 이것은 시번역으로서는 파격적인 순서바꿈이라고 할 수 있다. 그런데 이러한 전치의 이유에 관해서 생각해볼 필요가 있다. 즉 원시의 배열순서로 그대로 하였다면 술어(6행)와 목적어(4행과 5행)와 비유어(1행과 2행과 3행)로서 이것은 영어식 어순에서만 자연스러운 표현이다.

그런데 김억은 이것을 비유어와 목적어와 술어 형식으로 바꾸어서 우리말식의 주어(와 비유어)와 목적어와 술어라는 자연스러운 어순으로 바꾸어놓았다.[18] 만약 김억이 이 시를 단순한 직역으로 번역하는 데에 그쳤다면 원시의 어순을 이렇게 전적으로 전치시키지는 않았을 것이다. 이것으로 볼 때 김억이 우리말의 자연스러운 어순이나 우리말의 감각을 충분히 고려한 가운데에서 직역과 이후의 의역을 연구하였음을 알 수 있다.[19]

두 번째 번역시편의 원시를 직역하면 '그럼에도 여전히, 밤이 가까이 오면 나는 헛된 두려움에 휩싸여 염려한다, 새벽은 내 머리맡에서 눈물에 젖은 베개를 발견한다' 정도가 될 것이다. 그런데 이것을 김억

---

18 자연스러운 우리말 어순으로 바꾸기 위해 원시의 시행을 파격적으로 바꾼 사례는 김억의 번역에서 빈번하게 볼 수 있다. 「After Sunset」의 전반부에서도 "The sea lies quieted beneath / The after-sunset flush / That leaves upon the heaped grey clouds / The grape's faint purple blush"를 "덥히고 쏘 덥힌 회색灰色구름 우에 / 포도葡萄빗 갓튼 희미한 쌀한 빗을 / 남기고 넘어가는 붉은 낙일落日 아레에 / 바다는 고요히 눕어잇서라"로 원시의 배열순서를 크게 바꾸어서 우리말 어순에 자연스럽도록 번역하였다.

19 김억이 우리말식 어순에 맞도록 원시의 시행 배열을 이처럼 파격적으로 바꾼 것은 원시 중심의 관점에서 본다면 시의 모티브 전개와 영어식 운율을 고려하지 못한 것으로도 볼 수 있다. 원시의 모티브 전개가 '밤바람의 구슬픈 소리를 듣다가 '나'가 잠 **못 드는** 장면'에 상응한다면 김억 번역시의 경우는 "'나'가 **잠을 못 들다가** 밤바람의 구슬픈 소리를 듣는 것'에 상응한다. 이것은 모티브 전개 방향이 전도된 것으로서 시의 전체 분위기 형성에 차이가 있다. 이것은 김억이 **영어원어보다 우리말 중심의 번역**에서 발생한 것으로 볼 수 있다. 또한 원시의 1, 2행의 'wind'와 'night', 4, 5행의 'sinned'와 'night'에서 'd'와 't'의 각운과 원시 3, 4행의 'weep'와 'sleep'의 각운이 주는 효과를 김억의 번역시는 섬세하게 살려내지 못한 측면이 있다.

은 "그러나 엇제랴, 밤만 갓까워 오면 / 나는 쏘다시, 아츰볏이 빗날때에는 / 내 머리를 누엇든 나의 벼개가 쓸데도 업시, / 쓰겁은 눈물에 젓을 것을 걱정하노라"로 번역하였다. 여기서 주목해야 할 부분은 원시에서는 '새벽'이 주어인 것을 '나'로 모두 바꾸어 놓은 점이다.

영어식 표현과 우리말식 표현의 가장 두드러진 구조상의 차이로서 우리말은 거의 모두가 인칭주어인 반면 영어식 표현에서는 물주주어가 빈번한 점을 들 수 있을 것이다. 그런데 김억은 어색한 물주주어 표현에서 우리말식 인칭주어구문으로 완전히 바꾸어놓았다. 김억이 번역한 1920년대 초반의 외국어와 서구문화의 수용환경을 지금과 대조하여 고려해볼 때 그의 번역 작업은 큰 맥락에서 볼 때 우리의 전통문화와 우리말의 어감을 고려하였을 뿐만 아니라 우리말 구조가 지닌 특징과 어순을 충분히 살린 것임을 알 수 있다.

세 번째 시편에서 주목할 부분은 "곱게도 오시기 비릇하는 비"이다. 이것은, "The soft beginning of the rain"의 번역이다. 여기서는 '부드러운'을 '곱게도'로 역한 것은 김억의 선호하는 '곱다'라는 형용사를 융통성 있게 활용한 것으로 보인다. 그런데 여기서 '비'를 '오시기 비롯하는'이라는 수식어를 붙이고 있다. 높임법의 표현은 서구식에는 없는 우리의 전통문화가 반영된 대표적인 것이다.

그리고 비와 구름이나 나무 등과 같이 농경사회에 유효한 자연물은 우리의 전통사회에서 숭배의 대상이 되곤 하였다. 이 시에서 비를 높임으로 표현한 것은 이러한 전통과도 관련이 있거니와 이 시의 전개를 볼 때 연시의 내용을 담고 있기 때문에 '비'의 높임이란 '님'의 높임과도 관련성을 지니고 있다.[20]

이와 같이 김억의 역시들에서 우리말의 자연스러운 어순과 인칭주어 구문과 높임법 등을 고려한 증거를 살펴볼 수 있다. 그리고 특기할 것은 김억은 번역 작업에서 전체적 맥락과 정조를 우선적으로 하여 번역 작업을 하였다는 사실이다. 그리고 중심이 되는 주요단어의 번역에 있어서도 우리말의 어감을 충분히 고려하고 있다.

다음의 시편은 구체적으로 보면 오역에 해당되는 사례라고 할 수도 있다. 그런데 세부적 맥락에서 보면 그러하지만 전체적 맥락에서는 오역이라기보다는 의역의 형태에 가깝거나 맥락을 존중하다가 생긴 오류에 가까워 보인다.

비령방이가 어제밤 죽엇습니다.
그魂은 하느님한테 가서 말햇습니다.
「하느님, 불으시지도 안는데 왓습니다.
용서하셔요, 전 먹을것이업서 죽엇습니다.」

그째, 하늘에 계신 하느님은 對答햇습니다.
「나의아들아, 그러할理가 업슬것이다.
地上에는 나의聖者들이 잇지 아니한가?
그러고 聖者들이 分明히 救해 주엇을터인데.」

---

20 「In Autumn가을」에서는 "The windy rains are here / wet nights and blowing winds about th eaves"는 "찬바람 석긴 비는 저즌 밤과 함씌, / 부는 바람과 갓치 첨아가에서 아득여라"로 역하였다. 그리고 서구식 초라한 침대인 "pallet"은 집자리로, "wine와인"은 술로 번역하였는데, 당시 우리가 접할 수 없거나 생경한 서구식 문화를 우리말식으로 알기 쉽게 바꾸어놓았다.

「오々 하느님이여, 聖子들은」비령방이는 말햇습니다.

「거룩하게 祈禱生活만 합니다.

엇더케 비령방이 갓튼것을 알겟습닛가?

우리는 돌아보지안아, 죽습니다.

그들은 우리의 罪만흔靈魂을 救援하야,

天國으로 가도록하랴고 힘씁니다.

만은 먹을糧食이 업기때문에,

(용서하셔요) 肉身은 죽고맙니다.」

압프고 괴롭음을 못이겨, 하느님은

怒한소리로 하늘을 울이며 말햇습니다.

오々 사람들아, 너희들은 뉘때문에 죽나,

내아들은 쓸데도업시 살고잇고나!

A beggar died last night; his soul

Went up to God, and said :

"I come uncalled, forgive it, Lord;

I died for want of bread."

Then answered him the Lord of heaven :

"Son, how can this thing be?

Are not my saints on earth? and they

Had surely succoured thee."

"Thy saints, O Lord", the beggar said,
"Live holy lives of prayer;
How should they know of such as we?
We perish unaware."

"They strive to save our wicked souls
And fit them for the sky;
Meanwhile, not having bread to eat,
(Forgive!) our bodies die."

Then the Lord God spake out of heaven
In wrath and angry pain :
"O men, for whom my Son hath died,
My Son hath lived in vain i"

「Of Charity慈善」

이 역시에서 주요한 인물은 "beggar"로서 이것을 번역하면 일반적으로 '거지', '걸인', '빈곤자', '빈털털이' 정도가 된다. 그런데 김억은 이 단어를 "비령방이"로 역하였다. ㄹ음과 ㅇ음으로 된 음악성을 지닌 다소 토속적인 느낌을 주면서도 시에서 형상화되는 인물의 상황인 가난뱅이였으며 빌어먹을 정도로 굶었으나 명확히 거지의 신분은 아닌듯한 그러한 뉘앙스를 살린 명명이라고 할 수 있다.

이 역시의 기본적 줄거리는 이 비렁뱅이가 굶어 죽어서 하늘로 올라가 하느님을 뵈었는데, 하느님이 성자들이 너를 보살펴주지 않았냐는 질문에 비렁뱅이가 그들은 기도만 하고 자신들을 돌아보지 않아 죽었음을 이야기하자, 하느님이 비탄에 잠긴다는 것이다. 여기서 "「오々 하느님이여, 성자聖子들은」 비렁방이는 말햇습니다"의 원시구절은 ""Thy saints, O Lord", the beggar said"이다.

여기서 원시의 순서에 충실한다면 '하느님이여'와 '성자들은'의 순서가 바뀌어야 한다. 그런데 김억이 이것의 순서를 바꾼 이유는 다음 구절에서 나온다. 즉 "거룩하게 기도생활祈禱生活만 합니다Live holy lives of prayer"이라는 술어 때문인데 이 술어의 주어가 "성자들은"이므로 앞 행과의 문맥적 연결을 위해 앞 행의 명사들의 순서를 바꾸어 놓은 것이다. 여기서 김억이 한 행의 번역 그 자체보다는 다음 구절에 나오는 행의 내용과의 연결관계를 살려 의미를 분명하게 드러내고자 하였음을 알 수 있다.

그리고 여기서 돋보이는 번역부분은, "엇더케 비렁방이 갓튼 것을 알겟습닛가? / 우리는 돌아보지 안아, 죽습니다"이다. 이 구절의 원시는 "How should they know of such as we? / We perish unaware"이다. 여기서 우리말에 다소 생소할 뿐만 아니라 영어와 달리 우리말에서는 주어가 꼭 필요한 것은 아니므로 'they'를 생략한 것은 오히려 자연스럽나. 또한 "such as we" 즉 '우리 같은 사람들'을 '비렁방이 갓튼 것'이라고 한 점도 분위기로 볼 때 자연스럽다.

여기서도 '우리'라는 대명사가 나타나지만 김억 번역에서 특기할 부분은 우리말에 어색하거나 다소 불필요한 대명사를 앞에서 나온 구체적인 대상으로 명확히 밝혀줌으로써 독자가 주어를 명확히 인식해 주도록 하면서도 맥락상의 정조를 살리려고 한다. "We perish unaware" 구절 역시 우리는 인식도 되지 못한 채 죽습니다 정도의 의미를 김억은 "우리는 돌아보지 안아, 죽습니다"로 번역하였다. "돌아보지 않아"도 "인식도 되지 못한 채"라는 의미에 더하여 성자들이 비렁뱅이들을 돌아보지 않았다는 전후맥락을 반영한 적실한 표현이라고 할 수 있다.

여기서 무엇보다도 문제가 되는 부분은 이 시의 마지막 연이다. 여기서 알 수 있는 것은 김억이 'hath'와 같은 완료형에 대해서 명확히 인지하는 못하였음을 알 수 있다. 원시의 마지막 두 행을 번역하면 "오 사람들아, 나의 아들은 누구를 위해 죽었던가, / 나의 아들은 헛되이 살았었구나!" 정도가 된다. 그런데 김억은 이 두 행의 번역을 "오々 사람들아, 너희들은 뉘 때문에 죽나 / 내 아들은 쓸데도 업시 살고잇고나!"로 역하였다. 이것은 이 구절 자체로 볼 때는 오역에 해당된다.

왜냐하면 주어에 상응하는 'My Son'이란 하느님의 아들 즉 예수를 뜻하며 이 구절은 하느님의 뜻을 따라 지상에서 십자가에 숨진 예수의 죽음과 삶에 대한 표현을 품고 있는 측면이 강하기 때문이다. 그런데 김억은 비렁뱅이와 같은 사람들의 죽음과 기도만 하는 성자들의 헛된 삶으로 번역한 것이다. 만약 김억이 'hath'라는 완료형의 고어의 해석에 좀 더 익숙하였더라면 이러한 오역은 없었을 것이다.

김억의 번역에서 특기할 부분은 이러한 완료형 표현이나 미래시제 표현을 고려한 증거가 보이지 않는다는 것이다. 그러나 번역상에는 이러한 무지가 특별한 문제가 되지 않는데 그것은 김억이 전후관계와 맥락을 적절히 고려하여 어미를 선택하였기 때문이다.

이것은 여기서도 마찬가지로 적용된다고 할 수 있다. 이 두 행은 그 자체로 명확한 오역이지만 역한 전체시를 읽어보면 나의 아들 즉 예수로 역하여 새로운 사람을 마지막 연에서 등장시키는 것보다 맥락상의 의미를 심화시키는 경향을 지닌다. 즉 불쌍한 비렁뱅이와 성자들의 헛된 삶을 언급함으로써 앞에서 전개된 내용을 정리해 주는 것이다. 즉 이 시 전체의 맥락을 고려하면서 다시 이 두 행을 살펴보면, 'My son'을 앞서 나온 '성자들'을 받는 것으로 보아도 별다른 무리가 없다.

그리고 또한 '오 사람들아, 나의 아들은 누구를 위해 죽었나'로 직역해야 할 것을 '오々 사람들아, 너희들은 뉘 째문에 죽나'로 의역한다고 해도 큰 맥락상으로는 잘못되었다고 볼 수만은 없는 여지가 있다. 즉 김억은 번역에 있어서 주요한 대상의 번역에 있어서 단순한 우리말 번역이 아닌 그 대상과 그 대상이 속한 상황과 맥락을 충분히 고려하여 명명하였다.

또한 맥락 전개에 있어서 정조나 분위기는 살리면서도 독자가 대상어를 혼동하지 않도록 배려하였으며 대상어 서술에 있어서도 생경한 영어식 대명사를 최대한 자연스러운 우리말 명사로 선별하여 쓰거나 우리식 표현에 맞도록 주어를 생략하거나 하였다. 그리고 그의 시에 있어서의 오역도 그가 맥락과 정조와 대의를 존중한 의역임을 그의 번역론에서 표방하였음을 고려한다면 오역으로도 비춰지지 않을 여지가 충분히 있다.[21]

---

21 이것과 대조적으로, 김억의 아서 시몬즈 번역에 있어서 오류를 범한 사례들도 적지 않다. 단적으로, 「Peace at noon 白日의 平和」의 후반부 번역은 원어의 뜻과는 전혀 반대로 번역한

그리고 아서 시몬즈 번역집에서 이 시와 같이 '-습니다체'를 쓴 것은 이 시와 같이 사실적인 내용을 담은 산문시형의 몇몇 시편에서만 볼 수 있다. 낭만적 내용을 담은 대다수의 운문시에서는 '-어라/-노라체'를 쓰고 있다. 서정시에서의 이러한 '-어라/-서라체'를 김동인이 "안서식"이라는 이름을 불렀을 만큼 오늘날 우리에게는 시편에서 익숙한 서정시의 서술어의 어미는 김억이 번역과정에서 고안한 산물이라고 할 수 있다.[22]

김억은 아서 시몬즈 시집에서 주로 위 시와 같이 비장미와 사실성이 있는 산문시의 경우는 '-습니다체'를 쓰고 있으며 낭만적인 내용을 담은 운문시에서는 '-어라체'를 쓰고 있는데 이것은 김억이 언어의 기교적인 말단에 주의를 기울였다기보다는 시의 내용과 전체적 어세와 분위기에 맞도록 서술어의 어미를 선택한 것으로 보인다.

이와 같이 김억은 영어식 어순을 우리말식 어순으로 과감히 전환하

오류의 보기라고 할 수 있다. 구체적으로, 이 시의 2연인, "Here there is rest at last, / A sweet forgetting of the past; / There is no future here, nor aught / Save this soft healing pause of thought"에 대해서 김억은 "보아라, 쉬이랴면 안식安息은 업나니, / 이는 과거過去를 곱게 망각忘却하는 그것이러라, / 그러나, 사색思索을 곱게 끈허버리면 / 미래未來라는 것도 업슴에 엇제랴"로 역하였다. 그런데 '안식이 업나니'는 '안식만이 있나니' 정도로 즉 번역구절의 의미를 반대로 바꾸어야 원시의 뜻에 부합된다. 그리고 '사색思索을 곱게 끈허버리면'은 '부드럽게 치유하는 사색의 순간이 없다면' 정도로 바꾸어야 의미가 자연스럽다. 그럼에도 불구하고 이것은 근대 초창기 지식인으로서의 김억이 식민지언어였던 일어를 통한 서구문예의 습득이 아니라 직접 서구문예를 감상하고 이것을 우리말로 번역하는 과정에서 일어난 '원어역'을 향한 노력의 증거로도 파악될 수 있다.

22 "도로혀 '다'를 쓰는 것보다도 나는 '어라, 서라'와 가튼 것을 씁니다. 이 말 못한는 '어라, 서라'를 가지고 시적 용어詩的 用語로 이러니 저러니 하면서 김동인金東仁 가튼 친우親友는 소위所謂 '안서식岸曙式'이라는 이름을 부처 줍니다. (…중략…) 이것이 내가 초기시작初期詩作에 '어라, 서라'를 지리支離할 만큼 사용使用한 소이所以외다. '다'보다는 훨신 아름답은 말인 줄 압니다", 『조선일보』, 1930.1.1~2. 김억은 '-어라/-서라체'를 주로 사용하는 한편, 가끔씩 '다' 대신에 "보드랍고 아름다운 감感을 가지게 되"는 '-습니다/-외다체'를 사용하였다.

여 역하였으며 우리말식 높임법을 살려서 시의 묘미를 살리려고 하였다. 그리고 어색한 물주주어 구문을 피하였으며 영어에서 흔한 인칭대명사의 표현을 가급적 우리말의 어법과 정서에 맞도록 고안해내면서도 작품 전체적으로 독자가 주체를 명확히 인식하도록 배려하였다.

그의 번역은 작품 전체의 구조적인 측면에서 볼 때는 독자를 배려하여 매우 명확하게 주어와 술어를 드러내고 있으며 세부적인 측면에서 볼 때는 시어 자체의 의미와 함께 맥락상의 의미를 함께 싣도록 배려한 흔적이 보인다. 그의 시편에서 나타나는 오역이나 의역의 경우는 그가 문맥과 전체적 구조를 존중하는 데에서 일어난 경우가 빈번한데 이러한 시각에서 보면 이것은 오역이나 의역이라기보다는 미적 질서를 위한 김억의 배려인 것으로 보인다.

즉 외국어를 생경한 우리말식으로 번역하는 것을 지양하고 전체적인 맥락에 조화를 이루도록 세부적 시어를 창의적이고도 섬세하게 만들어내고 있음을 알 수 있다. 즉 김억이 외국어를 우리말로 번역할 때 우리말의 서술어어미나 세부적인 말단에 신경을 쓴 것은 전체적인 맥락과 자연스러운 우리말식 표현과 율격을 고려한 결과로 복합적인 결과이다.

2) 외래적인 것과 전통적인 것의 '조화'

'잃어진 진주'라는 제목은 'POEMS BY ARTHUR SYMONS' 즉 아서 시몬즈 시집이라는 평범한 제목을 김억이 창의적으로 명명하여 붙인 것이다. 그의 번역시편들은 시상 전개에 있어서 제재가 지닌 비중이나 주제의식에 따라서 생략이나 의역의 형태를 취하고 있기도 한데, 이것을 고찰해 보면 단순한 직역으로부터의 의역이 아니라 우리문화와 우리의 어법에 자연스럽도록 수정 작업이 이루어지고 있다.

나는 또다시 적은길와 넓은들을 밟노라,
「즐겁은 奇別, 즐겁은 奇別」하며
새는 나의귀에 노래을 보내나니,
아아 듯기를 바래든 새팔한新鮮한 노래여.

「즐겁은 奇別, 즐겁은 奇別」하며,
새는 수풀사이에서 내게 주저리나니,
이는 日光의소리러라,
이는 풀과나무의 소리러라,

「즐겁은 奇別, 즐겁은 奇別」하며,
日光을 밧으며, 나를 위해, 노래하는 새소리는
수풀의 하늘속으로서 흘너나오는
大地의 즐겁음, 그것이러라.[23]

In the fields and the lanes again!
There's a bird that sings in my ear

---

23 이 시 마지막 연은 김억 번역시집에서 이 시의 앞에 놓인 시편인 「Christmas-eve그리스마스 저녁」에 잘못 붙여져 있다.

Messages, messages;

The green cool song that I long to hear.

It pipes to me out of a tree

Messages, messages;

This is the voice of the sunshine,

This is the voice of grass and the trees.

It is the joy of Earth

Out of the heaven of the trees :

The voice of a bird in the sunshine singing me

Messages, messages.

김억 역, 「In the vale of Llangllen랑쓸랜의 골작이」, 『잃어진 진주』

밤, 그리하고 바다가의 적은山,

적은 그山우에는 간은비가 내려라.

都會의安全코도 덥은燈불을 바리고

비와안개속을 내님은 내게로 오아라.

내님의머리털은 비에 빗나며,

내님의얼골은 비빗에 빈듯거러라.

비속을 것처 내님이 내게로 온뒤에는

世上은 한갓 밤과비쁜이러라.

Night, and the down by the sea,

And the veil of rain on the down;

And she came through the mist and the rain to me

From the safe warm lights of the town.

The rain shone in her hair,

And her face gleamed in the rain;

And only the night and the rain were there

As she came to me out of the rain.

「Rain on the down沙丘의 비」

나는 집(대)자리를 쌀고 눕어서

써러지는 비방울소리를 듯노라.

비방울이 내집웅에 내리면

나는 치움과 압픔을 늣기노라.

나는 집자리를 쌀고 눕어서

깃븜에 뛰노는 내가슴을 듯노라.

왼밤동안을 쌔여 눕어잇노라면

夜半에 불으는 님의소리가 들니여라.

나는 집자리를 쌀고 눕어서

맑지게 빗나는 내님의눈을 보노라.

그러나 쑴이 아니고는 두 번 지을수업는

微笑과 곱은말의 사랑의世界는 슬어지나니.

I lie on my pallet bed,

And I hear the drip of the rain ,

The rain on my garret roof is falling,

And I am cold and in pain.

I lie on my pallet bed,

And my heart is wild with delight;

I hear her voice through the midnight calling,

As I lie awake in the night.

I lie on my pallet bed,

And I see her bright eyes gleam;

She smiles, she speaks, and the world is ended,

And made again in a dream.

「Love in Dreams꿈의 사랑」

첫 번째 시에서 "「즐겁은 기별奇別, 즐겁은 기별奇別」"은 시 전체적으로 각 연의 앞부분에 위치하여 리듬감을 자아낸다. 그런데 원시를 보면 '즐겁은'이란 형용사가 전혀 붙어 있지 않다. "Messages, messages"로서 형용사가 붙어 있지 않았는데 김억은 새가 수풀 속에서 지저귀는 이 시의 경쾌한 분위기를 살리기 위하여 원시에는 없는 '즐겁은'이란 형용사를 '기별Messages' 앞에 쏙 붙여 놓았다. 즉 "「즐겁은 기별奇別, 즐겁은 기별奇別」"이 반복으로서 리듬감을 자아내는 한편 원시에는 각 연의 3행, 2행, 4행에 놓인 것을 번역시에서는 앞부분으로 옮겨놓았다. 그리고 「」 표시를 둠으로써 형식상으로도 뚜렷이 구분시켰다.

그리고 1연의 "The green cool song"은 "새팔한 신선新鮮한 노래"로 번역하였는데 'green'은 녹색인데 우리식 색채 표현인 '새팔한'으로 번역한 점은 그가 우리말식 표현을 신경 쓴 결과로 보인다. 그리고 'cool'을 '신선한'으로 역한 것도 자연스러운 표현이라고 할 수 있다. 그리고 1연의 '아아'라는 감탄사 역시 시의 분위기를 살리려고 김억이 덧붙인 것이다.

두 번째 시에서 "the down"의 번역어는 제목에는 "사구沙丘"라고 번역하였으나 실제 작품본문에서는 '적은 산山' 혹은 '그 산山'이란 그때그때의 어세에 따라 우리말의 어감에 자연스러운 표현을 썼다. 그리고 "the veil of rain"은 "간은 비"라고 썼는데 '비의 베일'보다 '가는 비'란 표현이 우리말 표현으로는 자연스러운 것이다.

이 시에서 두드러진 것은 'she'는 모두 '내 님'으로 번역되었는데, 이것은 이 시의 연시 성향을 강화시키는 동시에 우리말 표현에는 생경한 '그녀'라는 표현보다는 정감이 담긴 표현이라고 할 수 있다. '그he'나 '그녀she'와 같은 인칭대명사는 원시에는 빈번하게 나오지만 김억은 이러한 생경한 인칭대명사를 거의 대부분 '내 님'이라고 하든지 혹은 앞서 나온 자연스러운 명명어를 이어 받아서 번역하고 있다.

마지막 연의 마지막 행인 "And only the night and the rain were there / As she came to me out of the rain"의 경우, "비속을 것처 내 님이 내게로 온 뒤에는 / 세상世上은 한갓 밤과 비뿐이러라"로 번역하였다. 그런데 이 시는 연인이 빗속에서 내게로 와서 단지 밤과 비만 내렸다는 정황을 볼 때 '밤과 비'가 연인과의 재회를 좀 더 극적으로 부각시키는 효과로도 충분히 볼 수 있다.

그런데 김억은 나와 내 님의 상황과 원시에는 없는 '세상'을 덧붙여서 "세상世上은 한갓 밤과 비뿐이러라"로 번역하였다. 김억의 번역시를 보면 '세상' 혹은 '바깥'의 일은 덧없고 세속적인 것으로써 치부하는 경향이 강한데, 세상과 바깥이 부정적인 어감이 그리 느껴지지 않는 원시구절을 부정적인 어감을 살리는 경우를 더러 볼 수 있다.

우리의 전통문화와 어법을 충분히 고려한 증거는 네 번째 시, 「Love in Dreams꿈의 사랑」서도 단적으로 드러난다. 이 시에서도 "my pallet bed" 즉 '짚으로 된 초라한 침상이나 서구식 침대'에 누워 있는 것을 "나는 집(대)자리를 짤고 눕어서"라고 표현하여, 서구식의 초라한 침대를 우리식의 초라한 침상으로 변형시켜 진술하였다. 또한 이 시에서도 "my garret roof"가 등장하는데 이것을 그는 "비방울이 집웅에 내리면"으로 표현하였다. 앞 시의 "Garret"은 원어를 살렸으면서 이 시에서는 이것을 생략하였다. 그 이유는 앞 시에서는 이것이 주요한 공간적 배경으로 작용하는 비중이 큰 제재였으나 여기서 이것은 생략해도 맥락에 무리가 없는 세부에 대한 단순한 수식어로 보았기 때문인 것으로 추정된다. 그리고 동시에 서양식 다락방에 내리는 빗소리를 우리식 가옥 구조에 내리는 빗방울소리로 전환시키고 있다.

그리고 이 시에서 "I hear her voice through the midnight calling (…중략…) And I see her bright eyes gleam"에서 보듯이, 김억은, "her" 즉 '그녀의'란 생경한 소유대명사의 표현을, "님의"와 "내 님의"라는 맥락상으로 유추되는 자연스러운 우리말식 명명으로 전환시키고 있다.[24]

---

24 김억이 영어식 표현을 우리말 표현이나 어감에 자연스러운 시어로써 번역한 사례들을 뽑아보면 다음을 들 수 있다.
sea and land : 뭇이나비다
pale : 햴금하야

이와 같이 김억이 우리말의 어감이나 표현에 적절하도록 시어를 바꾸고 그리고 분위기를 살린 리듬감을 고려하여 원시의 시행순서를 바꾸거나 색채어를 우리식으로 만든 것, 그리고 생경한 영어식 인칭대명사를 최대한 우리말식으로 바꾼 것 등은 최초의 근대시집을 내는 선구자의 면모를 지녔지만 주체적인 지식인이었음을 드러내는 부분이다. 그리고 세상사를 부정적인 것으로 보고 이것을 시의 맥락과 대조적인 것으로 나타내는 방식은 한시구절에 익숙한 김억의 경향성을 드러낸다고 볼 수 있다.

김억의 시번역이 언어의 어감과 어미에 치중하는 성향 즉 음악적인

I can hear : 나는 듯노라
stealthy : 삼가는듯시
fade : 슬어지나니
Dull, impotently infinite : 가이업시도 힘업는, 限업는
the veil of rain : 간은비
her face gleamed in the rain : 내님의얼골은 비빗에 빈듯거러라
she : 내님은
In this subsiding out of strife : 쓴世上의 쓴근심과는 써러진
Her eyes are haunted, eyes that were / Scarce sadwhen last we met : 지내간번 만낫슬째에는 서름도좃차 업든 / 그사람의 그눈이 다시금 못닛게 생각되여라
we'd only flout in a merry song / The world we left behind us : 우리는 곱은노래로 뒤에 남아잇는 / 이世界를 업수히보며 비웃서줍니다
I lie on my pallet bed : 나는 집자리를 쌀고 눕어서
my garret roof : 내집웅
Her magical face : 아양스럽게도 곱게 빗나는 그대의얼골은
wine : 술, 술잔
palely recede into the grey : 핼금하게도 슬어지어라
A sweet suspension of delight : 즐겁음의 달금한安息의빗이 써돌아라
I scarcely knew I loved you, dear, 내사람이여, 나는 그대를 그립은줄도 몰앗노라
tired : 困하엿노라
The music spoke for us, and said : 音樂은 그윽하게도 알네주어라
She will hear : 내님이야 들으리
White, hurrying travellers, the clouds : 갈길에 배밧아하는 길손과갓튼 흰구름이여
covered as for sleep : 잠을 자랴고 니불을 쓴드시

측면에만 치중하였다는 평가가 주류를 이루고 있다. 그러나 앞에서 보듯이 김억의 번역은 언어의 말단이나 기교적인 면에서 결과하지 않는다는 본다. 특히 그가 중역이 아닌 직접적인 번역을 보여주는『잃어진 진주』에서 이러한 세부적 시어나 어미의 수용을 살펴보면 그것이 전체적인 맥락과 어세를 충분히 고려한 다음의 결과임을 알 수 있기 때문이다. 그리고 그가 번역에 있어서 가장 중심적인 것에 두었던 것은 우리말식 표현과 정서와 어법이라는 점을 알 수 있는데, 근대 초창기 문인으로서 주체적으로 서구의 근대시를 수용하면서도 우리의 근대시가 자리 잡도록 할 수 있었던 혜안을 보여주었다.

이와 같이 김억은『잃어진 진주』를 직접적으로 번역한 것임을 알 수 있으며 그가 우리의 표현방식과 당시 우리의 문화를 고려하면서도 원시가 지닌 무드를 적확히 표현하였다는 것을 알 수 있다. 그리고 우리말의 자연스러운 표현과 행들의 균형관계를 염두에 두면서도 근대시가 지녀야 할 미적인 측면을 추구한 노력이 보인다. 그리고 시의 후반부에서 시의 주제와 무드를 살리고자 설명적인 수식어구를 추가한 것도 이해가 갈 만한 부분이다.

또한 1920년대 초의 문학인이 우리의 전통가옥문화와 우리말식 명명을 충분히 고려한 방식을 구사한다는 것은 서구문화와 외국어에 대한 그의 감각과 우리의 전통문화와 우리말에 대한 감각을 보여주는 것이면서도 주체성을 지닌 근대지향인의 노력을 엿볼 수 있는 부분이다.

> 나는 刹那刹那의 靈의 情調的音樂이라고하겟읍니다. 만은 相對的詩는 存在할수 잇으나, 絶對的詩는存在치못한다고 나는 생각합니다. 웨그러냐하

면 詩의用語는 人生의文字나 言語에는 업는聖語입니다. 그러고 비록 詩는잇다고하여도 그것은 內部의情調대로 남아잇을뿐이고, 決코 밧그로 나아올것은 못됩니다. 웨그러냐하면 詩가 文字라는形式의길을 밟게되면 벌서 그表現될바의表現을 잃은第二의詩입니다. 가슴속에 「詩想」으로 잇는그때의詩가 眞正한詩입니다. 그것이人生의거츨고 表現의不完全한文字의形式에 나타나면 발서 眞正한詩의生命은 잃어진것입니다. 毋論이것은理論입니다. 만은理論이라고 또한그저두지못할것인줄압니다.

「서문대신序文代身에」, 『잃어진 진주』

이 글에서 그는 가슴속에 “시상”으로 있던 그때의 시를 “진정한 시”라고 말한다. 그에 의하면 이것이 거칠고 불완전한 문자의 형식에 나타난다면 ‘진정한 시의 생명’은 ‘잃어진’ 것이다. 아서 시몬즈의 역시집의 제목이 ‘잃어진 진주’라고 할 때 그리고 이것이 김억이 창의적으로 붙인 명명임을 고려한다면 그는 ‘진주’ 즉 ‘진정한 시의 생명’은 결국 거친 문자 속에서는 ‘잃어진’ 것일 수밖에 없는 운명임을 인식하는 듯하다. 그럼에도 “모론毋論 이것은 이론理論입니다. 만은 이론理論이라고 또한 그저두지 못할 것인 줄 압니다”에서 보듯이, 그는 ‘잃어진’ ‘진주’ 즉 ‘진정한 시의 생명’을 ‘잃지 않’고 복원하려고 시도한다. 이것은 김억이 왜 창작 번역관을 지니게 되었는지의 이유가 된다.

그의 『잃어진 진주』의 번역시편들에서 궁극적으로 시도한 지점이 여기서 나타난다. 즉 그는 서구적 근대시를 통해 느껴지는 ‘찰나찰나刹那刹那의 영靈의 정서적 음악情調的音樂’이, 우리의 전통적 문화와 전통적 어법에 무리가 없는 자연스러운 표현과 전개 속에서 구현시킬 수 있도록 모색하였던 것이다. 그는 시란 '인간영혼의 목소리'임을 말하고 있거니와, 시역에 있어서 직접적인 생경한 번역으로부터 출발하면서도 서구식 문화와 어법을 우리의 전통문화와 어법에 맞도록 충분히 변형하였던 것도 '인간영혼의 목소리'인 '시'란, 우리 민족의 고유한 문화와 자연스러운 표현 가운데에서 다시 새롭게 탄생할 수 있다고 믿었기 때문일 것이다.

또한 김억은 그의 시론인 「시형의 음률과 호흡」에서 예술은 "정신精神 또는 심령心靈의 산물"이며 정신과 심령을 포괄하는 '육체'란 그것의 '조화'라고 하였다. 그리고 예술은 작자 자신의 육체의 "조화의 표시"라고 보았다. 그리고 사람마다 얼굴과 눈과 코가 다르듯이 육체의 조화가 다르기 때문에 개인의 예술성도 다 다르며 각 민족마다 그 민족 고유의 개성적인 '조화'를 지니고 있다고 보았다. 즉 김억은 우리 민족에 고유한 영혼과 육체의 '조화'로서의 시형을 선구적으로 만들어가는 작업의 매개자로서 그 자신을 인식하였으며 '인간영혼의 목소리'를 구현하기 위하여, '정조', '감정', '정서' '무드'를 최대한 살리려고 노력하였다.

그가 '진정한 시'의 본령을 살리고자 한 번역활동을 통하여 궁극적으로 지향한 자리는 무엇이었던가. 이것은 『오뇌의 무도』 서문에서 "서양시인西洋詩人의 작품作品을 만히 참고參考하야 시詩의 작법作法을 알고 겸兼하여 그네들의 사상작용思想作用을 알아 써 우리 조선시朝鮮詩를 지음에 응용應用함이 매우 필요必要하니"[25]에서도 드러난다. 즉 서구적인 것의 주체적인 수용의 결과물인 김억의 번역시편들은, 고전시가로부

25 장도빈, 「序」, 『오뇌의 무도』.

터 서구적 근대자유시로의 이행기에 놓여 있던 당시 우리 시가 지향해야 할 '진정한 시'의 방향성을 제시해 주었다.

창가와 개화가사 등의 고전시가로부터 서구적 근대시형으로 이행해가는 과정에서 김억의 번역활동과 번역시편들은 당대로서는 최선의 매개항에 해당되는 초창기 근대인의 혜안의 결과물이었다. 개화가사와 창가가 존속하던 1920년대에 김억의 제자, 김소월의 절창이 나올 수 있었으며 식민지 지식인인 타고르의 신앙시와 밀접한 관련을 지니는 독립운동가 시인인 한용운의 절창이 우리 시사의 든든한 맥을 자리하게 되었던 것에는, 고전시가로부터 근대시로의 형성에 대한 거시적 혜안을 지녔던 선구적 근대인, 김억의 전방위 문학활동 및 번역활동이라는 매개항이 있었다.[26]

4. 결론

이 글은 먼저 김억의 번역이 『오뇌의 무도』 이후는 중역이 아니며 영어원본으로부터의 직접적인 번역이라는 점을 논의하였다. 구체적

---

26 단적으로, 김억은 『잃어진 진주』 서문에서 아서 시몬즈의 시론과 밀접한 자신의 시론을 논한 다음 자리에서, 근대시의 갈래를 설명하는 첫 번째 사례로서 김소월의 「금잔듸」와 「진달내쏫」을 전문 인용하며 민요시의 특성을 서술하고 있다. 「시집 『잃어진 眞珠』에서」, 『잃어진 진주』 참고.
또한 당시에 부분적이었던 타고르의 시 소개가 김억의 손에 의해 타고르 전권 번역 출간이 이루어진 점도 고려해 볼 필요가 있다. 즉 김억은 1921년부터 1924년 8월까지 타고르의 시 전편의 번역집을 모두 발간하였는데, 타고르의 영향과 밀접한 한용운의 시집인 『님의 침묵』은 1926년도에 출간되었으므로 김억의 타고르 번역시집들이 간접적인 매개항으로 작용하였을 가능성이 크다("이 『신월新月』로써 타고아 시집詩集은 전부全部 조선朝鮮말로 옮기여 젓습니다", 「머리에 한마듸」, 『신월』).

으로 아서 시몬즈의 원시집과 김억의 번역시집을 대비 고찰하였으며 실제 작품 분석을 통하여 김억이 직접 번역한 자취를 살펴보았다.

당시는 일제치하였으므로 외국어를 습득한 사람이라 하더라도 우리말 구조와 유사하고 또 당시에 상용되는 일어를 우리말로 바꾸는 것이 용이하였으므로 일본어를 우리말로 바꾸어서 서구권 문학을 소개하는 일이 보편적인 것이었다. 그런데 이러한 방식의 서구권 소개와 수용에 대하여 의식적 자각을 가지고 서구권 문예물을 직접 받아들이는 번역의 중요성을 자각하고 이것을 실천에 옮긴 선구적 인물이 김억이다.

다음으로, 이 글은 김억의 번역관을 그의 번역시집인 『잃어진 진주』에 나타난 우리말 번역시편들을 영어시편들과 대비 고찰함으로써 김억이 지닌 번역관의 구체적인 면모를 고찰하였다. 김억이 산문이나 서문에서 밝힌 번역관은 시는 번역될 수 없고 번역자의 창의력이 중시된다는 창작적 번역관이다. 김억은 '시'를 '영혼'의 산물로서 보고 번역할 때 이것은 곧 '잃어진' 것이 되므로 아서 시몬즈 시집에 대해서도 '잃어진 시혼' 곧 '잃어진 진주'라는 창의적 명명을 하였던 것이다.

그러나 실제 그의 번역시편들을 원문과 대비하여 고찰하여 보면 그가 시인의 '영혼'이 민족이 지닌 고유의 '육체'와 '조화'되도록 노력하였음을 알 수 있다. 구체적으로는 우리말의 어순이나 표현방식과 우리의 전통적 문화를 중심에 두고 서구 근대시를 변용하여 번역한 자취를 볼 수 있다. 그리고 시의 번역에서 말단이나 기교 중심적이라기보다는 전체 맥락이나 어세를 중심으로 세부적 표현의 해석이나 술어의 어미 등을 선택하였음을 알 수 있었다. 김억은 서구 근대시의 선구적 번역자였음에도 불구하고 전통적인 것과 외래적인 것의 조화로서 우리 민족 고유의 정체성을 살리려고 한 현대적인 시 정신의 소유자였으며 그것의 실천자였다.

3

『신월』의 번역과 번역관

1. 서론

김억의 『오뇌의 무도』는 우리나라 최초의 근대번역시집이며 그의 『해파리의 노래』는 우리나라 최초의 근대시집이라는 문학사적 의의를 지닌다. 그리고 우리나라의 명시집인 김소월의 『진달내꼿』을 소개, 출판하고 김소월을 지도한 이도 바로 김억이다. 또한 김억이 타고르 시전집을 발간한 이듬해, 타고르 시와 밀접한 관련을 지니는 한용운의 『님의 침묵』이 출간되었다.[1] 이러한 사실들에서도 단적으로 입증되듯이, 당시 김억의 전방위 문학활동은 우리나라 근대시가 형성, 발선하

1 "타고르의 시와 만해 한용운의 시와의 맥락 관계에 대해서는 이미 널리 거론되어온 바 있지만, 타고르와 만해 사이에 중개자로서의 천원天園이나 안서岸曙의 존재도 간과해서는 안 될 것으로 믿는다", 조동구, 「안서 김억 연구—시론과 시의 변모과정을 중심으로」, 연세대 박사논문, 1988, 53쪽.

는 것에 매우 중요한 교량이 되었다.

1910년대에서 1920년대는 고전시가로부터 근대시를 쓰는 이행기로서 당시에 서구 근대시의 전범을 익혀서 우리의 근대시형을 만드는 작업에서 서구 근대문학작품의 번역은 번역이라는 과정 면에서 그리고 번역물의 결과면에서 매우 중요한 교량 역할이었다.[2] 그리고 김억의 전방위 문학활동 중에서도 그가 가장 주력하였고 또 그의 활동 중에 핵심을 차지하는 것은 서구 근대시를 우리말로 번역하여 우리의 근대시형으로 만들어내는 일이었다.

이런 의미에서 김억의 번역시 활동에서 우리나라 '최초의'라는 수식어가 붙는 것은 더욱 의미가 큰데, 당대에 필요한 근대시 형성의 교량 역할을 최초로 담당한 이가 김억이었기 때문이다. 그렇기 때문에 김억의 번역시 활동의 전개과정을 살펴보는 일은 우리나라 근대시 형성 및 전개의 배아를 살펴보는 일과도 등가의 의미를 지닌다.

우리의 근대시 형성은 우리의 선구적 지식인들의 서구의 근대시 수용과정과 긴밀한 관련을 지닌다. 그리고 이것에 관한 고찰은, 우리나라 근대시 문체의 형성에 미친 김억의 선구적 활동과 그 영향력을 고려할 때, 김억이 어떠한 과정을 거쳐 서구시형과 다른 우리 근대시형을 만들어나갔는지에 관한 연구가 필수적으로 요구된다. 나아가, 김억이 서구 번역시 작업으로부터 근대시 창작으로 나아간 궤적에 관한

---

2 "한국 근대시 형성기에 있어서 역시譯詩가 차지하는 비중은 크다. 역시譯詩의 영향은 사조적인 면뿐만 아니라 표현 자체 속에 역력히 찾아 볼 수 있다. 그것은 정형시에서 자유시로 발전하는 형태면에도 작용하고, 리듬에 대한 새로운 의식에도 나타났다. 무엇보다도 그것은 언어구성의 방법을 새롭게 하는데 크게 기여하였다", 정한모, 「한국 근대시 형성에 미친 역시의 영향」, 『동대논총』 4집, 동덕여대, 1974.5, 25쪽.

연구를 필요로 한다. 특히 서구 근대시 수용의 주요산물인 그의 번역시집의 문체적 특성에 관하여 고찰해보는 일은 우리나라 근대시의 형성을 살펴보는 핵심 작업이 될 것이다.

김억의 번역시집에 관한 기존연구를 살펴보면, 주로 우리나라 최초의 근대번역시집인 『오뇌의 무도』에 관한 연구들이 지배적이다. 그 결과 『오뇌의 무도』가 일어본을 중역한 형태의 모음집임이 밝혀졌으며, 김억이 프랑스 상징주의 시를 수용하여 새로운 시형식을 모색한 중요한 문학인이라고 평가되었다.[3] 그런데 김억의 이후의 번역시집들에 관해서는 거의 조명이 이루어지지 못하였다. 이것은 김억의 서구 번역시 작업 전반에 관해서 『오뇌의 무도』와 연관지어 일어 중역본으로 보는 의혹과 무관하지 않다. 그럼에도 김억의 번역시 활동이 근대시 형성에 끼친 영향과 그의 창작적 번역관이 지닌 의미에 관해서는 고평되고 있다.

저자는 이러한 문제의식에서 출발하여 김억의 『오뇌의 무도』 이후에 출간된 번역시집인 『잃어진 진주』가 일어 중역본이 아닌 영시 원어역이며 출처가 명확한 우리나라 최초의 서구시 원어역 시선집임을 논증하였다.[4] 그리고 김억의 『기탄자리』는 일어 중역본이 아닐 뿐만 아니라, 오늘날 보아도 전문가급의 수준을 보여주는, 우리나라 최초의 서구시 원어완역 시집임을 밝혔다.[5]

---

3 "그는 상징주의 이론의 도입을 통해 근대적인 시에 관한 전문적인 이해를 형성시키도록 하였으며, 번역시를 통해 새로운 시형을 모색하였고, 나아가 우리 민족에 맞는 시형과 운율에 대해 고민하고 그것을 구체적으로 시화하려 노력했다", 김진희, 「근대문학의 장과 김억의 상징주의 수용」, 『한국문학이론과비평』 22집, 한국문학이론과비평학회, 2004.3, 334쪽.

4 최라영, 「김억 번역 연구—『잃어진 진주』를 중심으로」, 『어문학』 114집, 한국어문학회, 2011.12.

5 최라영, 「김억 번역 연구—『기탄자리』를 중심으로」, 『한국시학연구』 33호, 한국시학회, 2012.4.

김억은 『오뇌의 무도』에서 그가 잘 알지 못하는 러시아어와 프랑스어는 일본어로 된 시편들을 통하여 중역하면서 우리나라 근대시의 새로운 문체를 고민하였다. 그리고 이후에 그가 출간한 『기탄자리』와 『잃어진 진주』는 서구의 영시를 원어역함으로써 이전의 중역의 형태와 전혀 다른 주체적 입장에서 서구시형으로부터 직접 우리 시형을 만들어나가는 선구적인 활동을 보여주었다. 즉 이 두 권의 번역시집은, 김억이 서구의 낭만적 운문시와 종교적 산문시를 우리 근대시로 만들어나가는 데에 있어서 우리말 어법과 우리말 어순 그리고 우리의 문화상황에 맞는 시의 문체를 고민, 모색하는 과정을 구체적으로 보여준다.

이 연장선상에서 김억이 이후에 역한 서구시 번역집에서 그가 우리말 어법을 고려한 문체적 특성에 관한 고찰이 필요하다. 이러한 작업은 김억의 창작번역관의 구체적인 내용항을 채워나가는 일인 동시에 우리나라 근대시문체의 초기 형성과정을 살펴보는 기초 작업이기도 하다.

그리고 김억이 일본어로부터 중역의 형식으로 근대시를 수용하기 시작하다가 직접 서구 영시를 원어역하면서 우리말 어법과 우리말 어순의 고유성에 관하여 고민하고, 우리 근대시형을 주체적으로 만들어나간 과정 그 자체는 우리나라 근대시 형성의 주체적, 독자적 특성을 규명할 수 있는 방식이 될 것이다.

김억은 『신월』 서문에서 다음과 같이 밝힌다.

> 일본日本말로 번역飜譯된 신월新月이 잇다는 말을 듯고, 여러 방면方面으로 그것을 구求하야 대조對照라도 하랴고 하엿습니다. 만은 진재震災 뒤의 일이기 째문에 엇을 수가 업섯읍니다. 하야 타고아 자신自身의 손에 된 영역문英

譯文에만 의依하야 옴겻읍니다.

(…중략…)

이 신월新月은 어린아희를 위한 시집詩集이란것만큼, 읽기에는 대단히 쉽습니다. 하고 보드랍은 맛이 잇읍니다. 만은 정正작 조선詩集옷을 입히랴고 하니, 어렵기가 기탄자리, 원정園丁 이상이엇읍니다. 암만하여도 어린아희답은 곱은 필치筆致를 그대로 옴길 수가 업섯읍니다. 그러한 필치筆致와 표현表現에 대對하야 꽤 충실充實하게는 한다고 하엿읍니다. 만은 결국結局 된 것은 이러한 어즈럽은 문체文體입니다.

「머리에 한마듸」, 『신월』

그는, 『신월』이 일어 중역본이 아니라 원어역임을 밝히며 『신월』이 어린아이를 염두에 두거나 이들을 위한 시집임을 감안하여 문체선정에서 고심하였음을 알려준다. 김억이 『기탄자리』와 『잃어진 진주』를 원어역한 사실을 고려하면 이후 출간된 영시번역집인 『신월』도 원어역일 가능성이 높다. 그럼에도 실증성을 기하는 측면에서 『신월』의 중역, 원어역 여부를 고찰해 볼 것이다. 일본에서 1915년에 출간된 하나조노 가네사다花園緑人의 『タゴールの詩と文』[6]에는 타고르의 『신월』의 일부 시편들이 일어역되었다. 이 글은 하나조노 가네사다의 것과 대비하여 김억 시편의 원어역 여부를 검토할 것이다.

그리고 김억의, "어린아희답은 곱은" "필치와 표현"이 어떠한 번역방식으로 구체화되는지에 관하여 고찰할 것이다. 이 작업은 『신월』 이전

6 花園緑人, 『タゴールの詩と文』, ジャパンタイムス學生號出版所, 1915大正 4.

에 출간된 김억의 『기탄자리』 번역시 그리고 하나조노 가네사다의 『신월』 번역시를 대비하여 살펴볼 것이다. 『기탄자리』와 『신월』은 타고르의 영시집이라는 공통점을 지니며 원시형식이 둘 다 산문시이다. 그런데 전자는 종교적인 내용을 보여주며 후자는 어린아이를 예찬하는 내용을 보여주므로 김억의 『신월』에 나타난 번역문의 특성을 고찰하는 데에 『기탄자리』의 번역문의 특성과 대비적 관점에서 고찰하는 일은 유효하다.

2. 『신월』의 중역, 원어역 여부

김억은 『신월』의 서문에서 당시에 일어역본이 있다는 이야기는 들었으나 그것을 구해보지 못하였다고 진술하고 있다. 이때의 일어역은, 1915년에 출판된 하나조노 가네사다의 『タゴールの詩と文』을 들 수 있다. 하나조노 가네사다의 『タゴールの詩と文』은, 『신월』 12편과 『기탄자리』 22편의 역하여 합본한 시집이다. 반면, 김억의 『신월』과 『기탄자리』는 타고르 영어본 원시집인, *GITANJALI*와 *THE CRESCENT MOON*의 시편들을 완역한 시집이다.

김억이 잘 모르는 프랑스어와 러시아어 시의 번역집인 『오뇌의 무도』를 제외하면, 김억의 『잃어진 진주』와 『기탄자리』는 둘 다 원시집을 직접 번역한 것이다. 『신월』은 『기탄자리』를 낸 이후, 김억의 타고르 번역시집으로서 그가 앞 시집들을 원어역하였으므로 『신월』도 시집발문에서 그가 말한 바대로 원어역 가능성이 높다. 그럼에도 연구의 실증성을 기하는 측면에서 이 글은 김억의 『신월』과 하나조노 가네사다의 『신월』을 비교하여 원어역 여부를 고찰한 다음, 『신월』의 번역상의 특성에 관하여 살펴볼 것이다.

넘어가는落日이, 守錢奴와도 갓치, 자기의 마즈막金色을 숨기든째에, 나는 다만 혼자서 들을 건너 한가히 길을 걸엇읍니다.

해볏은 깁고 또깁흔 어둡은속으로 써져들어가서, 秋收가 다 거둡어진 寡守갓튼 孤寂한大地는 고요히 눕엇읍니다.

갑작히 아희의 불으짓는소리가 空中으로 니러낫습니다. 그는 고요한저녁하눌에 노래가락을 남겨노흐면서, 보이지도 아니하는 어둡은곳을 헤매어 갓습니다

빠나나와 간은 檳榔子, 코코아와 검고도 새팔한 잭끄룻나무(Jack-fruit-tree) 그늘사이에 숨은 甘자밧 저便되는 荒寂한쌍긋에 그의村집은 잇섭읍니다.

별빗빗나는 孤寂한길에, 나는 한동안 서서 내압헤 어둡어지는 大地가 팔을 버리고 搖籃과 寢臺과 어마님의맘과 저녁燈불과 이世上의갑이란 조곰도 몰으고 깃븜에 뛰노는 어린生命이 가득한 無數한家庭을 둘너싸며 차차 넓어지는것을 보앗읍니다.

「가정家庭」

I PACEED alone on the road across the field while the sunset was hiding its last gold like a miser.

The daylight sank deeper and deeper into the darkness, and the widowed land, whose harvest had been reaped, lay silent.

Suddenly a boy's shrill voice rose into the sky. He traversed the dark unseen, leaving the track of his song across the hush of the evening.

His village home lay there at the end of the waste land, beyond the sugar-cane field, hidden among the shadows of the banana and slender arcca palm, the cocoa-nut and the dark green jack-fruit trees.

I stopped for a moment in my lonely way under the starlight, and saw spread before me the darkened earth surrounding with her arms countless homes furnished with cradles and beds, mothers' hearts and evening lamps, and young lives glad with a gladness that knows nothing of its value for the world.

「THE HOME」

日沒が守錢奴のやうにその最後の黃金をおさめつつあろ間に, 私は田圃を橫ぎつた路の上にひとり步いてゐた.

日の光は深く深く暗黑の中へと沈んで行つた. 收穫のすんだ土地が寡婦のやうに沈默して橫つてゐた.

忿に少年のけたたましい聲が空の中へと舞ひ上つた.彼は影も見せす, 暗黑の中を橫切つて, その歌ばかりは夕暮れの閑寂を通してその跡を止めた. / 彼れの村の家は, 無毛の土地のはづれ, 砂糖黍の畑を

越して, バナナや, ひよろりそした檳榔子や, 椰子の實や暗碧色のチヤツクフルートの樹の蔭になつてゐる.

私は暫らく星の光りの下にいつものやうにぴしさうに立ち止つゐた. そして私の前には暗くなつた地球が廣がつてゐた. 地球の腕は搖籃と, 寢床と, 母達の心と, 夕暮のランプと, 世の中に對すろ自分の貴い價値を全く知らない喜ぴを抱い

た青年とを包めろ無數の家を圍んでゐた.

「私の家」

일몰이 수전노처럼 그 마지막 황금을 거두어드리고 있는 동안 나는 논을 가로지르는 길 위를 혼자 걷고 있었다.

태양 빛은 깊고 깊은 암흑 속으로 가라앉아 간다. 수확을 끝낸 토지는 과부처럼 침묵하면서 누워있다.

갑자기 소년의 요란한 소리가 하늘 속으로 날아 올라간다. 그는 그림자도 보이지 않고 암흑 속을 가로질러, 그 노래만은 황혼의 한적함을 통해 그 흔적을 남겼다.

그들의 마을의 집은, 불모지의 변두리, 사탕수수밭을 넘어, 바나나와 홀쭉한 빈랑자와, 야자열매와 흑청색의 Jack-Fruit 나무의 그늘 아래 있다.

나는 잠시 별빛 아래에서 언제나처럼 슬픈 모습으로 서 있었다. 그리고 내 앞에는 어두워진 지구가 펼쳐져 있었다. 지구의 팔은 요람과 침상과 어머니들의 마음과 황혼의 램프와, 이 세상에 대한 자신의 고귀한 가치를 전혀 알지 못하는 기쁨을 품에 안은 청년을 포함하는 셀 수 없는 집을 둘러싸고 있다.

「나의 집」

전자는 김억의 것이며 후자는 하나조노 가네사다의 것이다. 두 시편에 나온 한자어 중심의 명사 상용어구를 살펴보면, 김억은 "sunset"에 대해서 "넘어가는 낙일落日"이라고 하였으며 하나조노 가네사다는 "日沒일몰"이라고 하였다. 이런 식으로 동일한 영어 지칭어에 대해서 상이

한 한자어 내지 상이한 표현을 쓴 것은 이 시 전체적으로 나타난다.

구체적으로, 이 시의 끝까지를 보지 않더라도, "숨기든 때에"와 "거두어드리고 있는 동안", "어둡은 속"과 "암흑", "추수"와 "수확", "과수寡守"와 "과부寡婦", "대지"와 "토지", "아희"와 "소년", "공중"과 "하늘", "촌집"과 "마을의 집", "감甘자밭"과 "사탕수수밭", "황적荒寂한 쌍씃"과 "불모지의 변두리" 등을 들 수 있다. 즉 동일한 대상어에 대하여 한자어로 된 지칭 표현이 상이하게 나타나고 있음을 알 수 있다.

또한 두 시편은 각각, 문장성분의 운용방식도 상이함을 알 수 있다. 동일한 어구에 대하여 김억은 "나는 다만 혼자서 들을 건너 한가히 길을 걸었습니다"로, 하나조노 가네사다는, "나는 논을 가로지르는 길 위를 혼자 걷고 있었다"로 역하였다. 즉 원문 "I PACEED alone on the road across the field"에 대하여 문장성분을 구성하는 방식이 상이하다.

마찬가지로, 김억이 역한, "그는 고요한 저녁 하늘에 노래가락을 남겨 노흐면서, 보이지도 아니하는 어둡은 곳을 헤매어 것습니다"와 "그는 그림자도 보이지 않고 암흑 속을 가로질러, 그 노래만은 황혼의 한적함을 통해 그 흔적을 남겼다"를 보아도, 인칭주어를 쓴 김억의 것과 인칭주어와 물주주어를 혼용하여 역한 하나조노 가네사다의 것은 상이하다. 뿐만 아니라, "감甘자밧 저 편便되는 황적荒寂한 쌍씃에 그의 촌村집은 잇섭읍니다"라고 역한 김억의 것과 "그들의 마을의 집은, 불모지의 변두리 (…중략…) 있다"로 역한 하나조노 가네사다의 것을 보아도, 김억은 하나조노 가네사다의 것을 보지 않고서 독자적으로 이 시편을 역하였음을 단적으로 확인할 수 있다.

이 시의 마지막 문단을 살펴보면 김억의 것이 일어역을 참고로 하지 않은 원어역일 뿐만 아니라 시의 주제어구의 해석 및 전체적 흐름의 문학적 형상화에서 탁월하다는 것을 알 수 있다. 구체적으로 이 시의 긴 마지막 문장 전체에 대하여, 김억은, '나는 서서, 대지가 팔을 벌리고 요람과 침대와 등불과 무수한 가정을 둘러싸며 넓어지는 것을 보다'라는 구조를 취하였다. 그리고 하나조노 가네사다는, '나는 서 있었다. 지구의 팔은 요람과 침상과 어머니들의 마음과 셀 수 없는 집을 둘러싸고 있다'라는 구조를 취하였다. 즉 김억은 황혼 무렵, 대지가 인간적인 따뜻함을 지닌 대상들을 둘러싸는 장면을 형상화하는 반면에, 하나조노 가네사다는 원문을 직역한 형태로서 지구의 팔이 지상의 어떠어떠한 대상들을 둘러싼다는 방식을 취하였다. 이 부분의 해석은 김억의 것이 훨씬 문학적이면서 적확한 번역이다.

이것을 명확하게 알려 주는 것은 이 주제어부에서 핵심적인 대상이 되는, "young lives glad with a gladness that knows nothing of its value for the world"에 관한 해석에 있어서이다. 김억은 "이 세상世上의 갑이란 조곰도 몰으고 깃븜에 뛰노는 어린 생명生命"이라고 역하였으며 하나조노 가네사다는 "이 세상에 대한 자신의 고귀한 가치를 전혀 알지 못하는 기쁨을 품에 안은 청년"이라고 역하였다. 이것이, 대지가 포근히 안는 지구상의 따뜻한 대상들, 즉 요람과 침대와 어머니의 맘과 저녁등불과에 이어 등장하는 마지막 목적어임을 생각해 보아야 한다. 이렇게 볼 때, 김억이 역한 '이 세상의 값이란 조금도 모르고 기쁨에 뛰노는 어린 생명'이 원이의 뜻을 살리면서도 이 문장의 분위기를 살린 적확한 의역이다.

또한 『신월』 시편들이 어린아이를 대상으로 하여 이들을 사랑스러

위하고 이들의 순수성을 예찬하는 특성을 지닌 것임을 감안할 때, 그리고 실제 다른 타고르의 여러 시편들에서 아이들이 세속적 값어치를 모르는 순진한 존재라는 점을 강조한 구절들을 볼 때 이러한 사실은 더욱 명확하다. 그리고 이 시 전체의 제목인 'home'에 대해서, 김억은 '가정'이라고 역하였으며 하나조노 가네사다는 '나의 집'이라고 역하였다. 김억의 명명이 이 시의 주제어구 및 전체적인 의미에 훨씬 적합한 것이다.[7]

3. '어린아희답은' 필치筆致와 표현表現

앞 장에서 『신월』 번역이 『잃어진 진주』와 『기탄자리』와 마찬가지로 원어역임을 살펴보았다. 이 장에서는 김억의 『신월』의 번역특성에 관하여 그가 이전에 번역한 『기탄자리』와 대비하여 살펴볼 것이다. 두 시집의 원저자는 모두 타고르이며 둘 다 산문시를 취하므로, 김억이 시집 특성에 따라 어떤 문체와 시형식을 만들었는지에 대한 대비적 고찰은 유효하다. 김억의 『신월』 그 자체의 특성에 관해서는 하나조노 가네사다의 일어시편과 비교하여 살펴볼 것이다.

① 나의旅路는 時間이 걸니며, 그길이 멉니다. 나는 번듯하며 빗나는 새벽

7 하나조노 가네사다花園緣人의 번역은, '청자'를 어른으로 하여 어른들을 위한 동화로 만들려는 번역태도를 보여준다고 보기는 어려우며, 그보다 건조한 어투의 직역이라고 보는 것이 적확하다.

벗의 첫수레를 타고, 길을떠나, 만흔恒星과 여러遊星에 나의足跡을 남기면서 三千世界의 荒漠界를 지내, 나의길을 빨니하엿습니다.

主에게 가쟝 갓갑은길은 가쟝 먼길이며, 가쟝單純한 音調를 타는것은 가쟝複雜한것입니다.

길손이 自己의 잇을집을 차즈랴면 다른 모든집을 뚜다려보아야하며, 畢竟 가쟝깁흔 聖殿을 차즈랴하면 外部의全世界를 싸고돌아야합니다.

「기탄자리 12」 전반부, 『기탄자리』

THE time that my journey takes is long and the way of it long.

I came out on the chariot of the first gleam of light, and pursued my voyage through the wildernesses of worlds leaving my track on many a star and planet.

It is the most distant course that comes nearest to thyself, and that training is the most intricate which leads to the utter simplicity of a tune.

The traveller has to knock at every alien door to come to his own, and one has to wander through all the outer worlds to reach the innermost shrine at the end.

「GITANJALI 12」, *GITANJALI*

② 어린아기의 눈우헤 써도는잠 — 그것이 어대서 오는지, 누구가 압니가? 네, 妖術의弱한 두나무외엄이 잇는곳에 土螢의稀微한빗치 잇습니다. 그빗치 잇는 숩그늘속에 仙境이 잇습니다. 그곳에 잠이 잇다고 합니다. 거긔서 잠이 어린아기의 눈에 키쓰하라고 온다고 합니다.

(…중략…)

어린아기의 손발에 쏫을 피우는 아릿답고 보드랍은新鮮 — 그것이 어느

곳에 그럿케 오래동안 숨어잇섯는지, 누구가 압닛가? 네, 그 어린아기의 어머니가 절믄짜님으로 잇엇을째, 그것이 사랑의곱고 고요한神秘가 되야, 그 맘속에 숨어잇섯다고 합니다. ─ 어린아기의 손발에 쏫을 픠우는 아릿답고 보드랍은新鮮은 그것이라고 합니다.

「유래由來」, 『신월』

THE sleep that flits on baby's eyes-does anybody know from where it comes? Yes, there is a rumour that it has its dwelling where in the fairly village among shadows of the forest dimly lit with glow-worms, there hang two shy buds of enchantment. From there it comes to kiss baby's eyes.

(…중략…)

The sweet, soft freshness that blooms on baby's limbs ─ does anybody know where it was hidden so long? Yes, when the mother was a young girl it lay pervading her heart in tender and silent mystery of love ─ the sweet, soft freshness that has bloomed on baby's limbs.

「THE SOURCE」, *THE CRESCENT MOON*

③ 赤子の眼の上にちらつく眠り ─ 誰れかそれが何處から來ろかを知つてゐろか. 然り. かういふ噂さがあろ. 眠の棲家は螢の光りでばんやりと照さられた森影の妖女の村に, 魔法の二つの臆病な蕾みがたれ下つてゐろ所にあろといふのだ. 其處がら眠りは赤子の眠をキスしに來ろ.

(…중략…)

赤子の手足に花咲くうつくしき柔き新らしき生命 ─ 誰れかそんなに長くそれ

が何處に隱されてゐたかを知つてゐろか. 然り. 母がまだ苦い娘の時分, それは愛のやさしい沈默の神秘となつて母の心を充してゐた. ―赤子の手足に花咲いたうつくしい柔い新らしき生命.

「みなもそ」,『新月』

간난아이의 눈 위에서 가물거리는 잠. 누가 그것이 어디로부터 오는지 알고 있나. 그렇다. 이런 소문이 있다. 잠이 살고 있는 집은 반딧불의 빛으로 어렴풋이 비추어진 숲 그림자의 요녀가 사는 마을에, 마법의 두 겁 많은 꽃술이 매달린 곳에 있다고 한다. 그곳으로부터 잠은 간난아이의 눈에 키스를 하러 온다.

(…중략…)

어린아이의 손발에 꽃피는 아름답고 부드러운 새로운 생명, 누가 그렇게 오랫동안 그것이 어디에 숨겨져 있었는가를 알고 있나. 그렇다. 엄마가 아직 젊은 여자아이였을 때 그것은 사랑의 부드러운 침묵의 신비가 되어 엄마의 마음을 가득 채우고 있었다. 어린아이의 손발에 꽃핀 아름답고 부드러운 생명.

「원천」,『신월』

①에서 번역시편과 영문시는 김억의 『기탄자리』 시편이며 ②에서 번역시편과 영문시는 김억의 『신월』 시편이다. 그리고 ③에서 일어시편은 ②시편의 영시 원문을 일어역한 하나주노 가네사다의 것이다. 먼저, ①과 ②에서 김억의 『기탄자리』 시편 번역시와 『신월』 번역시편을 살펴보자. ①의 첫 문장 "THE time that my journey takes is long and the way of it long"을 직역하면 "나의 여행이 걸리는 시간은 길며 그리고 그것의 길은 길다" 정도가 될 것이다. 김억은 이것을 "나의 여로旅路는 시간時間이 걸니며, 그길이 멉니다"로 역하였다.

즉 김억은 원문의 문장단위를 지켜서 그대로 우리말로 옮기고 있다. 그리고 '나의 여행이 걸리는 시간'은 '길며'와 같이 직역한다면 주어부가 지나치게 긴 문장을 우리말 표현에 맞게 수정하여 "나의 여로旅路는 시간時間이 걸니며"로 역하였다. 그리고 이어지는 "and the way of it long"은 "그길이 멉니다"로 역하였다. 김억이 "나의 여로"를 앞 어구의 주어로 정하였기 때문에 뒤에 이어지는 "그 길"이 우리말 표현으로 어색하지 않다.

그리고 영시에서 동일하게 나오는 술어인 "long"은 앞 어구에 나올 때는 '걸리며'로 이것이 뒤 어구에 나올 때는 '멉니다'로 의역하였다. 이것 역시 각각의 주어의 성격에 맞도록 술어를 우리식으로 바꾼 것이다. 이와 같이 김억은 마침표를 기준으로 한 문장 단위를 지켜서 우리말로 옮긴 뒤에 과중한 수식어구를 우리말 어순에 맞게 바꾸고 영어식 술어 표현을 우리말에 적합하게 바꾸는 방식을 취하고 있다.

이와 같은 특성은 이어지는 문장에서도 볼 수 있다. 즉, "I came out on the chariot of the first gleam of light, and pursued my voyage through the wildernesses of worlds leaving my track on many a star and planet"에 대해서, 김억은 "나는 번듯하며 빗나는 새벽볏의 첫 수레를 타고, 길을 써나, 만흔 항성恒星과 여러 유성遊星에 나의 족적足跡을 남기면서 삼천세계三千世界의 황막계荒漠界를 지내, 나의 길을 쌜니 하엿습니다"로 역하였다. 여기서도, 김억은 '마침표를 기준으로 한' 문장단위를 고수하면서 우리말로 옮기고 있다. 이 문장을 직역한다면, "나는 첫 번째 빛의 수레를 타고 나왔으며 그리고 많은 별과 행성에 나의 흔적을 남기면서, 황량한 세계들을 지나 나의 여행을 계속하였다"가 된다.

그런데 김억은 우리말로 직역하면 과중한 주어부가 되는 것을 감안하여, 술어에 해당되는 "came out"과 "pursued my voyage"를 "타고, 길을 떠나"와 "나의 길을 빨리 하였습니다"로 바꾸어 표현하였다. 다음에 이어지는 "It is the most distant course that comes nearest to thyself, and that training is the most intricate which leads to the utter simplicity of a tune"에 대해서, 김억은 "주主에게 가장 갓갑은 길은 가장 먼 길이며, 가쟝 단순單純한 음조音調를 타는 것은 가쟝 복잡複雜한 것입니다"로 역하였다.

이 원문을 직역한다면 "당신 자신에게 가장 가까운 것이 가장 먼 길이며 그리고 그 훈련은 매우 복잡하지만 단순한 어조로 이어지도록 한다"가 된다. 김억은 우리말로 직역하면 그 의미가 다소 어색한 문장에 대해서 마침표 단위의 문장은 고수하면서 우리말로 알아듣기 쉽도록 간결한 표현으로 바꾸었다.

『기탄자리』는 영어원문의 문장단위를 지키는 편이다. 그 다음, 우리식으로 직역하면 과중한 수식어구 표현을 간결한 우리식 표현으로 바꾸고 단순한 영어직역으로는 주어와 호응이 어색한 술어 동사를 고쳐 역한다. 그는, 이 과정을 거치면서도 우리말로 어색한 경우에는 의미가 명확해지도록 문장성분의 배열을 손질하는 과정을 보여준다. 이것은, 김억이, "It is the most distant course that comes nearest to thyself, and that training is the most intricate which leads to the utter simplicity of a tune"에 대해서, "주主에게 가장 갓갑은 길은 가장 먼 길이며, 가장 단순單純한 음조音調를 타는 것은 가장 복잡複雜한 것입니다"로 역한 것에서도 알 수 있다.

『신월』은 얼핏 보면, 번역방식이 『기탄자리』와 유사해 보인다. 『신월』 역시 『기탄자리』와 마찬가지로 '타고르' 시인의 시집이며 서술어 표현도 대체로 '–습니다'를 쓰고 있기 때문이다. 그런데 『신월』에서, 원문을 우리말로 바꾸는 과정을 살펴보면 명확히 다른 특징을 지녔음을 알 수 있다. ②에서, "Yes, there is a rumour that it has its dwelling where in the fairly village among shadows of the forest dimly lit with glow-worms, there hang two shy buds of enchantment"에 대해, 김억은, "네, 요술妖術의 약弱한 두나무외엄이 잇는 곳에 토형土螢의 희미稀微한 빗치 잇습니다. 그 빗치 잇는 숩그늘 속에 선경仙境이 잇습니다. 그곳에 잠이 잇다고 합니다"로 역하였다. 그는, 원문의 한 문장을 세 개 문장으로 바꾸었다. 이것은 『기탄자리』에서는 볼 수 없었던 방식이다.

①의 「기탄자리 12」 후반부에서, "The traveller has to knock at every alien door to come to his own, and one has to wander through all the outer worlds to reach the innermost shrine at the end"에 대해, 김억은, "길손이 자기自己의 잇을 집을 차즈랴면 다른 모든 집을 쑤다려 보아야 하며, 필경畢竟 가장 깁흔 성전聖殿을 차즈랴하면 외부外部의 전세계全世界를 싸고돌아야 합니다"로 역하였다. 즉 그는 원문의 문장단위는 지키면서 문장성분을 우리말 표현에 맞게 바꾸며 수식어구들을 간결하게 바꾸는 방식을 취한다.

이에 비해, ②의 『신월』 시편의 문장을 직역한다면, '네, 두 개의 요술싹이 걸려 있는 거기에, 반딧불로 희미하게 반짝이는 숲의 그늘 사이에 요정의 마을에서 그것이 살고 있다는 소문이 있다'가 될 것이다. 『기탄자리』의 번역방식이라면 김억은 이 문장의 단위를 그대로 두고서 수식어구의 위치를 바꾸거나 수식어구를 간결하게 바꾸거나 해서 우리말식 표현에 적합하도록 문장성분을 상당히 변용해서 재배치하였을 가능성이 높다.

그런데 김억은 이 시에서 그러한 의역방식을 취하지 않고 문장을 세 개 단위로 끊어서 수식어구들이 서로 이어지는 연결관계를 우리말 표현에 맞도록 살리는 방식을 취하고 있다. 즉 "네, 요술妖術의 약弱한 두나무외엄이 잇는 곳에 토형土螢의 희미稀微한 빗치 잇습니다. 그 빗치 잇는 숩그늘 속에 선경仙境이 잇습니다. 그곳에 잠이 잇다고 합니다"에서 보듯이 '빗'과 '선경'과 '잠'이 서로 이어지는 긴 수식어구 표현을 만들지 않고서, 문장을 각각 끊어서 앞의 것을 간략하게 지칭하는 방식으로 '빗'과 '선경'과 '잠'을 서로 연관시켜서 우리말 표현에 어색하지 않도록 만들고 있다. 이러한 문장은 뒤에 이어지는 "거긔서 잠이 어린 아기의 눈에 키쓰하랴고 온다고 합니다"라는 간결한 호흡의 문장과도 어울리며 이 문장 역시 '거긔서'라는 것으로서 앞에 나온 긴 어구를 지칭어로서 받아 이어지게 한다.

즉 김억은 『신월』에서 우리말로 직역하면 다소 과중한 수식어구들을 간결하게 만들거나 그 위치를 바꾸는 방식을 취하지 않고, 우리말로 바꾸면 과중한 수식어구가 될 부분은, 문장을 끊고 새 문장을 만들어서 지칭어를 활용하는 방식으로 바꾸고 있다. 이러한 번역방식은 그의 『기탄자리』에 비하여, 문장단위를 바꾼 것을 제외한다면, 원문의 수식어구 자체의 변형이 적고 세부적 표현은 원문의 직역에 가깝다. 그리고 문장단위가 짧으므로 문장을 이해하는 것이 수월하다.

『기탄자리』와 대비되는 『신월』의 번역상의 특성은 'though'와 'which(that)' 관계절 번역에서도 구체화된다.

> 비록 地上에는 그意味를 理解할수잇는이가 적습니다. 만은 어린아기는 어진말의 온갓法式을 압니다. 그아기가 조곰도 말하고십허하지 안음에는 理由가 업는것이 아닙니다.
>
> 아기가 하고십허하는것이 하나 잇읍니다. 그것은 어마니의입살에서 어마니의말을 배호랴는것입니다. 그러기에 아기는 天眞하게 보입니다.
>
> 「어린 아기의 버릇」 2연

> Baby knows all manner of wise words, though few on earth can understand their meaning.
>
> It is not for nothing that he never wants to speak.
>
> The one thing he wants is to learn mother's words from mother's lips. That is why he looks so innocent.
>
> 「BABY'S WAY」

김억은 'though'와 'which(that)' 관계절과 'is to—' 구문을 우리말로 바꾸면서 원시를 직역한다고 해도 그다지 길지는 않은 한 개의 문장을 두 개의 문장으로 만들었다. 이 시에서, 김억이 짧은 문장단위를 지향한 것은, 이 부분에 대한 하나조노 가네사다의 일어역과 대비해도 드

러난다. 하나조노 가네사다는, "아기들은 현명한 이런저런 말들을 알고 있다. 비록 이 세상에서 그 의미를 알 수 있는 자는 거의 없을 것이겠지만. / 아기들이 말하려 하지 않는 것에는 이유가 있다. // 그들이 하기를 원하는 유일한 일은 엄마의 입술로부터 어머니의 말을 배우는 것이다. 그들이 그렇게도 순진하게 보이는 이유는 그것 때문이다赤坊は賢いさまさまの言葉を知つてゐろ. たとへ此の世の中でその意味の分ろものは殆んどなからうけれど. / 赤坊がしやべらうとしないのにはわけがあろ. // 彼れがしたいと思ふ唯一つの事は母の脣から母の言葉を學ぶことであろ. 彼れがあんに無邪氣に見えろわけはそれであろ"라고 역하였다.

또한, "That is why he looks so innocent"에 대해서, 김억은, "그러기에 아기는 천진天眞하게 보입니다"로 역하였고, 하나조노 가네사다는, "그들이 그렇게도 순진하게 보이는 이유는 그것 때문이다彼れがあんに無邪氣に見えろわけはそれであろ"로 역하였다. 김억의 것이 어린아이를 염두에 둔 쉽고도 단순한 구어체 문장임을 알 수 있다. 즉 『기탄자리』는 원시의 문장 단위로 번역하여 원 문장의 복잡한 논리적 관계를 지니면서도 우리말 어순과 어법에 맞도록 수정한 번역을 지향하였다면, 『신월』은 원시의 문장을 간결한 문장들로 나누면서 쉽고도 단순한 문체로 된 번역을 지향하였다. 『기탄자리』와 『신월』의 번역방식의 차이는 각각의 시집에 실린 시편들의 내용적 특성에 기인한 것이다.

내용적 특성을 고려한 『신월』의 번역은, ③에서 김억과 하나조노 가네사다의 번역을 대비해도 알 수 있다. 김억은 시제목을 '유래由來'라고 하였고 하나조노 가네사다는 '원천みなもそ'이라고 하였다. 이 시는, 어린 아기의 눈 위에 가물거리는 '잠'의 유래와 어린 아기의 손발에 떠도

는 '신선함'의 유래에 관하여, 자연의 숲과 어머니를 중심으로 한 상상의 세계를 펼치고 있다. 내용전개로 볼 때, '유래'라는 명명이 전반주제를 깊이 있게 살린 측면이 있다.

그리고 김억의 번역은 설화나 동화에서 찾아볼 법한 문체를 보여주는 데에 비해, 하나조노 가네사다의 번역은 직역 투로서 시내용의 특성을 고려한 문체선정에의 노력을 보여주지 않는다. 즉, "THE sleep that flits on baby's eyes-does anybody know from where it comes? Yes, there is a rumour that it has its dwelling where in the fairly village among shadows of the forest dimly lit with glow-worms, there hang two shy buds of enchantment. From there it comes to kiss baby's eyes"에 대하여, 김억과 하나조노 가네사다 각각이 역한 ②와 ③의 전반부를 살펴보자.

"THE sleep that flits on baby's eyes-does anybody know from where it comes? Yes, there is a rumour that—"에 대해, 김억은 "어린 아기의 눈우헤 써도는잠 — 그것이 어대서 오는지, 누구가 압니가? 네, —다(라)고 합니다"로 역하였다. 하나조노 가네사다는, "간난아이의 눈 위에서 가물거리는 잠. 누가 그것이 어디로부터 오는지 알고 있나. 그렇다. 이런 소문이 있다赤子の眼の上にちらつく眠り — 誰れかそれが何處から來ろかを知つてゐろか. 然り. かういふ噂さがあろ"로 역하였다. 여기서 김억은, 첫 문장의 '잠sleep'을 지칭하는 '그것it'을 문장의 맨 앞에 위치시킴으로써 앞 문장에 나온 내용과의 관련성을 명확히 한다.

즉 "does anybody know from where it comes?"를, "그것이 어대서 오는지, 누구가 압니가?"로 역함으로써 원문 말미의 "it"를 번역문 맨 앞의 "그것이"로 역하였다. 또한 김억은, "there is a rumour that—"을 "—다

(라)고 합니다"로 역하였다. 이것에 대해서, 하나조노 가네사다는 "이런 소문이 있다かういふ噂さがあろ"로 직역하였다. 김억의 것이 아이들에게 동화적 상상을 일깨우는 구어체 표현으로서 적합하다. 그리고 첫 문장의 의문문에 이어지는 "Yes,"를 김억은 '네'라고 역하였고 하나조노 가네사다는 '그렇다然り'라고 역하였다. 즉 김억의 것이 아이들에게 친절하게 이야기를 건네는 느낌을 주는 표현임을 알 수 있다.

또한, "From there it comes to kiss baby's eyes"에 대해, 김억은 "거긔서 잠이 어린 아기의 눈에 키쓰하랴고 온다고 합니다"로 역하였으며, 하나조노 가네사다는 "그곳으로부터 잠은 간난아이의 눈에 키스를 하러 온다其處から眠りは赤子の眼をキスしに來ろ"로 역하였다. "From there"를 '거긔서'로 역한 김억의 것이 하나조노 가네사다의 '그곳으로부터其處から'에 비교할 때 구어체에 가깝다. 또한 김억이 "키쓰하랴고 온다고 합니다"에서 '－다(라)고 합니다'로 표현한 것은, 하나조노 가네사다의 "－하러 온다"와 비교할 때, 이 문장의 앞에 나온, "there is a rumour that－"의 상응 번역어구인 '－이 있다고 합니다'를 염두에 두고서 문단의 형식적 통일성을 위해 추가한 것이다.

또한 김억의 번역은 앞 문장과 뒤 문장을 이어주는 구실을 하는 공통지칭어를 뒤 문장의 바로 앞에 둠으로써 앞 문장과 뒤 문장의 논리관계를 쉽게 파악하게끔 한다. 그리고 그는 아이들에게 이야기를 들려주는 듯한 어투를 살리기 위해, 전래동화집에서 사용될 법한 문체를 취한다. 이것은 문단을 구성하는 문장 각각의 술어를 통일성 있게 만드는 노력과 연관되어 있다.

뿐만 아니라, 김억은, '잠'과 '신선新鮮'이 나온 곳 찾기라는 시의 구도를 고려하여 이 시의 제목을 '유래由來'라고 명명하였다. 이것은 이 시 제목인 'the source'를 직역한 하나조노 가네사다의 '원천'과 비교된다. 김억은 한 문장 그 자체의 역보다는 앞뒤의 연결관계와 한 문단의 형식적 통일성을 고려하여 역하였다. 이와 같이 김억의 『신월』의 문체가 지향하는 방향은 아이들에게 이야기를 들려주는 동화적 분위기의 형성과 관련이 깊다.

나는 할수만 잇스면, 내어린아기自身의世界의 맘속에 고요한곳을 엇엇으면 합니다.

나는 압니다. 그世界에는 별이 아기에게 말을 하며, 하늘은 아기의얼골을 즐겁게하랴고 웃읍은구름과 무지개를 가지고 내려옵니다 ……

나는 할수만잇스면, 어린아기의맘을 지내가는긴것과, 모돈束縛을 뛰어나는곳을 旅行하고 십습니다.

그곳에는 歷史도업는 帝王의 闞土사이를 까닭도업시 使命을 가지고 傳信者가달아납니다.

그곳에는 理性이 自己의法律의연을 만들어 날니며, 眞理는 自己의束縛에서 事實을 自由롭게 합니다.

「어린 아기의 세계世界」

I WISH I could take a quiet corner in the heart of my baby's very own world.

I know it has stars that talk to him, and a sky that stoops down to his face to amuse him with its silly clouds and rainbows ……

I wish I could travel by the road that crosses baby's mind, and out beyond all bounds;

Where messengers run errands for no cause between the kingdom of kings of no history;

Where Reason makes kites of her laws and flies, and Truth sets Fact free from its fetters.

「BABY'S WORLD」

아아, 내아기야, 누구가 그 적은웃옷을 물들려주엇늬, 하고 누구가 그 적고 붉은周衣로 너의 곱은손발을 덥허주엇늬?

내가 아츰에 놀으랴고 마당으로 나아간다, 네가 달음박질할때에 비틀거리며, 굴어나기도 한다.

그러나, 내아기야, 누구가 그 적은웃옷을 물들여주엇늬?

「유의留意되지 안는 구경求景」 첫 부분

AH, Who was it coloured that little frock, my child, and covered your sweet limbs with that little tunic?

You have come out in the morning to play in the courtyyard, tottering and tumbling as you run.

But who was it coloured that little frock, my child?

What is it makes you laugh, my little lifebud?

「THE UNHEEDED PAGEANT」

김억은 전자의 시에서, "I WISH I could"를 "나는 할 수만 잇스면"으로, "I know—"절을, "나는 압니다. 그 세계에는—"라는 간결한 두 문장으로 만들었다. 또한 그는, 시 후반부의 "Where—"절을, "그곳에는—"으로 시작하는 새로운 문장으로 역하였다. 즉 『기탄자리』에서 복합적 논리관계를 지닌 원문의 문장단위를 존중하여 번역하고, 그 문장단위 내에서 수식어구를 간결하게 하거나 우리어법에 맞게 문장성분을 재배열한 것으로부터 『신월』이 얼마나 상이한가를 알 수 있다.

어린이도 쉽게 이해될 수 있는 "어린아희답은" "필치와 표현"은, 『신월』에서 사용된 시어에서도 드러난다. 그는, "stars that talk to him"을, "별이 아기에게 말을 하며"로, "a sky that stoops down to his face to amuse him with its silly clouds and rainbows"를, "하늘은 아기의 얼골을 즐겁게 하랴고 웃읍은 구름과 무지개를 가지고 내려옵니다"로 역하였다. 이 어구들을 직역하면, "그에게 말을 거는 별들" 그리고 "어리석은 구름들과 무지개들로써 그를 놀라게 하려고 그의 얼굴로 내려오는 하늘"이 된다. 이 직역과 김억 역을 비교하면 그가 직역으로부터 어린아이다운 동시 느낌이 들도록 고려한 흔적을 볼 수 있다.

후자의 시에서는 '—야', '—하늬'와 같이 어린아이에게 이야기하는 대화체가 나타난다. 이것은 어른화자가 아기에게 말하는 방식을 취한 말투로서 자연스럽다. 이에 비해, 『기탄자리』는 모든 시편이 '—습니다체'를 취하는데, 이것은 구도자가 신을 향하거나 신을 염두에 둔 발화가 대다수를 이루고 있는 시편들의 내용과 관련 깊은 술어선택이다. 반면, 『신월』은, '—습니다', '하니', '—하라' 등의 다양한 술어 표현이 나타나며, 술어의 다양함은 시편에서 화자와 어린아이의 관계 설정에 따라 상이하다.

즉 어린아이에게 이야기를 들려주는 어른의 말투, 어른이 어린아이에게 말을 거는 말투, 혹은 어린아이가 어른에게 건네는 말투 등에 따라서 술어 표현을 특징적으로 다양화하여 그에 따라 시를 구성하는 시어나 형용어구가 상이하다. 즉 『신월』 서문에서 밝힌 대로, 김억은, '어린아희를 위한 시집詩集'으로서 '조선朝鮮옷'을 입히기 위해 고심하였으며 그가 말하는 '어린아희답은' '필치筆致와 표현表現'이란, 어린아이를 염두에 두거나 어린아이에게 말을 건네는 동화적 '필치' 그리고 어린아이가 쓰는 문장과 같이 쉽고도 간결한 '표현'으로서 형상화되었다.

4. 결론

김억이 『기탄자리』와 『잃어진 진주』를 원어역한 사실을 고려하면 그 이후에 출간된 영시번역집인 『신월』 또한 원어역일 가능성이 높다. 그럼에도 이 글은 연구의 실증성을 기하는 측면에서 『신월』의 중역, 원어역 여부를 먼저 고찰해 보았다. 일본에서 1915년에 출간된 하나조노 가네사다의 『タゴールの詩と文』에는 타고르의 『신월』의 일부 시편들이 일어역되어 있다. 이 글은 하나조노 가네사다의 번역시편과 대비하여 김억 시편의 원어역 여부를 검토하였다. 그 결과 김억의 것이 일어역을 참고로 하지 않은 원어역일 뿐만 아니라 시의 주제어구의 해석 및 전체적 흐름의 문학적 형상화에서 탁월하다는 것을 알 수 있었다.

그리고 김억의 하나조노 가네사다에 대하여, 하나조노 가네사다의

『신월』 일어역 시편과 김억이 이전에 출간한 『기탄자리』 번역시의 문체적 특성과 대비적 관점에서 고찰하였다. 김억의 『신월』 번역은 우리말로 바꾸면 과중한 수식어구가 될 부분은 문장을 끊고 새 문장을 만들어서 지칭어를 활용하는 방식으로 바꾸고 있다. 이것은 『기탄자리』 번역에서 복합적 논리관계를 지닌 영어원문의 긴 문장단위를 존중하여 번역하고, 그 문장단위 내에서 수식어구를 간결하게 하거나 우리어법에 맞도록 문장성분을 재배열한 방식과 대비된다. 그리고 김억의 『신월』 번역은, '어린아희를 위한 시집詩集'으로서의 '조선朝鮮옷'을 입히기 위해, 짧은 문장으로 된 '자연스러운 구어체' '표현表現'을 사용하였으며 어린아이를 염두에 두거나 어린아이에게 말을 건네는 듯한, 동화적 '필치筆致'를 활용하였음을 알 수 있다.

『원정』의 번역과 번역관

4

1. 서론

고전시가에서 근대시로의 이행기에 서구 근대시의 전범을 익혀 우리 근대시를 만드는 일에서 서구문학번역은 번역과정과 그 영향 면에서 중요하게 역할하였다. 김억의 문학활동 중에서 당시에 그가 주력하였으며 당대 문학인에게 큰 영향력을 미친 것은 서구시를 우리말로 번역하면서 우리의 근대시형을 만들어가는 것이었다.[1] 우리나라 '최초의' 번역시집을 내었으며 당대 근대시 형성에 큰 영향을 미친 김억의 번역시 활동의 전개에 관한 고찰은 우리나라 근대시 형성의 세부적 과정을 고찰하는 일과 밀접하다.

---

1 김억의 번역을 비롯한 김억의 전방위 문학활동의 특성과 구체적 변모양상에 관해서는, '조동구, 「안서 김억 연구—시론과 시의 변모과정을 중심으로」, 연세대 박사논문, 1988'을 참고.

김억은 프랑스 상징주의 시를 수용, 우리의 새로운 시형식을 탐구한 주요 문학인[2]으로서 논의되었다.[3] 최근에는 서구시와 일본시와는 차별성 있는 우리 시가에 적합한 주체적 장르의 모색으로서 김억의 근대시론을 평가하는 논의가 이루어졌다.[4] 이 글은 최근의 연구들이 주목한 김억의 근대시론에 관한 시각에 동의하면서 이 문제에 관해 그의 번역시집을 실증적으로 고찰하는 가운데 살펴보고자 한다. 먼저, 저자는 『오뇌의 무도』 이후의 『잃어진 진주』가 일어 중역본이 아닌 영시 원어역이며 출처가 명확한 우리나라 최초의 서구시 원어역 시선집임을 논의하였다.[5] 또한 『기탄자리』는 전문가급의 수준을 보여주는 우리나라 최초의 서구시 원어완역 시집임을 논의하였다.[6]

김억은 『오뇌의 무도』와 같이 그가 잘 모르는 러시아어와 프랑스어는 일어시편의 도움을 얻어 중역하는 방식을 통해 우리 근대시의 새 문체를 고민하였다. 그러나 이후에 그가 출간한 서구시 번역시집들은 서구의 영시를 직접 원어역하는 과정을 통해 식민지지식인으로서는

2 "그는 상징주의 이론의 도입을 통해 근대적인 시에 관한 전문적인 이해를 형성시키도록 하였으며, 번역시를 통해 새로운 시형을 모색하였고, 나아가 우리 민족에 맞는 시형과 운율에 대해 고민하고 그것을 구체적으로 시화하려 노력했다", 김진희, 「근대문학의 장과 김억의 상징주의 수용」, 『한국문학이론과비평』 22집, 한국문학이론과비평학회, 2004.3, 334쪽.

3 『오뇌의 무도』 이후 김억의 번역시집들에 관해서는 거의 조명이 이루어지지 못한 것은, 김억의 서구번역시 전반에 관해서, 『오뇌의 무도』와 관련지어 일어를 통한 중역의 편집으로서 보는 의혹과도 관련을 지녔다고 볼 수 있다.

4 이것에 관해서는, 구인모, 「시, 혹은 조선시란 무엇인가—김억의 '작시법'에 대하여」, 『한국문학연구』 25집, 동국대 한국문학연구소, 2002, 297~316쪽; 박슬기, 「김억의 번역론, 조선적 운율의 정초 가능성」, 『현대문학연구』 30집, 한국현대문학회, 2010.4, 103~132쪽 참고.

5 최라영, 「김억 번역 연구—『잃어진 진주』를 중심으로」, 『어문학』 114집, 한국어문학회, 2011.12, 405~419쪽.

6 최라영, 「김억 번역 연구—『기탄자리』를 중심으로」, 『한국시학연구』 33호, 한국시학회, 2012.4, 338~350쪽; 최라영, 「김억의 창작적 번역 연구—『잃어진 진주』와 『기탄자리』를 중심으로」, 『어문학』 117집, 한국어문학회, 2012.10, 270~284쪽.

주체적 입장에서 우리 시 형태를 만들어보려 하였다. 그는 『신월』 역시 원어역 과정을 거쳐 시집을 출간하였으며 시내용에 걸맞는 문체를 고민한 흔적을 보여주었다.[7]

이 글은 먼저, *THE GARDENER*[8]를 역한 김억의 『원정』[9]이 타고르 영시의 원어역인지에 관하여 고찰할 것이다. 이 작업은, 요시다 겐지로吉田絃二郎의 『タゴールの哲學と文藝』의 번역시들[10]과 대비, 고찰할 것이다. 그리고 김억의 『원정』 번역의 특성에 관하여 그의 창작적 번역관과의 조응관계를 통해 살펴볼 것이다. 『원정』은 그가 이전에 낸 서구시집들과 비교할 때 시집 전반부의 연작시 번역이 난해하다. 이 시편들은 『원정』의 원시제목이자 화자가 여왕으로부터 정원사Gardner 직위를 얻는 경위를 형상화하고 있으며 시집전체의 핵심부를 차지한다.[11]

전반부 연작시편들은 스토리의 일관성을 유지하고 있으며 특히 「원정 1」은 여왕과 신하의 첫 번째 대면 및 주요화자인 정원사의 직위 임명이 이루어진다. 여왕과 신하의 대화는 극존칭과 겸양 표현을 보여주며[12] 문장이 궁중어법에 충실하며 열거중심의 긴 수식이 주요하게 나타난다.[13] 이 시편들은 다른 문화권, 특히 현대의 다른 문화권의 언어

---

7 최라영, 「김억의 『신월』 연구」, 『한국시학연구』 35호, 한국시학회, 2012.12, 450~454쪽.

8 Rabindranath Tagore, *THE GARDENER*, Macmillan Co., 1913.

9 김억, 『원정園丁』, 애동서관, 1924.12.

10 吉田絃二郎, 『タゴールの哲學と文藝』, 大同館書店, 1915大正 4.

11 「원정 1」과 「원정 2」와 「원정 3」은 여왕과 신화의 대화로써 일관된 상황과 스토리를 구성하는 연작시를 구성하며 「원정 4」부터 「원정 85」까지는 일반적인 낭만적 전원 서정시로 구성되어 있다.

12 구체적으로, 「원정 1」에서 신하가 여왕에게 하는 대사 가운데, "아모조록 자비慈悲을 내려주옵소서, 여왕폐하女王陛下Have mercy upon servant, my Queen!"와 "전하殿下의 심심破寂의 봉사奉仕가 되겟읍니다The service of your idle days" 등을 들 수 있다.

13 단적으로, 「원정 1」에서 "허許하실 것 갓사오면, 보드랍은 연蓮꼿봉오리 갓튼 전하殿下의 곱으신 주먹을 잡게하와 꼿사슬을 손목에 찌우게 하여줍소서. 그러하옵고 아쇼카ashoka

로 번역하는 작업에 있어서 『원정』의 「원정 4」 이후의 시편에 비하여 숙련된 번역자질을 요구한다.

『원정』의 번역선집을 내었던 일본의 요시다 겐지로의 『タゴールの哲學と文藝』에서는, 『원정』의 전반부 연작시들이, 선시집에 포함되어야 할 중요성을 지니고 있음에도, 모두 빠져 있고 일반적인 서정시의 처음에 해당되는 「원정 4」부터 번역되어 있다.[14] 이것은 위에서 논의한 전반부 연작시 번역에 있어서의 어려움과 관련을 지닌다. 반면, 김억은 『원정』 시편 「원정 1」부터 「원정 85」까지 전체를 빠짐없이 완역하였다. 이 사실만을 보아도 김억 번역이 원어역일 가능성이 추측되며 요시다 겐지로 번역과는 다른 차원을 지닐 가능성을 암시해준다.

두 사람의 「원정 4」 번역은, 일차적, 혹은 표면적으로는 큰 차이가 없어 보인다. 그런데 이 원시는 표면적 의미항 너머로 풍부하고도 잠재적으로 해석될 심층적 의미항들을 지니는 특성이 있으며 원시의 시적 화자가 대상에 대하여 지니는 복합적 감정의 결들을 번역을 통해 살리기가 난해한 측면이 있다. 이러한 지점에 관하여, 요시다 겐지로와 대비하여, 김억이 어떠한 방면으로 시의 의미들을 풀어놓았는가 하는 것에 관하여 살펴보는 것은, 김억 번역의 원어역 여부를 알게 해 주는 데에 도움이 될 뿐만 아니라 그가 『원정』에서 원시의 미묘한 함축

쏫봉오리의 새빨간 즙汁으로 전하殿下의 발빠당을 물질으게 하여줍소서. 그러웁고 엇지되야, 몬지쩡이가 그우에 쩌러지오면 그것을 키쓰로 씻처들이게 하여줍소서To be allowed to hold your little fists like tender lotus-buds and slip flower chains over your wrists; to tinge the soles of your wrists; to tinge the soles of your feet with the red juice of ashoka petals and kiss away the speck of dust that may chance to linger there)"를 들 수 있다.

14 요시다 겐지로는 「원정 4」를 비롯하여 원시집에서 비교적 평이한 단시 형태의 시를 중심으로 34편을 선택, 번역하였으며, 원시의 연작시 번호를 모두 지우고서 시편 첫 행 부분에서 딴 개별제목을 달았다. 김억의 것은 원시의 제목 형태를 바꾸지 않고 그대로 번역하였다.

성을 우리말로 된 문학적 형상화로서 어떻게 구현하였는가를 고찰하는 데에 도움이 될 수 있다.[15]

이 글은 연구의 실증성을 기하는 측면에서, 요시다 겐지로의 번역과 김억의 『원정』 번역을 대비적으로 고찰하면서 원어역 여부를 살펴볼 것이다. 그리고 『원정』 핵심부의 연작시편을 중심으로 김억의 창작적 번역관의 특성을 살펴볼 것이다.

2. 『원정』의 중역, 원어역 여부

김억의 『원정』 번역 바로 이전에 출간된 김억의 『신월』 번역역시 『기탄자리』 및 『잃어진 진주』와 마찬가지로 원어역의 과정을 보여주며 특히 『신월』에서는, 그가 시편들의 고유한 내용적 특성에 걸맞는 문체를 고민한 흔적을 보여준다. 따라서 『신월』 직후의 『원정』 번역 역시 원어역일 가능성이 높다.[16] 그럼에도 이 글은, 연구의 실증성을 기하는 측면에서 『원정』의 원어역 여부에 관하여 요시다 겐지로의 『タゴールの哲學と文藝』와 비교, 고찰할 것이다. 김억의 타고르 번역시집들은 모두 완역본이며 이것은 타고르 시집의 일부를 번역한 당시 일본의 상황과 대비된다.

15 뿐만 아니라, 이 시는 요시다 겐지로가 『원정』 번역으로는 그 첫 번째로 선택, 번역한 작품인 만큼, 그가 번역의 가중치를 둔 작품이라고 간주할 때, 김억의 번역방식과 좋은 대비가 될 것이다.

16 『신월』은 1924년 4월 29일이 출간일이며 『원정』은 1924년 12월이 출간일이다.

① 짝도 하다. 엇지하야 그이들이 장(市○)거리로 가는 길가에 내집을 지엿읍닛가?

그이들은 나의숩갓갑은곳에 그이들의 짐실흔배를 맵니다.

그이들은 왓다갓다하며, 自己맘대로 헤매입니다.

나는 안자서 그이들을 보고잇읍니다. 이리하야 나의時間은 하욤업시 지내갑니다.

나는 그이들을 내여좇츨수가 업습니다. 이리하야 나의歲月은 지내갑니다.

밤이나 낫이나 그이들의 발자취소리가 나의門가에서 납니다.

쓸데업시도 나는, 「나는 당신들을 몰읍니다」고 불으짓습니다.

그이들의 멧사람은 나의 손가락이 알고, 멧사람은 나의코구멍이 알며, 나의血管속의피는 그이들을 아는듯하고, 멧사람은 나의쉶이 압니다.

나는 그이들을 내여좃츨수가 업습니다. 나는 그이들을 불너, 「누구든지 願이거든 내집으로 옵시요. 네. 오셔요」고 하엿습니다.

아츰이되야 절간에 鐘이 울엇습니다.

그이들은 손에 칙욱이를 들고 왓습니다.

그이들의발은 장미빗갓치 붉엇읍니다. 黎明의이른 아츰볏은 그이들의 얼골우에 빗낫습니다.

나는 그이들을 내여좃츨수가 업습니다. 나는 그이들을 불녀, 「내동산으로 옵시요, 꼿을 뜹습시다. 이리로 오셔요」고 하엿습니다.

正午이 되야 제금치는소리가 宮城門가에서 낫습니다.

엇지하야 그이들이 自己의일을 바리고 나의 墻園門가에서 헤매는지, 나는 몰습니다.

그이들의 머리에 꼿치운꼿들은 빗갈업시 시둘엇읍니다. 그리고 그이들의노래가락은 피리속에서 生氣업시 빗겨낫습니다.

나는 그이들을 내여좃츨수가 업습니다. 나는 그이들을 불녀, 「나무아레 그늘은 칩습니다. 옵시요, 벗들이여」고 하엿습니다.

밤이되야 귀돌암이가 숩속에서 씰씰 울엇습니다.

한가히 나의門가에 와서, 졈잔케 쑤다리는이는 누구입닛가?

나는 희미하게 그얼골을 보앗읍니다. 만은 말은 한마듸도 못하고, 하늘의 靜寂만 四圍에 갓득하엿슴니다.

나는 나의 말업는손님을 내여좃츨수가 업습니다. 나는 어둡음을 겻쳐, 그 얼골을 봅니다. 이리하야 삶의째는 지내갑니다.

「원정 4」

② Ah me, why did they buildmy house by the road to the market town?

They moor their laden boats near my trees.

They come and go and wander at their will.

I sit and watch them; my time wears on.

Turn them away I cannot. And thus my days pass by.

Night and day their steps sound by my door.

Vainly I cry, "I do not know you."

Some of them are known to my fingers, some to my nostrils, the blood in my veins seems to know them, and some are known to my dreams.

Turn them away I cannot. I call them and say, "Come to my house whoever chooses. Yes, come."

In the morning the bell rings in the temple.

They come with their baskets in their hands.

Their feet are rosy red. The early light of dawn is on their faces.

Turn them away I cannot. I call them and I say, "Come to my house to gather flowers, Come hither."

In the mid-day the gong sounds at the palace gate.

I know not why they leave their work and linger near my hedge.

The flowers in their hair are pale and faded; the notes are languid in their flutes.

Turn them away I cannot. I call them and say, "The shade is cool under my trees. Come, friends."

At night the crickets chirp in the woods.

Who is it that comes slowly to my door and gently knocks?

I vaguely see the face, not a word is spoken, the stillness of the sky is all around.

Turn away my silent guest I cannot. I look at the face through the dark, and hours of dreams pass by.

「THE GARDENER 4」

③ ああ…… なぜに彼等は市場の街に面けて路傍に私の家を建てた?

彼れ等は私の樹に近く荷船を繫ふ.

彼れ等はあてもなく來り, 往き, そしてさ迷ふ.

私は坐りそして彼れ等を見守る, 私の時がたゆたげに過ぎ行く.

私は彼等に顔をそむける事はできぬ. かくて事の日が過ぎ行く.

夜と晝と彼れ等の跫音が事の扉に響く.

いたづらに事は叫ぶ,『事はお前を知らない.』

彼れ等の惑る者は私の指にまで知られてゐる. 惑る者は私の鼻孔にまで, 私の血管の血は彼れ等を知つてゐるやうだ, そして惑る者は私の夢にまで知られてゐる.

私は彼れ等に顔をそむけることはできぬ. 私は彼れ等を呼んで言ふ,『誰でも宜い私のにおいで. 私の家においで.』

朝になれば寺には鐘が鳴る.

彼れ等は籠をさげて來る.

彼れ等の足は薔薇色の紅みを帶びてゐる. 夜明けのうら若い光りが彼れ等の顔にたたよふてゐる.

私は彼れ等に顔をそむけることはできぬ. 私は彼れ等をんで言ふ.『私の花に園に來て花を集めろ. ここにおいで.』

正午になれば宮殿の門には銅鑼が響く.

私はなぜに彼等が勞動を捨てて私の生籬に近くさ迷ふかを知らぬ.

彼れ等の笛の花は青白く凋れてゐる. 施律は彼れ等の笛のなかに
たゆたふてゐる.
私は彼れ等に顔をそむけることはできぬ. 私は彼れ等を呼んで言ふ,『私の樹の下には涼しい蔭がある. 友たちよおいで.』

夜になれば蟋蟀は森のなかにすだく.
徐々と私の扉に來りて静かに叩く者は誰ぞ?
私はおぼろげにその顔を見る, 一語をも交はされない, 空の沈靜
が凡べてをつつむでゐる.
私は私の沈默せる客人に顔をそむけることはできぬ. 暗を透して
私はその顔を凝視める, そして夢の時が過ぎ行く.

「市場の街に」

아아…… 왜 그들은 시장 거리를 향한 길옆에 나의 집을 지었는가.
그들은 나의 나무 가까이에 짐배를 묶어 놓는다.
그들은 정처 없이 왔다가는 가고, 그리고는 떠돈다.
나는 앉고 그리고 그들은 지켜본다. 나의 시간이 출렁이며 흘러간다.
나는 그들로부터 얼굴을 돌릴 수 없다. 그렇게 나의 하루는 흘러간다.

밤과 낮과 그들의 발자국 소리가 나의 문에서 울린다.
무의미하게 나는 외친다. '나는 너를 모른다'
그들 중 어떤 자는 나의 손가락에게까지도 알려져 있다. 어떤 자는 내 콧구멍에게까지, 나의 혈관의 피가 그들을 알고 있는 것 같다. 그리고 어떤 자는 나의 꿈에게까지도 알려져 있다.

나는 그들로부터 얼굴을 돌릴 수 없다. 나는 그들을 불러서는 말한다.

'누구라도 좋으니 나의 집에 오라. 나의 집에 오라.'

아침이 되면 절에서는 종이 울린다.

그들은 지게를 내리고 온다.

그들의 발은 장미색의 분홍빛을 띠고 있다. 새벽녘의 젊디젊은 빛이 그들의 얼굴을 물들이고 있다.

나는 그들로부터 얼굴을 돌릴 수 없다. 나는 그들을 불러서는 말한다.

'나의 화원에 와서 꽃을 모으라. 이리로 오라.'

정오가 되면 궁전의 문에서는 징이 울린다.

나는 왜 그들이 노동을 버리고 내 울타리 가까이에서 떠돌고 있는지 모른다.

그들 머리의 꽃은 푸르스름하게 시들고 있다. 선율은 그들의 피리 속에서 흔들리고 있다.

나는 그들로부터 얼굴을 돌릴 수 없다. 나는 그들을 불러서는 말한다.

'나의 나무 밑에 시원한 그늘이 있다. 친구여. 오라.'

밤이 되면 귀뚜리가 숲 속에서 모여 울고 있다.

살금살금 나의 문에 와서 조용히 두드리는 자는 누구인가.

나는 멍하니 그 얼굴을 본다. 한마디도 오가지 않는다. 하늘(허공)의 침정沈靜만이 모든 것을 감싸고 있는 것이다.

나는 나의 침묵하는 손님으로부터 얼굴을 돌릴 수 없다. 어둠을 통해 나는 그 얼굴을 쳐다본다. 그리고 꿈의 시간이 흘러간다.

「시장 거리에서」

①은 타고르의 「THE GARDENER 4」에 관한 김억의 번역시이며 ②는 타고르의 「THE GARDENER 4」이며 ③은 「THE GARDENER 4」에 관한 요시다 겐지로의 일역시이다. 김억은 시제목의 번역에 있어서 원시의 형태와 동일하게 연작시의 일련번호를 따서 그대로 붙였으며, 요시다 겐지로는 원시편 각각의 첫 행의 일부나 주요제재를 차용하여 역시의 제목을 붙이고 있다. 그렇기 때문에 ②의 원시 제목이 김억은 '四'라고 되어 있으며 요시다 겐지로는 '시장 거리에서'라고 되어 있다. 이것은 김억이 『원정』 전체를 완역한 반면에 요시다 겐지로는 타고르의 다른 시집의 시편들과 『원정』의 일부 시편들을 선택 번역한 사실과도 관련을 지닌다.

③은 요시다 겐지로의 『원정』 시편들의 일부를 역한 맨 첫자리의 시편인 「THE GARDENER 4」 번역시이다. 따라서 『원정』의 다른 시편들에 비하여 요시다 겐지로가 비교적 비중을 둔 작품이거나 치밀하게 번역에 임하였을 가능성이 높다. 한편, 김억의 경우는 원시의 순서대로 번역한 시편 중의 하나가 「THE GARDENER 4」에 대한 번역시 ①이다. 이런 상황을 고려하면 이 시에 대한 김억의 번역과 요시다 겐지로의 번역의 비교, 고찰은 김억의 원어역 여부 및 김억의 번역의 특성 그리고 그의 번역이 나아간 지점을 살펴보는 데에 유효한 측면이 크다.

①과 ③의 1연에 관하여 ②의 원시를 염두에 두고서 살펴보자. 이 두 번역시편들은 주요한 시의 맥락으로 보면 번역상의 큰 차이를 보여주는 구절이 특별히 눈에 띄지 않는다. 그러나 세부적으로 살펴보면, 원

시 2행의 "my trees"에 대해서, 김억과 요시다 겐지로는 각각, "나의 숍"과 "나의 나무"라고 역하였다. 그런데 맥락으로 볼 때, 이 구절은, 시적 화자의 집 앞에 찾아온 무리의 사람들이 거주하는 곳을 뜻하므로, 김억이 역한 '나의 숍갓 갑은 곳에 그이들의 짐실흔 배를 맵니다'라는 것이 정확한 번역이다.

그리고 원시 5행에서 "my days pass by"에 대해서, 김억과 요시다 겐지로는, 각각, "나의 세월은 지내갑니다"와 "나의 하루는 흘러간다"로 역하였다. 그런데 시적 화자의 집 앞에서 진을 치는 성가신 무리의 사람들을 쫓아내지도 못하고 시간만 흘러간다는 내용전개로 보아서 김억의 '세월이 흘러간다'가 적확한 것이다.

또한 원시 4행의 "my time wears on"에 대해서 김억과 요시다 겐지로는 각각, "이리하야 나의 세월은 지내갑니다"와 "나의 시간이 출렁이며 흘러간다"로 역하였다. 그런데 화자의 집 앞과 정원에서 밤낮으로 소란을 피우며 진을 치는 무리의 사람들을 내쫓지 못한다는 내용 다음에 이 구절에 나오는 것으로 보아서, 요시다 겐지로의 '나의 시간이 출렁이며 흘러간다'와 같이 다소 낭만적인 표현이 그리 적합하지는 않아 보인다.

이와 같은 세부적 차이를 넘어서서, 위 시의 번역에 있어서 두 사람이 차이를 보이면서 번역의 수준을 가늠해 볼 수 있는 구절이 있다. 그것은 이 시에서 각각의 연의 마지막 행의 첫 문장에서 지속적으로 반복되는 구절인 "Turn them away I cannot"이라고 할 수 있다. 이 구절에 대해서 김억과 요시다 겐지로는, 각각 "나는 그이들을 내여좃출 수가 업습니다"와 "나는 그들로부터 얼굴을 돌릴 수 없다"로 역하였다.

그런데 이 시는 화자의 집 앞과 정원으로 낯선 무리의 사람들이 진을 치고 오랜 기간 숙식하면서 화자를 밤낮으로 시끄럽게 하고 성가시게 하는 상황이라는 점을 염두에 둘 필요가 있다. 이런 상황에서 시의 화자는 내심 너무나 성가신 이들을 내쫓고 싶지만 차마 그렇게 하지 못하고 어쩔 수 없는 호의를 베푸는 나날이 이어지고 있는데, 이것이 이 시의 1연부터 4연에까지 형상화되어 있다.

따라서 김억이 역한, '나는 그이들을 내여좆츨 수가 업습니다'가 이러한 맥락에 부합된 것이다. 또한 문장 그 자체로 보아도, "Turn them away I cannot"에서 "them"이 화자를 성가시게 하는 사람들을 지칭하는 것이 명백하므로, "Turn—away"가 무리의 사람들을 목적어로 갖는 경우에 "얼굴을 돌릴 수 없다"가 아니라 "그이들을 내여좆츨 수가 없다"가 정확한 번역이다.

그런데, 무엇보다도 김억의 번역에서 창의적 문학번역의 수준을 보여주는 구절은 원시의 마지막 연의 번역, 즉 시의 주제부가 가장 응집된 부분의 번역에 놓여 있음을 감안할 필요가 잇다. 구체적으로, 위 시의 마지막 연의 번역에 있어서도 이 같은 김억 번역의 특징이자 장점이 드러난다. 논의를 위해 원시의 마지막 연과 이에 상응하는 김억과 요시다 겐지로의 번역구절을 다시 인용해 보자.

> At night the crickets chirp in the woods.
>
> Who is it that comes slowly to my door and gently knocks?
>
> I vaguely see the face, not a word is spoken, the stillness of the sky is all around.
>
> Turn away my silent guest I cannot. I look at the face through the dark, and hours of dreams pass by.

밤이되야 귀돌암이가 숩속에서 씰씰 울엇습니다.

한가히 나의門가에 와서, 졈잔케 쑤다리는이는 누구입닛가?

나는 희미하게 그얼골을 보앗읍니다. 만은 말은 한마듸도 못하고, 하늘의 靜寂만 四圍에 갓득하엿습니다.

나는 나의 말업는손님을 내여좃츨수가 업습니다. 나는 어둡음을 것쳐, 그 얼골을 봅니다. 이리하야 꿈의째는 지내갑니다.

밤이 되면 귀뚜리가 숲 속에서 모여 울고 있다.

살금살금 나의 문에 와서 조용히 두드리는 자는 누구인가.

나는 멍하니 그 얼굴을 본다. 한마디도 오가지 않는다. 하늘(허공)의 沈靜만이 모든 것을 감싸고 있는 것이다.

나는 나의 침묵하는 손님으로부터 얼굴을 돌릴 수 없다. 어둠을 통해 나는 그 얼굴을 쳐다본다. 그리고 꿈의 시간이 흘러간다.

첫 번째가 원시의 마지막 연이며 두 번째가 이 부분에 대한 김억의 번역이며 세 번째가 요시다 겐지로의 번역이다. 각각의 마지막 한 연에 한정해서 보면, 이들의 번역의 차별성이 잘 드러나지 않는다. 그런데 앞 시의 내용전개와 관련지어서 이 시에서 각 연마다 지속적으로 반복되고 있는 시의 구절에 유의해서 마지막 연을 살펴보자.

먼저, 인용된 마지막 연의 앞에서 전개된 내용은 화자가 기거하는 집과 정원에서 기거하며 밤낮으로 소란을 피우는 무리의 사람들로 인해 밤낮으로 무척 고통 받는 화자가 최대한의 인내심을 발휘하여 겉으로 이들을 반갑게 맞는 상황이다. 그런데 이들은 이러한 화자의 마음을 헤아리지 못하는지 혹은 눈치가 없는지 간에, 화자의 속 끓는 인내심을 못 본 체하고 표면적 호의만을 해석해서 자기들 편한 대로 아주 많은 날들을 거기서 생활하는 사람들이다.

이와 같은 속을 끓이는 나날을 반복하며 하루하루가 지나갔고 시의 화자는 겉으로 표현은 못하지만 내심 성가시고 괴로운 심정을 매일 자신의 집 문을 열며 혼잣말로 토로할 뿐이다. 그것이 바로, 이 시의 각 연 마지막 행 첫 구절인 "Turn them away I cannot"에 형상화되어 있다. 그런데 어느 가을날, 여느 때처럼 시의 화자는 집 문을 열며 그러한 불평을 되뇌려 한다. 그것이 이 시 마지막 행인 "Turn away my silent guest I cannot"이다. 그런데 1연부터 4연까지 "Turn them away I cannot"이라는 동일한 구절을 구사하였는데, 이 마지막 연의 마지막 행에서는 "them" 자리에 "my silent guest"가 놓여 있다.

즉 귀뚜라미가 들리는 어느 가을 밤, 늘 화자를 성가시게 하는 그들을 바라보며 내쫓을 궁리를 하는 독백을 되뇌는 통상적인 그 말을 하려는데, 주위가 갑자기 매우 고요한 것이다. 이것은 시의 화자를 성가시게 한 무리의 사람들 모두가 그곳을 떠났음을 의미한다. 즉 시의 마지막 연의 마지막 행에서 나오는, "Turn them away I cannot"은 바로 이러한 화자의 정황을 복합적으로 표현한 것이다.

그런데 마지막 5연의 이 구절은, 앞부분인 1연부터 4연까지, 화자가 이들을 성가시게 여겨 내보내었으면 좋겠다는 구절이 반복적으로 출현했던 그 자리이다. 그렇기 때문에 앞에서 반복적으로 나왔던 구절의 번역과 통일성을 이루면서도 마지막 5연에서의 화자의 복합적인 심정이 극적이면서 우회적인 방식으로 드러날 수 있도록 번역이 이루어져야 한다. 그런데 "Turn away my silent guest I cannot"에 대해서, 김억은 "나는 나의 말 업는 손님을 내여좃츨 수가 업습니다"로, 요시다 겐지로는 "나는 나의 침묵하는 손님으로부터 얼굴을 돌릴 수 없다"로 역하였다.

김억의 "말 업는 손님을 내여좃츨 수가 업습니다"라는 역에는 자신이 자기의 집 앞에서 자기를 잠 못 자게 하고 자기 정원을 맘대로 지나다니는 무례한 일군의 사람들을 내쫓고 싶었으나 차마 그렇게 표현하지 못했던 자신에 대한 반성이 복합적으로 형상화되어 있다. 뿐만 아니라 앞 연마다 반복적으로 나왔던 "나는 그이들을 내여좃츨 수가 업습니다"라는 구절과도 상통하는 맥락을 형성한다.

이것은, 자신이 투덜거렸던 그 말을 습관적으로 하려는 그 순간에 자신을 성가시게 했던 그 대상이 사라졌음을 인지하는 연속적 맥락을 끌어온 것이라고 할 수 있다. 늘 소란스럽던 그들이 사라진 자리에 고요와 어둠만이 펼쳐진 세계에서, 화자가 한참을 아쉬움을 지니고 응시하는 모습을 이 마지막 연에서 보여주고 있다. 이 모습은, 그가 속을 끓이며 겉과 속이 다르게 떠도는 사람들에게 호의를 베풀었던 그 자신의 내면이 깊이 있게 응시되는 순간이자 그가 진실한 인류애를 지니게 되는 순간을 형상화한다.

이에 비해, 이 구절에 대하여, 요시다 겐지로의 "나는 나의 침묵하는 손님으로부터 얼굴을 돌릴 수 없다"라는 번역을 보자. 먼저, 목적어를 사람을 포함한 대상으로 지니는 'Turn-away' 부분을 "얼굴을 돌릴 수 없다"로 역한 것이 적절하지 않다. 그 다음으로, 1연에서 4연까지 굳이 아프면서도 마지못해 친절을 베푼 화자의 심리가 잘 드러나지 않는다. 즉 앞에서 유사구절을 반복하는 화자의 상황과 극적으로 달라진 현재의 상황 및 화자의 심리에 관한 섬세한 의미항들이 드러나지 않고 있다.

다시 말해, 갑자기 고요해진 자신의 집 앞에서 성가시던 그들의 모습이 사라졌음에 뜻밖에 허전해하며 어둠 속에서 자기의 내면을 응시하는 그러한 내밀하고도 아이러니한 상황이 김억의 번역과 달리 포착되지 못하고 있다. 혹은, 'Turn away my silent guest I cannot'의 번역에 관해서, 시각을 달리해서 목적어가 다소 추상적인 의미마저 지니므로 이 문장 자체로는 김억과 요시다 겐지로 둘 다 타당성을 지닌다고 볼 수도 있을 것이다.

그럼에도 이 구절이 1연부터 5연 전체에 각각 한 번씩 나와서 화자를 성가시게 하는 무리의 사람들을 싫어하면서도 반갑게 맞이하는 그러한 역설적 상황을 드러내는 가운데 반전을 가져오는 구문임을 고려한다면, 김억의 번역이 원시의 의미를 함축적이고 풍부한 방식으로 열어 놓은 것이다. 이와 같이 김억의 『원정』은 원어역일 뿐만 아니라 문학성을 살린 전문가급의 번역수준을 보여주는 것임을 알 수 있다.

3. 창작적 번역의 심화로서의 『원정』

『원정』 번역에서 특징적인 점을 들자면 시의 맥락에 따른 경어법의 사용이라고 할 수 있다. 『원정』은 1부터 85까지 번호를 달고 있는 시편들로 구성되었으며 이 번호 순서에 따른 시의 주요내용은 화자가 여왕의 정원사를 요청하는 내용의 1번으로부터 시작해서 일명 '화원직히' 혹은 '동산직히'로 임명된 화자가 여왕의 정원을 가꾸는 것, 그리고 화원의 꽃들과 관련한 여인에 대한 그리움과 애틋한 사랑 등이 시집의 근간을 이루고 있다.

侍臣

아모조록 慈悲을 내려주옵소서, 女王陛下.

女王

會議가 다 씃나고 나의臣下들은 다 돌아갓다.

엇지하야 卿은 그리늣게 왓는가?

侍臣

다른臣下들의 일이 다 씃나는째가 下臣이 올째입니다.

下臣은 마즈막으로 온 下臣의職務로무엇이 남아잇는지, 엿주어보랴고 왓읍니다.

女王

벌서 째가늣젓는데 卿은 무엇을 하랴고 하는가?

侍臣

아모조록 下臣을 陛下의 花園직히를 삼아 줍소서.

女王

그것은 참 어리석은말이다.

侍臣

저下臣은 다른職務는 다 그만누겟읍니다.

下臣은 釰와槍을 씌끌속에 던젓읍니다. 아무조록 下臣을 먼宮廷으로 보내수시도 맙시고 새롭은勝利을 엇도록 命令도 맡아 주시옵소서. 그러하오나 下臣을 殿下의花園직히를 삼아 주시옵소서.

女王

卿은 花園직히가 되야 무엇을 하랴는가?

侍臣

殿下의 심심破寂의 奉仕가 되겟읍니다.

下臣은 殿下가 아츰에 散步하시는 풀만흔길을 恒常 새롭게 하여두겟읍니다. 그곳에는 殿下의 玉足이 옴겨지는 거름마다 죽음을 그립어하는 풀들이 讚美의노래로 玉足을 맛겟읍니다.

下臣은 사타파르나(sataparna)의 가지사이에 맨 거네로 殿下를 흔들어 들이겟읍니다. 그곳에는 이르게 올으는 저녁달이 綠葉을 것처, 殿下의 치마에 키쓰하랴고 애닯아합니다.

下臣는 殿下의 잠자리가에서 타는 燈盞에 香油를 갓득히 채우겟읍니다. 그리고 殿下의 발등床에 檀香과 싸쯔론(Saffron)으로 奇異한意匠을 붓처, 곱게 裝飾하여들이겟읍니다.

女王

賞給으로 무엇을 바래는가?

侍臣

許하실것 갓사오면, 보드랍은蓮쏫봉오리갓튼 殿下의 곱으신 주먹을 잡게 하와 쏫사슬을 손목에 씨우게 하여줍소서. 그러하옵고 아쇼카(ashoka)쏫봉오리의 새빨간汁으로 殿下의 발빠당을 물질으게 하여줍소서. 그러옵고 엇지되야, 몬지쩡이가 그우에 써러지오면 그것을 키쓰로 씻처들이게 하여줍소서.

女王

卿의願대로 하여주네, 그러면 卿에게 花園직히를 命하네.

「원정 1」

Servant

Have mercy upon servant, my Queen!

Queen

The assembly is over and my servants are all gone. Why do you come at this late hour?

Servant

When you have finished with others, that is my time.

I come to ask what remains for your last servant to do.

Queen

What can you expect when it is too late?

Servant

Make me the gardener of your flower garden.

Queen

What folly is this?

Servant

I will give up my other work.

I throw my swords and lances down in the dust. Do not send me to distant courts; do not bid me undertake new conquests. But make me the gardener of your flower garden.

Queen

What will your duties be?

Servant

The service of your idle days.

I will keep fresh the grassy path where you walk in the morning, where your feet will be greeted with praise at every step by the flowers eager for death.

I will swing you in a swing among the branches of the *saptaparna*, where the early evening moon will struggle to kiss your skirt through the leaves.

I will replenish with scented oil the lamp that burns by your bedside, and decorate your footstool with sandal and saffron paste in wondrous designs.

Queen

What will you have for your reward?

Servant

To be allowed to hold your little fists like tender lotus-buds and slip flower chains over your wrists; to tinge the soles of your wrists; to tinge the soles of your feet with the red juice of *ashoka* petals and kiss away the speck of dust that may chance to linger there.

Queen

Your prayers are granted, my servant, you will be the gardener of my flower garden.

「THE GARDENER 1」

이 시는 이전의 타고르 시집에 대비할 때, 『원정』의 연작을 구성하는 첫 부분이 여왕과 신하의 대화로 구성된 점이 독특한 것이며 신분의 차이로 인하여 신하의 극존칭과 여왕의 자기지칭 등에서부터 용어의 번역에 있어서 자연스러운 구어체로 역하기 어려운 측면을 지닌다. 그럼에도 「원정 1」부터 「원정 3」까지의 시편은 화자가 여왕으로부터 정원사직을 요청하고 여왕으로부터 그 직위를 임명받고 정원을 가꾸게 되는 경위를 보여준다. 즉, 이 시편들은 이 시집 전반의 시적 화자의 성격과 시집의 주요한 내용적 특성을 간추릴 때 필수적인 부분이라고 할 수 있다. 그리고 시집의 제목이 왜 '동산직이'인지에 관해서도 해명되는 것이 바로 위의 시편이다.

그럼에도, 요시다 겐지로가 이 시집으로부터 시 34편을 뽑아서 번역하였을 때 위 시편을 포함한 시집의 전반부 연작시들을 빼고서 번역한 것은 위 시에서 보듯이 까다로운 영어 존칭 표현이나 구어체로 옮기기에 부담을 주는 긴 수식문구들로 인한 것이라는 추정이 가능하다. 이것은, 이 글 앞 장에서 분석하였듯이, 요시다 겐지로의 첫 번째로 역한 시편의 번역에 비할 때 김억의 것이 훨씬 정확하면서도 시의 운율과 미묘한 함축성을 살린 것에서도 입증된다.

우리가 15세기 중세 우리문학을 오늘날의 현대어로 바꾸어내고 또 자연스러운 구어체로 표현하는 것도 매우 어려운데, 마찬가지로 서양의 옛 궁중어법을 살린 여왕과 신하의 대화를 중심으로 한 시편을 다른 문화권의 우리말로써 자연스럽게 형상화하기란 매우 어렵다고 볼 수 있다.

즉 이 시집의 중요 내용을 담고 있음에도 당시 요시다 겐지로가 빼고 번역한 위의 시편을 김억이 어떻게 번역하고 우리말로써 표현하였는지를 살펴보는 것은, 그가 『원정』을 어떤 시각에서 창의적으로 해석하였는지에 관한 과정을 보여주는 일이 될 것이다. 위 시편에서 유의할 부분은 김억의 이전 번역시집의 시편들에서는 볼 수 없었던 부분, 즉 여왕과 화자인 신하의 대화를 중심으로 한 궁중어법의 문체를 지닌 대목이다.

경어체 표현은『기탄자리』번역시집 즉 신을 향한 인간인 화자의 독백적 발화를 중심으로 한 시편에서도 두드러진 것이었다. 그러나 이 경우는 화자인 인간의 일방적인 독백으로서 구성되어 있기 때문에 존칭 표현에만 유의하면 특별한 어려움은 없어보였다. 그런데 위의 시편에서는 신하가 여왕을 높이고 자기를 낮추어 표현하고 여왕이 신하를 낮추어 지칭하고 또한 여왕 그 스스로를 지칭할 때 어떻게 옮기느냐가 어려운 부분으로 보인다. 왜냐하면 영어원시에서는 이런 경우 높임법의 표현이 우리말처럼 매우 다양한 측면에서 나타나지 않기 때문이다.

또한 여왕에게 드리는 찬사의 형상화에서 열거를 중심으로 한 긴 수식어구는 영어식 표현으로는 자연스러우나 우리말로 옮기면 자연스럽지 못한 경우도 많다. 즉 자칫 난해하고 긴 문어체 표현으로 번역되기가 쉽다. 즉 이 부분에서 김억이 어떤 방식의 우리말로써 바꾸어놓았는지에 관한 주목이 요구된다.

위 시는, '시신侍臣'과 '여왕女王'의 두 사람이 등장한다. 두 사람의 대화는 여왕과 신하로서 특별한 경어체 표현을 필요로 할 뿐 아니라 우아한 궁중말투를 필요로 한다. 김억은 '시신侍臣' 즉 '신하'는 여왕 앞에서 신하가 그 자신을 지칭할 때는 '하신下臣', 혹은 '저 하신下臣'이라고 번역하였으며, 여왕이 신하를 칭할 때는 '경卿'이라고 하였다. 또한 '신하'가 여왕 앞에서 여왕을 일컬을 때 '여왕폐하女王陛下' 혹은 '전하殿下'라고 표현하였다. 즉 김억은, 호칭관계에서 객관적으로 대화자를 지정할 때는 '여왕'과 '시신'이라고 명명하였다. 반면, 여왕과 신하의 대화 중에 신하가 그 자신을 낮출 때는 '하신', 신하가 여왕을 높힐 때는 '여왕폐하', '전하' 호칭어를 썼다.

그리고 위 시는 여왕과 신하의 대화에서 궁중의 예법을 차리면서 오가는 의례적인 구문을 현대의 우리말 표현으로 구현하기가 어려운 측면이 있다. 위 시에서 이와 같은 문장과 이에 상응하는 김억의 번역을 들어보면 다음과 같다.

① Have mercy upon servant, my Queen!

: 아모조록 慈悲을 내려주옵소서, 女王陛下

② When you have finished with others, that is my time

: 다른 臣下들의 일이 다 끗나는 째가 下臣이 올 째입니다

③ What can you expect when it is too late?

: 벌서 째가 늣젓는데 卿은 무엇을 하랴고 하는가?

④ The service of your idle days

: 殿下의 심심破寂의 奉仕가 되겟읍니다

⑤ Your prayers are granted, my servant, you will be the gardener of my flower garden : 卿의 願대로 하여주네, 그러면 卿에게 花園직히를 命하네

①의 원문을 직역하면, '신하에게 자비를 갖게 해주셔요, 나의 여왕님' 정도가 된다. 그런데 이 직역문에서 '갖게'를 '내려주옵소서'라는 극존칭 술어로 바꾸었으며, '아모조록'을 넣어서 더 공손한 어법을 살렸

다. 그리고 '나의 여왕님'에서 '나의'를 빼서 좀 더 높임의 표현을 썼으며 '여왕폐하'라는 극도의 존칭어를 썼다. 즉 궁중의 말투와 관련한 높임어법을 최대한 살린 번역에 해당된다.

그리고 ②를 직역하면, '당신이 다른 이들과 일을 마쳤을 때 그것이 나의 차례입니다' 정도가 된다. 그런데 김억이 '다른 신하들의 일이 다 끝나는 때가 하신이 올 때입니다'로 역한 것은, 전후 상황으로 알고 있는 '당신이'라는 주어를 생략함으로써 좀 더 자연스러운 구어체를 살린 것에 해당된다. 여기서도 물론 신하 그 자신을 '하신'이라고 지칭하였고 '나의 차례'를 '하신이 올 때'라고 자연스러운 우리말 표현으로 의역하였다.

다음, ③을 직역하면, '이렇게 늦은 때에 당신은 무엇을 기대할 수 있느냐' 정도가 된다. 이것을, 김억은 '벌서 때가 늦젓는데 경卿은 무엇을 하랴고 하는가?'로 의역하였다. '당신'을 '경'으로써 즉 여왕이 신하를 일컫는 표현으로 바꾸고, 어색한 'can'의 직역을 의역으로 바꾸어 놓았다. 또한 ④에서 "The service of your idle days"를, "전하殿下의 심심파적破寂의 봉사奉仕가 되겟읍니다"로 역한 것은 탁월한 의역에 해당된다. 이 원문을 직역하면, '당신의 게으른 날들의 봉사' 정도가 되는데, '게으른 날들'을 '심심파적'으로, '당신의'를 '전하의'로 바꿈으로써 한자어와 우리말을 섞어 구사함으로써 문장 그 자체의 번역으로는 매우 어색한 문장으로부터 탈피한 것이다.

마지막으로, ⑤에서 "Your prayers are granted, my servant, you will be the gardener of my flower garden"에 대해서, 김억은, "경卿의 원願대로 하여주네, 그러면 경卿에게 화원花園직히를 명命하네"로 역하였다. 여기

서 'Your prayers are granted, my servant'를 직역하면 '당신의 기원은 당연하다. 나의 신하여' 정도가 되는데, 이것을 '경의 원대로 하여주네'로 역한 것도 자연스러운 궁중 표현을 살린 의역이다. 무엇보다도, 김억은, 'the gardener of my flower garden'이라는 장황한 수식어구로 된 문구를, '나의 꽃정원의 정원사'라고 직역하지 않고서, '화원'과 '−지기'로 된 '화원직히'라는 합성명사로서 간명하고 자연스럽게 표현하였다.

『원정』의 부제를 '동산직히'라고 한 점을 고려할 때, 김억이 같은 원어에 대하여 이 시에서는 '화원직히'로서 명명한 것은 김억이 섬세한 번역을 하였다는 단적 증거이다. 즉 김억은, '화원직히'가 이 시의 맥락상으로 적합한 명명이지만 이 시편을 비롯한 이 시집 전체를 고려하면, '동산직히'가 더욱 적합한 명명이라고 간주한 것이다.

또한 위 시의 신하가 자신이 정원사로서 하는 일에 관해 여왕에 대한 충성심을 드러내는 비유적 표현부분을 보면,

> 下臣은 殿下가 아츰에 散步하시는 풀만흔길을 恒常 새롭게 하여두겟읍니다. 그곳에는 殿下의 玉足이 옴겨지는 거름마다 죽음을 그립어하는 풀들이 讚美의노래로 玉足을 맛겟습니다.
>
> 下臣은 사타파르나sataparna의 가지사이에 맨 거네로 殿下를 흔들어 들이겟읍니다. 그곳에는 이르게 올으는 저녁달이 綠葉을 것처, 殿下의 치마에 기쓰하라고 애쓺아옵니나.
>
> 下臣는 殿下의 잠자리가에서 타는 燈盞에 香油를 갓득히 채우겟읍니다. 그리고 殿下의 발능床에 檀香과 싸으론Saffron으로 奇異한意匠을 붓처, 곱게 裝飾하여들이겟읍니다.

I will keep fresh the grassy path where you walk in the morning, where your feet will be greeted with praise at every step by the flowers eager for death.

I will swing you in a swing among the branches of the *saptaparna*, where the early evening moon will struggle to kiss your skirt through the leaves.

I will replenish with scented oil the lamp that burns by your bedside, and decorate your footstool with sandal and saffron paste in wondrous designs.

위 구절에서 특기할 점은 의인화된 물주주어의 사용이다. '죽음을 그립어하는 풀들'과 '이르게 올으는 저녁달'은 각각 물주주어로서 의인화되어 여왕을 위한 일을 기꺼이 행한다. 이러한 물주주어들과 함께 여왕을 위한 일을 행하는 주체는 '하신' 즉 화자인 '신하'이다. 즉 김억은, 신하인 화자 자신과 '풀들'과 '저녁달' 등이 여왕을 위한 일들을 기꺼이 행하는 장면에 만들기 위해 물주주어 구문을 활용하였다.

일반적으로 김억의 다른 번역시편들에서는 물주주어를 인칭주어로 바꾸어서 우리말식 어법에 부합되도록 바꾸고 있다. 그런데 그는, 위 구절에서는, 여왕을 향한 찬사의 성격을 살리기 위하여 원문의 물주주어구문을 그대로 살려서 여왕을 향한 찬사를 더욱 부각하도록 번역하였다.

김억은 여왕과 신하의 대화라는 상황과 궁중어법을 살린 고어체 표현을 우리말로 어색하지 않게 표현한 고도의 숙련된 번역가임을 알 수 있다. 김억은, 『원정』의 원시를 뺀 번역시 그 자체만으로 보아도 비교적 자연스러우며, 원문장 그 자체의 직역으로는 매우 어색한 표현이 되기 쉽거나 원문을 매우 자연스러운 의역으로 바꾸지 않는다면 원문장 그 자체에 대한 의미파악도 안 될 수 있는 구문마저도, 전후맥락을 .

살린 자연스러운 표현으로 바꾸어 놓았음을 알 수 있다.

그리고 김억이 『원정』의 시편에서 가장 역점을 두었어야 했던 부분은 높임법을 살린 경어법에 관한 것이라고 볼 수 있다. 김억은 윗사람이 아랫사람을 지칭할 때 아랫사람이 윗사람을 지칭할 때 아랫사람이 자신을 지칭할 때 그리고 윗사람과 아랫사람을 객관적으로 지칭할 때 등에 따라서 각각 그 상황과 맥락에 맞는 호칭어를 어김없이 사용하고 있다. 특히 그가 위 시에서는 '정원사'를 '화원직히'로 명명하였으나 전체 시집 제목으로는 '동산직히'로 명명한 것에서 보듯이, 그는 'gardener'라는 평범한 보통명사도 그것의 쓰인 상황에 맞는 분위기와 어감에 따라서 다른 명명을 붙이고 있다.

화자인 신하와 여왕의 관계에서 비롯되는 경어법의 구사는 이 시를 비롯한 『원정』 시집 전반에 사용되는 '인칭대명사'에서도 특징적인 국면을 보여준다. 즉 이 시집의 전체 시편들에서 인칭대명사나 지칭어 표현을 볼 때, 김억의 그의 다른 번역시집들의 '인칭대명사' 번역과 차별되는 특징이 있다. 구체적으로, 김억은, 이 시집에서 'you'를 좀처럼 '너'라고 역하지 않으며 '그대'라고 역하고 있다. 그리고 'they'는 '그들'이라고 역하기보다는 '그이들'이라고 역한다. '그들'이라는 표현은 '새들'과 같은 생물을 지칭할 때 쓰고 있다. 그리고 'he'의 경우는 '그'라고 하지 않고 '그이'라고 쓴다.

또한 'she'는 '그녀'라고 하지 않고 '그 여자', 'women'은 '여자들'이라고 쓴다. 'my love'는 '나의 애인'이라고 명명한다. 'thy'를 '너의'라고 역한 것이 있는데 이것은 아주 드물다. 이 시집의 시편들에서 '너'를 쓰지 않고 '그대'를 주로 사용한 것은, 김억이 이 시집에서 전반적으로, 화자의 상대역을 높이는 어법을 취하고 있는 증거라고 보인다. 그리고 이 시집에서 김억의 다른 인칭대명사 번역의 용례로 본다면, 김억이 번역할 그 당시에 '그'나 '그들'보다는 '그이'나 '그이들'이 좀 더 순화되고 우아한 어감을 지녔다고 그가 간주한 것으로 보인다.

그런데 김억의 『원정』 번역에서는 그가 이전에 번역한 시집들과 대비할 때, 창작적 번역의 경위가 구체적으로는 잘 드러나지 않는 측면이 있다. 『기탄자리』나 『잃어진 진주』의 번역에서는 주제부나 시의 후반부에서, 시의 함축성이나 주제를 살리려고 한, 김억의 창작적 노력이 가미된 흔적을 드러낸다. 이에 비해 『원정』 번역은 이러한 창작적 번역의 면모보다는 적확하고 자연스러운 의역이 돋보인다.[17]

17 김억이 『원정』에서 원문의 의미를 이탈하지 않으면서도 우리말로서 적확하고 자연스럽게 번역한 사례를 들면 다음과 같다.
"나는 자리를잡고 安定할수가업습니다. 나는 저遠方의物件에 목말나 합니다. / 나의靈은 희미한遠方의 치마ᄭᅳᆺ을 애닯게도 닷치랴고 써나갑니다. / 【오々 偉大한 저곳이여】, 오々 너의피리의 날카롭은 불음이어! / 나는 니저바립니다. 나는 나라갈나래가 업으며, 언제나 이地點에 結縛된것을 나는 恒常 니저바립니다. // **나는 熱烈하야 눈ᄯᅳ고잇읍니다**. 나는 異域의異客입니다. / 너의입김은 내에게 되지도 못할希望을 소군거려줍니다. / 너의말은 내가슴에 그自身갓치 理解됩니다. / 【오々 차즈랴는 저遠方이여】, 오々 너의피리의 날카롭은불음이어! / 나는 니저바립니다나, 나는 갈길도 몰으며, 나래잇는 말(馬)을 가지지 못한것을나는 恒常 니저바립니다. // 나는 얼빠젓읍니다. 나는 내맘의 漂迫者입니다. / 元氣업는때의 햇볏이 빗나는 안개속에 너의 넓고 큰 幻像이 엇더케나 프른하늘에 그모양을 나타내이는고! / 【오오 썩도 먼 ᄭᅳᆺ이여】, 너의피리의 날카롭은 불음이어! / 나는 니저바립니다. 나혼자만 사는 내집에는 어느곳이나 門이 닷긴것을 나는 恒常 니저바립니다."
「원정 五」(김억 번역)
"I AM restless. I am athirst for faraway things. / My soul goes out in a longing to touch the skirt of the dim distance. / 【O Great Beyond】, O the keen call of thy flute! / I forget, I ever forget, that I have no wings to fly, that I am bound in this spot evermore. // **I am eager and wakeful**, I am a stranger in a strange land. / Thy breath comes to me whispering an impossible hope. / Thy tongue is known to my heart as its very own. / 【O Far-to-seek】, O the keen call of thy flute! / I forget, I ever forget, that I know not the way, that I have not the winged horse. // I am listless, I am a wanderer in my heart. / In the sunny haze of the languid hours, what vast vision of thine takes shape in the blue of the sky! / 【O Farthest end】, O the keen call of thy flute! / I forget, I ever forget, that the gates are shut

everywhere in the house where I dwell alone!" 「THE GARDENER 5」(원시)
私はぢつとしては居れない．私は遠い迥なものを翹望してゐる．/ 私の心靈はかすかなる隔りの裳裾に觸れやうとあこがれのなかに / 脫け出て行く．/ おう遙かなる偉ひなるものよ，おう汝の笛の銳き召命よ! / 私は忘れる，私は何時も忘れる，私が翔ふ翅を持つてゐないこと / を，私は永久にここに繫縛られてゐることを．// 私は熱心にそして眼さめがちである，私は異鄕の空の旅人である．/ 汝の吐息は不可能な希望をささやきつつ私に來る．/ 汝の言葉はそれさながらに私の心にひびく．/ おう素むべく遙かなるものよ，おう汝の笛の銳き召命よ! / 私は忘れる，私はいつも忘れる，私は途を知らないことを，私は翅 / ある馬を持たないことを．// 私はぼんやりしてゐる，私は私のこころのなかの放浪者である．/ 懶き時のぽかぽかと陽照れる靄のなかに，汝の無邊大なるまぼろ / しが大空の紺碧のなかに形をあらはす! / おう最も遙かなる涯よ，おう汝の笛の銳き召命よ! / 私は忘れる，私はいつも忘れる，私がたたひとりで棲んでゐる家 / のなかでは何處も門が鎖されてあることを." 「あこがれ」(요시다 겐지로 번역)
"나는 가만히 있을 수는 없다. 나는 멀리 있는 머나먼 것을 교망(대단히 기다림)하고 있다. / 나의 심령은 아주 살짝 떨어져 있는 옷소매에 닿기 위해 동경 속으로 빠져 나가고 있다. /【오오, 원대하고도 위대한 자여】, 오오, 당신의 피리의 날카로운 소명이여. / 나는 잊는다, 나는 언제나 잊는다, 내가 날 수 있는 날개를 갖고 있지 않다는 것을, 나는 영원히 여기에 매어져 있다는 것을. // **나는 열심히 그리고 잠에서 깨어난 것 같은 상태이다**. 나는 異鄕의 하늘의 여행객이다. / 당신의 숨은 불가능한 희망을 속삭이면서 나에게 온다. 당신의 말씀은 자연스럽게 내 마음속에서 울린다. /【오오, 찾아야만 하는(갈망하는) 원대한 자여】. 오오, 당신의 피리의 날카로운 소명이여. / 나는 잊는다, 나는 언제나 잊는다, 나는 길을 알지 못하는 것을, 나는 날개가 잇는 말을 갖고 있지 않다는 것을. // 나는 멍하니 있다. 나는 나의 마음속의 방랑자이다. / 나른한 한 때의 포근하게 햇살 비치는 아지랑이 속에서, 당신의 무한대한 환영이 넓은 하늘의 紺碧(검은 빛을 띤 청색) 속에서 모습을 나타낸다. /【오오. 가장 원대한 결말이여】. 오오, 당신의 피리의 날카로운 소명이여. / 나는 잊는다, 나는 언제나 잊는다, 내가 오직 혼자 살고 있는 집 안에서는 모든 문이 닫혀져 있다는 사실을. 「동경」
「원정 5」의 번역에서 김억과 요시다 겐지로가 의미상의 큰 차이를 보이는 부분은 원문의【 】부분과 고딕 부분이다. 먼저 원문의【 】부분인, "O Great Beyond", "O Far-to seek", "O Farthest end"에 대해서 김억은 "오々 偉大한 저곳이여", "오々 차즈랴는 저 遠方이여", "오오 썩도 먼 쏫이여"라고 하였으며 요시다 겐지로는, "오오, 원대하고도 위대한 자여", "오오, 찾아야만 하는(갈망하는) 원대한 자여", "오오. 가장 원대한 결말이여"라고 역하였다. 원문에서 시적 화자가 먼 곳 혹은 이방을 향한 그리움을 토로하는 가운데 반복적으로 나타나는 이 어구들에 대해서 김억은 '저곳', '원방', '먼 쏫'이라고 역한 것에 비하여 요시다 겐지로는 '위대한 자', '원대한 자', '결말'로서 역하였다. 이 어구 그 자체에 관한 것도 김억의 것이 적확할 뿐만 아니라 이 어구들이 전체 시편의 일정한 위치에서 반복적으로 나타나는 점, 그리고 이 시의 주제가 먼 곳을 동경하고 그 곳을 갈망하는 심정이며 위대한 사람을 지칭할 만한 것이 없는 점을 감안할 때 김억의 번역이 정확하고 자연스럽다. 또한 원문의 고딕 부분인, "I am eager and wakeful"에 대해서, 김억은 "나는 熱烈하야 눈쓰고 잇읍니다"라고 역하였으며 요시다 겐지로는 "나는 열심히 그리고 잠에서 깨어난 것 같은 상태이다"라고 역하였다. 원문을 직역하면 나는 열망하며 깨어있다 정도가 되지만 이 시에서 반복적으로 토로하는 화자의 모습을 볼 때, 그가 먼 곳을 동경하고 갈망하지만 떠나지 못하

그럼에도, 『원정』에서, 김억이 시의 말미에서 원시의 주제부를 깊이 있게 함축적으로 형상화하려는 그만의 창의적 번역에의 흔적이 드러나는 시편도 있다.

夜中에 似而非隱遁者가 말하엿습니다.

「이番은 내家庭을 바리고 하느님을 차즐때이다.

아아 누구가 그럿케 오래동안 이곳인妄想속에 나를 멈을너 두엇습닛가?」

하느님은 「내다」하며 소군거렷읍니다. 만은 그사람의귀는 막혓습니다.

그이의안해는 가슴에 어린아기를 안고 눕어서, 平和롭게 잠자리의 한便에서 잠들엇습니다.

그사람은 「누구가 그럿케 오래동안 나를 바보를 만들엇습닛가?」고하엿습니다.

두번다시 소리가 잇서, 「그이들은 하느님이다.」고 하엿습니다. 만은 그이는 듯지 못하엿습니다.

어린아기가 어마니에게 달녀붓허 젓을 물면서, 숣귀다가 울엇습니다.

하느님은, 「말아라, 바보야, 너의집을 바리지말아라」고 命하여습니다. 만은 그이는 아직도 듯지못하엿습니다.

하느님은 탄식하며, 「엇지하야 나의 下僕은 나를바리고서, 나를 차즈랴고 아득이는고?」

「원정 75」

는 안타까움 속에 있음을 감안할 때, 요시다 겐지로의 번역은 직역으로서도 부자연스러운 측면이 있으나, 김억의 번역, 즉 '나는 열렬하여 눈뜨고 있습니다'는 화자가 절실히 원하는 것과 그가 처한 상황 그 가운데서 열뜬 화자의 심정을 적확히 번역한 것이다.

AT midnight the would-be ascetic announced;

"This is the time to give up my home and seek for God. Ah, who has held me so long in delusion here?"

God whispered, "I", but the ears of the man were stopped.

With a baby asleep at her breast lay his wife, peacefully sleeping on one side of the bed.

The man said, "Who are ye that have fooled me so long?"

The voice said again, "They are God", but he heard it not.

The baby cried out in its dream, nestling close to its mother.

God commanded, "Stop, fool, leave not thy home", but still he heard not.

God sighed and complained, "Why does my servant wander to seek me, forsaking?"

「THE GARDENER 75」

이 시의 내용은 '그이'가 하느님을 찾기 위해 가정을 버리고서 집을 나서는 장면이다. 하느님은 그러한 '그이'에게 끊임없이 가정을 버리지 말라고 조언하며 그 사람의 물음에 열심히 대답을 주고 있다. 그런데 '그이'는 그러한 하느님의 말씀을 전혀 알아듣지 못하고 어린 아기와 아내를 버리고 하느님을 찾아 떠날 것을 다짐한다. 마지막에 하느님은 다음과 같이 탄식한다. 그것은, "Why does my servant wander to seek me, forsaking?" 이다. 이것을 직역하면, "나의 하인은 너의 집을 버리고서 나를 찾으러 떠도느냐" 정도가 된다. 여기서 'forsaking'은, 이것이 속한 문장의 바로 앞 문장의 어구, 'leave not thy home'의 내용을 지칭하는 것이다.

김억은 이 마지막 문장에 대해, "엇지하야 나의 하복下僕은 나를 바리고서, 나를 차즈랴고 아득이는고?"라고 역하였다. 즉 원문장의 'forsaking'을 '너의 집을 버리고서'라고 역하지 않고, '나를 버리고서'라고 역하였다. 이 문장 자체와 이 문장의 바로 앞 문장과의 맥락을 고려하면 이것은 '오역'이라고 볼 수도 있다. 그런데 직역, 오역 여부를 떠나서, 이 어구로 인한 시의 주제부가 주는 함축적 의미에 주목하면 그 상황이 달라진다. 원시를 정확하게 직역하였다면 이 시는 '그이'가 어리석게도 하느님의 말씀을 듣지 못하고 하느님을 쫓아 집을 나서는 장면을 형상화한 것이다.

그런데 김억의 역에 따라서 이 어구를 파악하면, 김억의 번역어구가 원시를 직역한 내용으로부터 함축적 의미를 창의적으로 살린 것임을 알 수 있다. 즉 '그이'가 '너의 집을 버리고서' '하느님'을 찾아나서는 것은, 곧 '그이'가 이 시의 또 다른 화자인 '나(하느님)'를 버리고서 '하느님'을 엉뚱한 곳에서 찾아나서는 것과 같은 것임을 말해주는 것이다. 즉 김억은 '그이'가 가정을 버리는 일이 그이가 하느님을 버리는 일에 상응한 것이라고 파악하고 원시 문장을, 하나의 행위로서 상반된 두 의미를 갖는 역설적 맥락으로 바꾸어놓은 것이다.

김억의 의역은 그가 주장한 창작적 번역관의 일단을 보여주는 대목이다. 김억은 원시의 의미를 더욱 풍부하고 함축성 있는 방향으로 변화시키는 자취를 보여주며 그것은 원시의 주제부가 심화되는 시의 마지막 부분에서 주요하게 발휘된다. 『잃어진 진주』는 그의 창작적 의욕이 지나친 부분도 드러나며 그의 의도와 오역이 혼용된 측면도 보인다. 그러나 『기탄자리』는 그 창작적 의욕이 원시의 형이상학적 의미를 더욱 살린 창작적 번역의 모범을 보여준다.

『신월』과 『원정』에 이르면, 김억은 '시적 화자'의 특성을 살린 문체를 고심한 흔적을 보여주며 원시를 크게 손보지 않고 자연스럽고 적확한 우리말로 옮기는 특성을 보여준다. 그럼에도 공통적으로, 김억 번역들은 원시주제를 좀 더 깊이 있는 방향으로 끌어올릴 수 있도록 모색하는 그만의 '창작적' 의욕을 보여준다. 특히 『원정』은 그가 지향한 창작적 번역관의 특성을 섬세하고 내밀한 방식으로 드러낸다.

김억은 창작적 번역관의 실천으로서 '창작적 번역'을 전개하였으며 『원정』에서의 그 '심화'의 결실이 보여주는 문학사적, 정신사적 의의는 지대하다. 그리고 이것은 그가 일제치하에서 '원어역'을 근간으로 하여 서구 근대문회를 수용한 최초의 선구자라는 사실을 통하여 배가된다. 일제치하에서는 서구문화 및 문예의 수용은 주로 일본을 통해 이루어졌고 일본이 서구권문학을 일어로 번역한 것을 우리가 다시 우리말로 번역한 것, 즉 '중역'의 형태로 근대화가 이루어졌다.

곧 일제치하의 서구문예수용과 우리문학의 근대화에 관하여 "중역한 근대"[18]라고 일컬은 것은 타당하다. 이것은 당시, 우리나라에서 외국어를 전문적으로 배울 여건이 조성되지 못한 점이 근본원인이다. 당시는 일제치하였으므로 외국어를 습득한 사람이라 하더라도 우리말의 구조와 유사하고 상용되고 있는 일어를 우리말로 바꾸는 것이 쉬웠으므로 이런 방식의 서구권 근대문학의 소개가 보편적이었다.

그런데 서구권 소개와 수용에 관한 주체적인 의식을 가지고 우리가

18 김욱동, 『번역과 한국의 근대』, 소명출판, 2010, 53쪽.

외국어를 습득해서 서구권 문예물을 직접적으로 받아들이는 방식의 중요성을 자각한 선구적 인물이 김억이다. 그는 그가 "원문을 몰으는" "엇지할 수 업"는 상황에 한해서만 일어본을 '중역'하였다. 즉, 러시아와 프랑스의 작품에 관해서는 그가 아는 언어들인 에스페란토어와 일어를 동원하여 중역하였다. 그리고 그의 전공이자 그가 아는 영어에 관해서는 중역을 피하고 근대문예물을 직접 번역(원어역)하였다고 발언하였으며 그 발언을 선구적으로 실천하였다.

김억이 외국어를 습득하여 우리민족의 힘으로써 서구권의 문예를 습득함으로써 주체적으로 서구문화를 수용하고자 한 것은 그가 서구권문학의 번역 작업 이후에 주장했던 그의 '민요시' 운동 및 '조선심'과 일맥상통한다. 그가 중점적으로 주력 번역한 대상인 타고르 작품의 경우, 우리나라와 유사한 상황인 영국의 식민지하를 사는 인도인의 것으로서, 당시에 일제 식민지하에서 오갈 데 없던 우리선조들의 정신적 의지처가 되었으며 시대적 역경을 견디는 정서적 자양분으로 작용하였다. 단적으로, 우리나라 근대문학사의 정신적 지주인 한용운의 『님의 침묵』은, 김억이 타고르 시집 전체를 완역한 이후, 이듬해에 나온 것으로서 내용상으로나 형식상으로 김억의 타고르 번역시편들과의 영향관계가 뚜렷하다.[19]

그리고 김억이 번역한 아서 시몬즈의 작품들은, 김억이 우리나라에 서구시의 전범으로서 소개해왔던 상징주의계열 근대시의 연장선상에

19 조동구, 「안서 김억 연구—시론과 시의 변모과정을 중심으로」, 연세대 박사논문, 1988, 53쪽; 이수정, 「『님의 침묵』에 나타난 R. 타고르의 영향관계 연구」, 『관악어문연구』 28집, 서울대 국어국문학과, 2003, 459~470쪽 참고.

놓여있다. 김억은 주지하는 바와 같이, 우리나라 근대시의 전범인 김소월의 유일한 스승이었다. 그리고 김억은 아서 시몬즈를 번역한 시집의 긴 발문에서 김소월의 작품들을 전폭적으로 소개하였다. 그리고 김억이 아서 시몬즈의 시집을 번역하게 된 것은 김소월이 일본에서 그것을 사서 김억에게 가져다 준 덕분이었다.[20] 구체적으로, 김억이 아서 시몬즈의 작품들 가운데에서도, 낭만적 연애시편만을 중심으로 선택, 번역한 결과물이 『잃어진 진주』임을 감안한다면, 시풍 면에서 이와 유사한 김소월의 시편들이 김억의 아서 시몬즈 번역물과 어떠한 영향관계를 지니고 있다고 볼 수 있다.

김억은 「시형의 음률과 호흡」에서 예술은 "정신精神 쏘는 심령心靈의 산물"이며 정신과 심령을 포괄하는 '육체'란 그것의 '조회'라고 하였다. 그리고 사람마다 얼굴과 눈과 코가 다르듯이 육체의 조화가 다르기 때문에 개인의 예술성도 다 다르며 각 민족마다 그 민족 고유의 개성적인 '조화'를 지니고 있다고 보았다. 즉 김억은 우리 민족에 고유한 영혼과 육체의 '조화'로서의 시형을 선구적으로 만들어가는 작업의 매개자로서 그 자신을 인식하였다.

원어역을 근간으로 한 주체적인 서구문화수용의 결과물로서 김억의 번역시편들은, 고전시가로부터 서구 근대자유시로의 이행기에 놓여 있던 우리 시가 지향해야 할 '진정한 시'의 맥락을 형성하고 전개시키는 것에 독보적으로 기여하였다. 창가와 개화가사 등의 고전시가로

20 "첨에 이 시선집譯詩集의 원문原文(두 권券으로 된 런든하이네사社의 출판出版)을 읽을 때에는 한갓 깃버하엿습니다 (…중략…) 그러고 이 시집詩集의 원서原書를 빌녀 준, 나의 사랑하는 소월 군素月君에게 고맙은 뜻을 들입니다", 「序文代身에」, 『잃어진 진주』.

부터 서구적 근대시형으로 이행해가는 과정에서 주체적이고 전문적인 그의 번역 작업 및 그의 전방위 문학활동은 당대로서는 최선의 매개항에 해당되는 초창기 근대인의 거시적 혜안의 결과물이었다.

4. 결론

이 글은 요시다 겐지로의 번역시와 대비하여 김억의 『원정』의 번역이 원어역임을 실증적으로 살펴보았다. 그 결과, 김억의 번역은 근대 초창기 지식인의 주체적 의식의 산물로서의 원어역일 뿐만 아니라 시의 화자가 구사하는 미묘한 감정의 결을 복합적으로 살린 결과물임을 알 수 있다. 그리고 김억은 『원정』의 번역에서, 여왕과 신하의 대화라는 상황과 고어체 표현을 우리말로 어색하지 않게 표현하여 고도로 숙련된 번역가로서의 자질을 유감없이 보여준다. 구체적으로, 김억은, 여왕과 신하 그리고 여인에 대한 그리움 등이 복합적으로 형상화된 시편들을 우아한 궁중적 문체를 살리면서 번역하였으며, 인칭대명사의 사용이나 지칭어의 사용에서 자연스럽고 섬세한 우리말식 높임법을 구사하였다.

김억의 『기탄자리』가 우리나라 최초의 서구시 원어완역 시집으로서 문학적 함축성을 구현한 훌륭한 번역시집이며, 『신월』이 시의 내용적 특성과 관련하여 우리말식의 '어린아이다운' 문체를 모색한 노력을 보여준다면, 『원정』은 김억이 서구의 궁중문체의 까다로운 형식을 자연스러운 우리말로써 구현해낸 전문가급의 번역시집이자 김억의 창작적 번역관의 심화된 경지를 보여주는 전범임을 알 수 있다. 이와 같이 김억의 창작적 번역관의 실천으로서 '창작적 번역'의 전개와 그것의 '심화'의 결실들이 보여주는 문학사적, 정신사적 의의는, 그가 일제치하에서 '원어역'을 근간으로 주체적으로 서구 근대문화를 수용한 선구자였다는 사실들을 통하여 더욱 배가된다.

김억의 '창작적 번역'의 특성

5

1. 서론

우리나라 근대 초창기 근대시의 형성과 전개에 있어서 전방위의 영역에서 활약한 김억의 공로는 크다. 특히 서구의 근대번역시를 소개함으로써 개화가사와 창가 등의 고전기시가에서 근대시가로 도약하는 데에 있어서 그의 번역시 작업이 당시 시문학도에게 끼친 영향은 지대하다. 그의 번역에 관한 연구는, 최초의 근대번역시집인 『오뇌의 무도』를 중심으로 집중적 논의가 이루어져왔다.

김억의 번역물에 관해서는 원본으로부터의 원어역이 아니라 에스페린도이나 일어 등을 참고로 한 중역重譯[1]이라는 결론을 보어준다.[2]

1 중역重譯은 한 번 번역된 말이나 글을 다시 다른 말이나 글로 번역하는 것이다.
2 김은전, 「김억의 프랑스 상징주의 수용 양상」, 서울대 박사논문, 1984; 김윤식, 「에스페

그럼에도 김억의 번역활동이 우리 근대시에 미친 영향력에 관해서는 인정하고 있으며 김억이 지녔던 창작 번역관의 현대적 의의에 관해서 주목하고 있다.[3] 이 중에서, 김억의 '작시론'이 서양의 'poetry'와 일본의 '시가'에 조선의 운문장르를 적응시키는 통언어적 실천임을 밝힌 연구[4]와 김억의 번역논의를 토대로 하여 그의 번역론을 언어론과 예술론과의 관계 속에서 도출하는 연구[5]는 주목할 만하다.

그럼에도 기존의 논의들에서 김억의 번역물과 번역관이 근대시 형성에 미친 영향 논의에서 필요로 하는 주요한 매개항이 있다. 그것은 김억의 번역시들이 중역인가 원어역인가, 혹은 중역에서 원어역으로 실천하였는가, 그리고 원시를 실제 우리식으로 어떻게 변형, 창조하였는가 하는 논의이다. 다르게 말하자면, 그의 첫 번째 번역시집인 『오뇌의 무도』에만 초점을 두고서 그의 번역시집들 전체에 대해서도 일어, 에스페란토어 등의 중역의 혼합물이 아닌가 하는 기존의 암묵적 의혹에 관한 규명이 이루어질 때에 김억의 번역물과 번역관이 근대시에 미친 영향 논의가 실증적인 내용항을 갖게 될 것이다.

이 글은, 이와 같은 문제의식을 가지고서, 『오뇌의 무도』 이후의 김억의 서구 번역시집인 『잃어진 진주』가 우리나라 최초의 원어역direct translation 시선집임을 밝히고 『기탄자리』는 원어역한 완역시전집이자

란토 문학을 통해 본 김억의 역시 攷」, 『근대한국문학연구』, 일지사, 1973; 조동구, 「안서 김억 연구—시론과 시의 변모과정을 중심으로」, 연세대 박사논문, 1988 참고.

3 김진희, 「근대문학의 장과 김억의 상징주의 수용」, 『한국문학이론과비평』 22집, 한국문학이론과비평학회, 2004.3; 김지영, 「김억의 창작적 번역과 창작시 연구」, 서울대 석사논문, 1996.

4 구인모, 「시, 혹은 조선시란 무엇인가—김억의 '작시법'에 대하여」, 『한국문학연구』 25집, 2002.

5 박슬기, 「김억의 번역론, 조선적 운율의 정초 가능성」, 『현대문학연구』 30집, 2010.4.

전문가급의 수준을 보여주는 결실임을 밝힌 글[6]의 후속 작업에 해당된다. 즉 김억의 번역은 여러 나라의 언어들을 일어와 에스페란토어 등의 매개번역물을 통해서 받아들인 중역의 형태에서 나아가 서구시를 직접 읽고 원어역하는 것으로 나아가고 있다. 초창기 김억의 중역은 당시 프랑스어와 러시아어를 배울 수 없었던 우리나라 근대 초창기 어학교육여건으로 인하였다고 볼 수 있다.

출전인 원시집이 명백하고[7] 원어역으로서의 의의를 얻는 최초의 번역시집은 『기탄자리』와 『잃어진 진주』이다. 『기탄자리』는 출전인 타고르 시집을 완역한 원어역 시집이면서 번역의 오류가 거의 없고 오늘날 보아도 전문가급의 수준을 보여주는 의의를 지니고 있다. 특히 영국 식민지였던 인도의 타고르가 쓴 시편들은 당시 일제치하였던 우리 문학도들에게 끼친 정신적, 정서적 파급효과는 상당하였던 것으로 보인다. 『잃어진 진주』 번역시집 말미에서 김억의 제자인 김소월의 시편들이 본격 소개된 것,[8] 『기탄자리』와 형식적, 종교적 내용상의 영향을 보여주는 한용운의 『님의 침묵』이 이후 출간된 것[9] 등은 시문학의 매개자로서의 근대 선구자, 김억의 영향이 지대하였다고 할 수 있다.

---

6 최라영, 「김억 번역 연구–『잃어진 진주』를 중심으로」, 『어문학』 114집, 한국어문학회, 2011.12; 최라영, 「김억 번역 연구–『기탄자리』를 중심으로」, 『한국시학연구』 33호, 한국시학회, 2012.4 참고.

7 『잃어진 진주』의 원어시집은 Arthur Symons, *POEMS BY ARTHUR SYMONS*, VOLUME 1・2, London : William Heinemain, 1901이다.

8 김억은 『잃어진 진주』 서문에서 자신의 시론을 논한 다음, 근대시 갈래의 사례로서 김소월의 「금잔디」와 「진달래꽃」을 전문 인용하였다. 「시집 『잃어진 眞珠』에서」, 『잃어진 진주』, 평문관, 1924.

9 김억은 1921～1924년까지 타고르의 시집들을 완역, 출간하였는데, 타고르의 시풍과 관련이 깊은 한용운의 『님의 침묵』은 1926년도에 출간되었다. 한용운 시에 미친 타고르의 『원정』 영향논의에 관해서는, 이수정, 「『님의 침묵』에 나타난 R. 타고르의 영향관계 연구」, 『관악어문』 28집, 2003 참고.

이 글은 김억이 시문학 번역가로서의 자각적 의식을 지니고 본격적인 번역시집의 출발점을 보여주는 『잃어진 진주』와 김억의 전문적 번역가로서의 입지를 확연히 보여주는 『기탄자리』에 나타난 형식상의 문체와 내용상의 특성을 비교, 고찰해 보기로 한다. 이러한 목적을 위해 먼저 두 시집에서 뚜렷한 문체상의 차이점을 보여주는 서술어 즉 '-어라체'와 '-습니다체'를 선정한 원인에 관하여 살펴볼 것이다. 한 시집에서 서술어미를 일관되게 사용하는 것은 그 원시의 특성에 의한 번역자의 이해를 단적으로 보여준다.

서술어미와 함께 인칭대명사의 번역양상 또한 두 시집은 상이한 양상을 보여주는데 이 글은 이것에 관해서도 주목해 볼 것이다. 또한 김억이 번역시집을 지속적으로 출간하면서 그가 번역의 어떠한 부분에 초점을 두었는지에 관해서도 살펴보고자 한다. 다음으로, 이 글은 『잃어진 진주』와 『기탄자리』에서 김억의 창작적 번역이 돋보이는 부분 특히, 형용사를 포함한 수식어구와 함축성을 요하는 주제어구의 번역을 중심으로 고찰할 것이다.[10]

2. 낭만적 운문시의 '-어라체'와 종교적 산문시의 '-습니다체'

김억의 『잃어진 진주』와 『기탄자리』 번역을 살펴보면, 가장 눈에 띄는 문체상의 차이는 '서술어'이다. 『잃어진 진주』의 시편들은 서술어어

10 김억의 창작적 의역이 전개되는 양상을 살피기 위해 김억이 이후 출간한 번역시집 『신월』의 일부 시편도 논의에 포함할 것이다.

미가 거의 '－어라 / －서라'를 취하였으며 『기탄자리』의 시편들은 서술어어미가 모두 '－습니다'를 취하였다. 『잃어진 진주』는 사랑하는 이와의 사랑과 이별을 중심으로 낭만적, 감상적 정서 표현을 담고 있으며, 김억은, 이와 같은 성향을 지닌 시편들에 대해서 '－어라 / －서라'와 같은 감탄형 종결형을 취하였다. 이에 비해, 『기탄자리』는 하느님을 향한 구도자의 찬가로서 시적 화자가 신을 향하여 자기의 신앙을 고양시키는 내용을 담고 있으며, 김억은 이 시편들에 대해서 '－습니다'의 종결형을 취하고 있다.

김억이 아서 시몬즈의 번역시집, 『잃어진 진주』에서 '－어라 / －서라체'로 취한 것은, 낭만적 성향이 농후한 시편의 정조를 살리려는 의도와 관련이 깊다. 이것은 또한 김억이, 'ㅇ', 'ㄹ'과 같은 울림소리를 활용하여 시의 음향적 효과를 살리려는 의도를 보여준다. 그리고 이것은 원시가 '운문시'로 구성된 영시 특유의 운율과 음악성을 우리식으로 표현하고자 한 것이다. 즉 '－어라 / －서라'와 같은 울림음의 어미가 번역시구의 말미에서 규칙적으로 나타남으로서 음향적 리듬감을 형성한다. 이에 비하여, 김억이 '－습니다' 어미를 취한 타고르의 번역시집 『기탄자리』는 원시가 '산문시'로 구성되었으며 리듬이나 음향적 효과의 형성보다는 의미의 형성 내지 의미의 함축성에 중점을 둔 것이다.

김억이 낭만적 내용인가, 그렇지 않은 것인가, 혹은 운문시인가 산문시인가 등에 따라서 '－어라 / －서라체'를 취하거나 '－습니다체'를 취한 것은 우리 근대시 초창기에 시에서 사용된 시술어어미 형성과 관련을 지닌다. 특히, 당시 '－어라 / －서라체'는 김억의 문체라고 불리워졌을 만큼 김억의 번역문체로서 특징적인 것이었다.[11] 또한, 김억이 타고르 시집 세 권 모두의 번역시집들에서 한결같이 취한 '–습니다체'의 경우도, 이후 우리 산문시에서의 서술어미 선정의 관습 형성에 미친 영향이 클 것으로 보인다.

구체적으로, 김억이 타고르 전권 번역을 끝낸 이듬해 나온 한용운 시집의 경우, 타고르와의 영향관계를 보여주는 신앙시의 성격이 짙을 뿐만 아니라, 이 시집에서 한용운이 구사한 서술어 어미 역시 '–습니다'이며 김억의 타고르 번역시집 문체와 유사성을 보여준다. 또한 이후, 우리 근대시사에서 주요 축을 형성하는 종교적 신앙시의 경우, 김억이 타고르 신앙시 번역시집에서 보여준 형식적 특성을 공유한다.

> 밤, 그리하고 바다가의 적은山,
> 적은 그山우에는 간은비가 내려라.
> 都會의安全코도 덥은燈불을 바리고
> 비와안개속을 내님은 내게로 오아라.
>
> 내님의머리털은 비에 빗나며,
> 내님의얼골은 비빗에 빈듯거러라.
> 비속을 것처 내님이 내게로 온뒤에는
> 世上은 한갓 밤과비쁜이러라.

---

11 "도로혀 '다'를 쓰는 것보다도 나는 '어라, 서라'와 가튼 것을 씁니다. 이 말 못한는 '어라, 서라'를 가지고 시적 용어詩的用語로 이러니 저러니 하면서 김동인金東仁 가튼 친우親友는 소위所謂 '안서식岸曙式'이라는 이름을 부처 줍니다. (…중략…) 이것이 내가 초기시작初期詩作에 '어라, 서라'를 지리支離할 만큼 사용使用한 소이所以외다. '다'보다는 훨신 아름답은 말인 줄 압니다", 『조선일보』, 1930.1.1~2. 김억은 '–어라 / –서라체'를 주로 사용하는 한편, 가끔씩 '다' 대신에 "보드랍고 아름다운 감感을 가지게 되"는 '–습니다 / –외다체'를 사용하였다.

Night, and the down by the sea,
And the veil of rain on the down;
And she came through the mist and the rain to me
From the safe warm lights of the town.

The rain shone in her hair,
And her face gleamed in the rain;
And only the night and the rain were there
As she came to me out of the rain.

「Rain on the down沙丘의 비」, 『잃어진 진주』

제노래는 온갖裝飾을 벗어버렷습니다 제노래는 衣服과裝飾을 자랑으로 알지안습니다. 裝飾은 우리의合一을 妨害합니다. 裝飾은 主와 저의사이를 막으며, 裝飾의 성가신소리가 主의소근거리는말슴을 못들니게 합니다.

저의詩人의虛榮은 主의압헤서는 부끄럽어 죽습니다.

오々 主되시는詩人이여, 저는 主의발아래에 안젓습니다. 主끠서 갈대피리를 音樂으로 채우시는모양으로, 저의生命을 單純하고 率直하게 하여주서요, 아못죠록.

My song has put off her adornments. She has no pride of dress and decoration. Ornaments would mar our union; they would come between thee and me, their jingling would drown thy whispers.

My poet's vanity dies in shame before thy sight. O master poet, I have sat down at thy feet. Only let me make my life simple and straight, like a flute of reed for thee to fill with music.

「기탄자리 7」, 『기탄자리』

첫 번째 시편은 사랑하는 님이 빗속을 헤치고 자신을 찾아오는 낭만적 정황을 말하고 있다. 이와 같은 시편들로 구성된 『잃어진 진주』 시집에서 각 시의 서술어가 울림소리를 활용한 '–어라 / –서라'와 같은 감탄형어미이다. 구체적으로는, 2행의 '내려라', 4행의 '오아라', 6행의 '–러라', 8행의 '–이러라'이다. 김억은 부드러운 느낌을 주는 시어들이 환기시키는 분위기는 낭만적인 연가풍의 시편에 적합하다고 여겨 이것들을 사용한 것으로 보인다.

그리고 김억은 이와 같은 어미들의 울림소리음을 2, 4, 6, 8행에 배치하였는데 이것은 낭독시에 반복적 리듬감을 준다. 이러한 구성은 영어 원시에서 2행의 'down', 4행의 'town', 6행의 'rain', 8행의 'rain'의 각운을 우리말로써 살려낸 것이다. 음악성을 고려한 각운의 규칙적 배치는 오늘날의 관점에서가 아니라 근대자유시 초창기의 시점에서 본다면, 영어원시의 리듬을 우리의 주체적 형식으로 만들어나가는 것이라고 할 수 있다.

그리고 번역시의 '님'에 상응하는 주어는 원시에서는 'she'나 'her'이다. 그런데 김억은 당시 우리말로는 생경한 '그녀', '그녀의'란 표현을 이 시의 분위기에 맞도록 모두 '내 님'이란 표현으로 바꾸어놓았다. '내 님'이라는 조어 역시 울림소리를 활용한 조어로서 서술어의 '어라'와 발음상으로 조화를 이룬다. 그리고 시편에서 '내 님'이 간간히 네 번 나타남으로써 시의 음향적 효과도 거두는 측면이 있다.

또한 김억은 원시에서 'rain'의 반복적 운율에 상응하도록, 이것을 '간은비', '비에 빗나며', '비빗에 빈듯거러라' 등에서와 같이, 연쇄적으로 'ㅂ'음을 활용하고 있다. 특히 'the veil of rain'을 '간은 비'라고 번역한 것 또한 울림소리를 활용한 간결한 우리말 조어이다. 또한 김억은 『잃어진 진주』의 연가풍의 시를 울림소리로 된 조어와 각운을 사용하였을 뿐만 아니라 또한 그는 번역어 조어면에서 가급적 우리말 고유어를 활용하고자 하였다. 구체적으로, 김억은 이 시에서 'down'은 '적은 산山', '적은 그 산山', '사구沙丘'로 번역하고 있는데, 한자어로 이루어진 '사구沙丘'는 표제에만 나타나며 본문에서는 주로 '적은 산'이라는 우리말을 쓰고 있다.

두 번째 시는 『기탄자리』에 실린 시편으로서 시적 화자가 신을 향하여 이야기하는 종교적, 성찰적 내용을 담고 있다, 김억은, 이와 같은 종교적 산문시에 대해서 '－습니다체'를 쓰고 있다. 근대시 이후의 신앙시편들이 '－습니다체'를 쓰는 경향이 큰 것은 초창기 근대자유시의 기원에 위치해 있는 김억의 『기탄자리』 문체와 관련을 지닌다.

『잃어진 진주』에서는 울림소리를 활용한 조어와 각운 그리고 음악성을 배려한 흔적이 돋보인다면, 『기탄자리』에서는 의미를 구체적으로 명확하게 전달하고 자연스러운 우리말로 역하려고 한 노력을 볼 수 있다. 예를 들면, 이 시의 첫 두 문장에서의, 'my song', 'her', 'she'를 그대로 직역하여 번역한다면, '나의 노래는 그녀의 장식물들을 없애버렸다. 그녀는 드레스와 장식을 전혀 자랑하지 않는다' 정도가 될 것이다. 그리고 이러한 직역은 일어시로 된 위 시의 번역방식과 거의 일치한다.[12]

이것에 대해서 김억은 '제 노래는 온갖 장식裝飾을 벗어버렷습니다 제 노래는 의복衣服과 장식裝飾을 자랑으로 알지 안습니다'로 역하였다. 즉 'she'와 'her'를 '제 노래'로 의역한 것이다. 이러한 번역으로 인해 이 시의 맥락은 의미상으로 자연스럽게 되는데 특히 후반부의 신을 향하여 거짓 없는 자아를 추구한다는 내용과 조화를 이룬다.

그리고 세 번째 문장부터 다섯 번째 문장의 주체들인 'ornaments', 'our', 'they', 'thee and me', 'their', 'thy'를 그대로 직역한다면, 생경하면서도 맥락을 알기 어려운 번역이 될 것이다. 이것은 이 시의 일어번역의 경우와 대비하면 명확히 드러난다.[13] 김억은 이것들에 대해서 '장식', '우리의', '장식', '주와 저', '장식의', '주의'라고 역하였다. 만약 김억이 이것들을 대명사들로 바로 직역하였다면, 우리말 표현으로 익숙하지 않거나 지칭 대상들을 파악하기 어려웠을 것이다. 또한 김억은 'they', 'their'와 같은 우리말로는 생경한 소유대명사 표현 또한 삼가고 있다. 즉 김억은, 산문시역에서 빈번하게 나오는 영어식 대명사들을 전후 맥락에 맞는 우리말 표현을 고려하여 대상을 명확히 밝혀 썼다.[14]

---

12 이 시에 대한 고바야시 아이유小林愛雄의 번역은 다음과 같다.
"나의 노래는 그 여자의 의상을 벗겨버리고 말았다. 그 여자에게서 의복과 장신구의 교만과 오만이 사라지고 말았다. 화려하다는 것은 우리들의 융화를 방해하는 것이어서, 언제나 너와 나와의 사이를 화려함이 방해하여, 그 장신구가 쩽그랑거리며 울리는 소리가 너의 속삭임을 지우고 있는 것이다私の歌はあの女の衣裳を脫がしてしまつた. あの女に衣服や裝具の驕傲がなくなつてしまつた. 華飾といふことは私達の融和を妨げるもので, いつもお前と私との間に華飾が邪魔をして, その裝具の釘鐺と鳴る音がお前の囁を消すのである.
나의 시인詩人으로서의 긍지는 너의 눈앞에서, 치욕 속으로 잦아들고 말았다. 오 대시인이여, 나는 너의 발밑에 꿇어 앉아있다. 다만 나로 하여금 나의 생명을 단순하고 똑바르게 할 수 있도록 해주기 바란다, 마치 너를 위해 음악을 울리고 있는 갈대피리와도 같이私の詩人といふ矜持はおまへの眼の前で, 羞辱のうちに滅入つてしまつた. おお大詩人よ, 私はおまへの足もとに跪いてゐる. ただ私をして私の生命を單純で直截にさせて吳れ, 宛然お前のために音樂を吹きてむ蘆の笛のやうに)", 小林愛雄・佐武林藏 역, 『近代詩歌集』, 東京 : 佑堂書肆, 1918, 13~14쪽.

13 위의 각주에서 고바야시 아이유의 일어역 참고.

이와 같이 김억은 아서 시몬즈의 낭만적 연애시편들에서는 '―어라 / ―서라'와 같이 로맨틱한 분위기와 어울리는 울림소리를 활용한 어미를 사용하였으며 'she', 'her' 등의 인칭대명사를 해석하는 것에 있어서도 정확한 번역보다는 그 분위기에 적합한 '내 님', '님'으로써 의역하였다. 그리고 제목에서는 '사구沙丘'를 썼으나 본문에서는 '적은 산'이라고 쓰는 것에서 보듯이 고유한 우리말을 구사하려고 하였다.[15]

이에 비해 타고르의 종교적 신앙시편들에서는 숭고한 어조를 살리는 '―습니다체'를 사용하였으며, '나', '인간', '신' 등에 관한 것이, 원시에서는 모두 대명사들로써 표현되기 때문에, 이것을 그대로 직역하였을 때의 내용상 애매함을 피하기 위하여 정확히 구체적 대상을 밝혔다. 이것은, 앞서 낭만적 서정시의 아서 시몬즈 시번역에서는 울림소리와 각운 그리고 시어의 조탁을 중심으로 낭만적 분위기를 형성하는 데에 힘쓴 것과 좋은 대비를 보여준다.

김억이, 시의 형식과 내용에 따라서, 영어에는 없고 우리말에만 있는 다양한 '서술어형'의 감탄형 서술어와 높임형 서술어를 사용한 문체의 선정은, 이 시편들이 우리나라 최초의 서구어 역시집들이라는 점을 감안할 때, 김억의 번역에 있어서 주요한 '창작적' 특성에 해당된다.

---

14 또한 이 시 마지막 단락에서 "O master poet"이 원시에서 앞 행과 이어져 있는데 김억은 이것을 행갈이 하여 "오々 주主되시는 시인詩人이여"라고 다시 쓰고 있다. 이러한 '행갈이' 역시 단순하게 볼 것은 아닌데, 우리 근대시편들을 살펴보면, '오 ―이여'라는 호칭어격이 한 시행의 중간에 들어가는 경우가 드물다는 것을 고려하면 당시에 김억이 번역시가 지니는 간접적 파급효과를 생각할 수 있다.

15 『잃어진 진주』에서 '―습니다체'를 쓴 유일한 번역시는 「Of Charity慈善」로서 이 시는 산문시 형식이며 한 비렁뱅이가 가난으로 인해 굶주려서 하느님께로 가서 자신의 상황을 호소하는 사실주의적인 내용을 담고 있다.

3. '우리말 어법'을 고려한 '주제어구'의 '창작적 번역'

시인이 시를 쓸 때 시를 마무리하는 주제어구에서 개성적, 함축적 구절을 만들고자 욕망하는 것처럼, 김억은 시의 번역에 있어서 이러한 창작자와 유사한 의향intent을 보여준다. 즉 그의 번역시에서는, 시의 의미가 집약된 부분을 그대로 '직역'한다 하여도 그 의의를 충분히 지닐 만한데도 불구하고, 그러한 어구보다 더 깊고 새로운 의미를 얻는다고 여기는 방향으로 그 어구의 의미를 새롭게 추가하거나 간략화하는 특성을 지닌다. 김억이 자신의 번역에 관해서 창작자와 유사한 태도로 임하였다고 주장하는 것[16]은, 이와 같은 김억 번역시의 실제와 부합되는 측면이 있다.

김억이 의미하는, '창작적 무드'로 임한 '번역'이란, 번역자가 받아들인 원시의 '망아적 황홀' 내지 '무드'를 '허물어뜨리지 않고' 우리말로써 자연스럽게 구현한 '의역'의 의미를 지닌다.[17] 물론 『잃어진 진주』에 한정해서 본다면 그의 번역시편들에서 '오역'의 수준에서 파악할 수 있

16 "오역誤譯이 잇다하여도 그것은 역자譯者의 잘못이며, 엇지하야 고흔 역문譯文이 잇다하여도 그것은 역자譯者의 영광榮光임니다. 시가詩歌의 역문譯文에는 축자逐字, 직역直譯보다도 의역意譯 쏘는 창작적創作的 무드를 가지고 할 수박게 업다는 것이 역자譯者의 가난한 생각엣 주장主張임니다", 「역자譯者의 인사人事 한마듸」, 『오뇌의 무도』, 광익서관, 1921.

17 "나는 문득 번역飜譯하야 이 망아적 황홀忘我的恍惚을 여러 사람과 난호아 볼 생각이 낫습니다. (…중략…) 물론 첫재에 모든 어렵음보다 쌱한 것은 형용사形容詞와 부사副詞엿습니다. 참말로 비애悲哀가 아니고 비참悲慘한 생각이 낫습니다. 될 수만 잇으면 형용사形容詞와 부사副詞는 영문英文 그대로라도 쓰고 싶헛습니다. 하고 원문原文의 뜻을 허물내이지 아니하기 위하야는 직역直譯보다 수자역逐字譯도 하여 보앗습니다. 만은 그것좃차 맘하든 바와는 달나 도로徒勞에 쯧나고 말았습니다. 그래서 할 수 업시 직역直譯하여도 될 것은 직역直譯하고 직역直譯으로는 아모 뜻도 아니되는 것이면 의역意譯하고 말앗습니다. 그러나 무드만은 엇지하든지 허물내이지 아니하랴고 왼맘을 다하엿습니다", 「서문대신序文代身에」, 『잃어진 진주』, 평문관, 1924.

는 시편들도 상당수 있다. 그러나 『기탄자리』는 오늘날의 수준에서 보아도 전문가급의 번역수준을 보여준다. 이 두 시집이 각각, 우리나라 최초의 원어역시선집이며 우리나라 최초의 원어역 완역시집임을 고려한다면 김억의 '창작적 번역'에 대한 지향이 어떠한 방식으로 시도되었고 또 구현되었는지를 구체적으로 살펴볼 필요가 있다.

먼저, 앞 장에서 논의한 「사구의 비」와 「기탄자리 7」 시편의 후반부를 살펴보자.

> 내님의머리털은 비에 빗나며,
> 내님의얼골은 비빗에 빈듯거러라.
> 비속을 것처 내님이 내게로 온뒤에는
> 世上은 한갓 밤과비쁜이러라.

> The rain shone in her hair,
> And her face gleamed in the rain;
> And only the night and the rain were there
> As she came to me out of the rain.

「Rain on the down沙丘의 비」 후반부, 『잃어진 진주』

> 저의詩人의虛榮은 主의압헤서는 부쓰럽어 죽습니다.
>
> 오々 主되시는詩人이어, 저는 主의발아래에 안젓습니다. 主끠시 갈대피리를 音樂으로 채우시는모양으로, 저의生命을 單純하고 率直하게 하여주서요, 아못죠록.

My poet's vanity dies in shame before thy sight. O master poet, I have sat down at thy feet. Only let me make my life simple and straight, like a flute of reed for thee to fill with music.

「기탄자리 7」 후반부, 『기탄자리』

첫 번째 시의 원시를 직역하면, "비는 그녀의 머리칼에서 빛났다 / 그리고 그녀의 얼굴은 비속에서 빛났다 / 그리고 밤과 비만이 있었을 뿐 / 그녀가 비속에서 나에게로 왔을 때"가 된다. 즉 빗속을 헤치고 나를 찾아온 여성의 얼굴과 머리칼이 비에 흠뻑 젖어 빛나며 밤과 비가 이러한 연인의 재회를 고조시키는 상황을 보여준다. 이 부분에 대한 김억의 번역은, "내 님의 머리털은 비에 빗나며, / 내 님의 얼골은 비빗에 빈듯거러라. / 비속을 것처 내 님이 내게로 온 뒤에는 / 세상世上은 한갓 밤과 비쁜이러라"이다. 여기서 특징적인 것은, '비는'이라는 물주주어를 '내 님의 머리털은'으로 시작하는 인칭격 주어로 바꾼 것이다. 또한 "비속을 것처 내 님이 내게로 온 뒤에는 / 세상世上은 한갓 밤과 비쁜이러라"에서 원시의 "only"의 의미를, "한갓"과 "－뿐"을 활용한 대비 표현 즉 빗속을 거쳐 내 님이 내게 온 것과 밤비가 내리는 세상을 대비시킨 것으로 바꾼 것이다.

원시의 의미는 비에 젖은 연인의 재회에 이어 밤비가 비에 젖은 연인의 재회를 극적으로 고조시키는 상황을 뜻한다. 반면에, 김억은 비에 젖은 연인의 재회와 밤비가 내리는 세상(사)을 대비시킨다. 이것을 일종의 오역이라고 볼 수도 있으나, 이 작품이 근대시 초창기 최초의 원어역 시집의 것임을 감안하여, 김억의 의역을 고찰할 필요가 있다.

먼저 '비'라는 물주주어를 '내 님의 머리털은'이라는 인칭격 주어로 바꾼 것은 인칭주어로 시작하는 것이 자연스러운 우리말 방식으로 바꾸려는 의도를 보여준다. 그리고 연인의 재회와 밤비 내리는 세상을 대비시키는 쪽으로 바꾼 것은, 김억이 익숙한 한시소양과 고전시 체험과 관련지을 수 있다. 한시와 시조 및 가사에서, 밤과 비와 세상, 인간(세상)의 상징적 의미는 자연의 삶과 대비되는 속악한 인간세상과 연관된 경우가 많다. 이런 맥락에서, 고전시가에 익숙한 소양을 갖춘 근대 초창기 지식인 김억의 의역을 고려할 수 있다.

원시의 의미와 거리를 둔 김억의 '의역'은 『잃어진 진주』에서 흔히 볼 수 있으며 그것이 '창작적인 것'이라고 보기가 어려운 사례도 많다. 그러나 운문시 번역이 아닌 산문시 번역시집인 『기탄자리』는, '창작적인 것'이라고 보기 어려운 '의역'은 거의 자취를 감춘다. 위의 두 번째 시에서, "Only let me make my life simple and straight, like a flute of reed for thee to fill with music" 문장을 보자. 김억은, 이것을, "주主씌서 갈대피리를 음악音樂으로 채우시는 모양으로, 저의 생명生命을 단순單純하고 솔직率直하게 하여주서요, 아못죠록"으로 바꾸었다. 즉, '-모양으로'의 '종속절'을 앞으로 옮기고 '-하여주서요'의 '주절'을 뒤로 옮겼다.

이것은 첫 번째 역시에서 물주주어를 인칭격 주어로 바꾼 과정과 마찬가지로, 우리문장 구조에 자연스럽게 만들기 위한 김억의 지향을 보여준다. 그런데 김억은 원시에서 문장의 앞에 나오는 'Only'를, 문장의 내용을 모두 번역한 다음, 앞 내용과 분리한 맨 끝부분에 옮겨서 ', 아못죠록'이라고 썼다. 이것은, 첫 번째 시의 'Only' 번역과는 다른 종류의 것이다. 앞시의 'Only' 번역은 어떤 의미에서는 '오역誤譯'으로 비추어지는 지점을 지닌다.

반면에, 두 번째 시에서 김억의 'Only' 번역은, 구도자의 기원이 그만큼 절실하다는 것을 강조하는 효과를 지니면서도 원시의 의미와 상충되지는 않는다. 또한 우리말 구조를 고려한 시행의 바꿈이 나타났지만 그것이 원시의 의미맥락을 벗어나지 않는 측면에서 무리 없는 우리말 표현으로 보인다. 이에 비해 김억이, 첫 번째 시에서 물주주어를 인칭주어로 바꾸는 과정에서는, 원시에서의, '빗방울이 여인의 머릿결에서 빛나는' 의미의 섬세함이 사라져 버렸다. 이와 같이 김억의 '의역'을 살펴볼 때, 먼저 우리말 어법과 어순으로 바꾸는 과정에서 원시 본래의 미의 이탈이나 그 의미의 강조가 이루어진 측면을 지닌다.

그럼에도 김억의 번역에서 우리말식 표현에 의한 '의역'이 빛을 발하는 부분을 찾아본다면, 그것은 원시에서 고도의 함축성을 요하는 '형용어구' 혹은 '주제어구'의 표현에 있다.

> 나는 深淵에 빠져 곱게도 잠들엇노라.
> 芳香인듯한 보드랍은音調와 들니는듯한
> 썩 아름답은金色의 곱다란빗은
> 나의 이몸을 애워싸고 말아라.
> 내게는 時間이란 늣김이나 잇으랴.
> 停止한듯하나 나는 날아가노라.
> 百千萬年은 어둡은밤으로 나를 덥허서
> 나는 百千萬年의 즐겁음을 다 마시노라.
> 나의記憶에는 未來가 잇을짜름이노라.

나의所有라고는 貰내인 이 Garret과
다 낡은천조박(布片)갓튼 나의困憊한 이肉體와
쥐가 싹가먹다가 남겨노흔 팡조각와
阿片대와憤怒, 그리하고는 後悔와失望,
典當鋪에 典當잡힌 나의靈과,
錯覺에 錯覺을 거듭한 내맘밧게 업노라.

I am engulfed, and drown deliciously
Soft music like a perfume, and sweet light
Golden with audible odours exquisite,
Swathe me with cerements for eternity.
Time is no more. I pause and yet I flee.
A million ages wrap me round with night.
I drain a million ages of delight.
I hold the future in my memory.

Also I have this garret which I rent,
This bed of straw, and this that was a chair,
This worn-out body like a tattered tent,
This crust, of which the rats have eaten part,
This pipe of opium, rage, remorse, despair,
This soul at pawn and this delirious heart.

「The Opium-smoker阿片쟁이」, 『잃어진 진주』

제慾望은 만하, 저의부르지즘은 설습니다. 만은 主끠서는 恒常 굿은拒絶로 저를救援하여주십니다. 그리하야 이 힘잇는恩惠는 제生命속으로 깁게도 사모찻습니다.

날이면 날마다, 主끠서는 저로하야금 求치안아도 주시는單純하고, 偉大한 선물을 밧을수가 잇는것되도록 만들어주십니다. — 이 하늘과, 이빗과, 이몸과, 이生命과, 이맘과, — 그리하고 모든過慾의災禍에서 저를 救援하여주십니다.

저는 때때 설어서 彷徨하기도하며, 때々 깨여서 제所願을 成就식히랴고 배밧비합니다. 만은 主끠서는 몹쓸게도 제안헤서 몸을 감추시고 맙니다.

날이면 날마다, 主끠서는 제所願을拒絶하시면서, ○○○하고, 쓸데업는慾望의 災禍에서 저를 救援하야 主의모든것을 밧아들일만한것이 되도록 만들어주십니다.

My desires are many and my cry is pitiful, but ever didst thou save me by hard refusals; and this strong mercy has been wrought into my life through and through.

Day by day thou art making me worthy of the simple, great gifts that thou gavest to me unasked — this sky and the light, this body and the life and mind — saving me from perils of overmuch desire.

There are times when I languidly linger and times when I awaken and hurry in search of my goal; but cruelly thou hidst thyself from before me.

Day by day thou art making me worthy of thy full acceptance by refusing me ever and anon, saving me from perils of weak, uncertain desire.

「기탄자리 14」, 『기탄자리』

넘어가는落日이, 守錢奴와도 갓치, 자기의 마즈막金色을 숨기든때에, 나는 다만 혼자서 들을 건너 한가히 길을 걸엇습니다.

해볏은 깁고 쏘깁흔 어둡은속으로 써져들어가서, 秋收가 다 거둡어진 寡守갓튼 孤寂한大地는 고요히 눕엇습니다.

갑작히 아희의 불으짓는소리가 空中으로 니러낫습니다. 그는 고요한저녁하눌에 노래가락을 남겨노흐면서, 보이지도 아니하는 어둡은곳을 헤매어 것습니다.

빠나나와 간은 檳榔子, 코코아와 검고도 새팔한 잭으룻나무Jack-fruit-tree 그늘사이에 숨은 甘자밧 저便되는 荒寂한쌍긋에 그의村집은 잇섯습니다.

별빗빗나는 孤寂한길에, 나는 한동안 서서 내압헤 어둡어지는 大地가 팔을 버리고 搖籃과 寢臺과 어마님의맘과 저녁燈불과 이世上의갑이란 조곰도 몰으고 깃븜에 뛰노는 어린生命이 가득한 無數한家庭을 둘너싸며 차차 넒어지는것을 보앗습니다.

「가정家庭」, 『신월』

I PACED alone on the road across the field while the sunset was hiding its last gold like a miser.

The daylight sank deeper and deeper into the darkness, and the widowed land, whose harvest had been reaped, lay silent.

Suddenly a boy's shrill voice rose into the sky. He traversed the dark unseen, leaving the track of his song across the hush of the evening.

His village home lay there at the end of the waste land, beyond the sugar-cane field, hidden among the shadows of the banana and slender arcca palm, the cocoa-nut and the dark green jack-fruit trees.

I stopped for a moment in my lonely way under the starlight, and saw spread before me the darkened earth surrounding with her arms countless homes furnished with cradles and beds, mothers' hearts and evening lamps, and young lives glad with a gladness that knows nothing of its value for the world.

「THE HOME」, *THE CRESCENT MOON*

첫 번째 시편에서 "Golden with audible odours exquisite"는 앞 행의 "Soft music like a perfume, and sweet light"를 수식하고 있다. 2행과 3행을 직역한다면, "향수와 같은 부드러운 음악 그리고 달콤한 빛 / 들리는 듯한 정교한 향으로 금빛을 띤" 정도가 될 것이다. 그런데 이것을 김억은 "방향芳香인 듯한 보드랍은 음조音調와 들니는 듯한 / 썩 아름답은 금색金色의 곱다란 빗은"이라고 역하였다. 여기서 "달콤한 빛"이 다음 행에 있으며 직역이라면 다음 행에 있어야 "들니는 듯한"이 앞 행으로 가 있음을 알 수 있다. 이것은 김억이 2행과 3행의 시구를 우리말식 어순에 맞도록 만든 다음, 그것을 다시 두 행으로 나눈 것에 기인한다. 즉 우리말 번역으로 바꾼 다음 그것을 다시 원시의 운율에 부합되도록 번역시행을 행갈이하는 측면을 보여준다.

또한 영어식 표현에는 수식어구가 뒤에 오기 때문에 여러 형용사들로 구성된 긴 표현이 자연스러운 반면에, 우리말식 표현에는 수식어구가 앞에 오기 때문에 여러 형용사들로 구성된 긴 표현을 쓴다면 어색하거나 이상한 표현으로 되기가 쉽다. 구체적으로, 위 시에서, 직역하면, '들리는 듯한 정교한 향으로 금빛을 띤'이라는 수식어구에 대해서,

김억은 '썩 아름답은 금색金色의 곱다란'이라고 간결하고 자연스러운 우리말 표현으로 의역하였다.

이 시의 2연에서는 남루한 일상을 나타내는 주변에 관하여 열거하면서 아편쟁이 화자의 심경을 토로하고 있다. 그런데 김억은 2연의 번역에서도 2연 전체의 영어식 어순인 '주어(2연 1행)와 술어(2연 1행)와 목적어들(2연 2행과 3행과 4행과 5행과 6행)'에 대해서 '우리말 어순인 주어(2연 1행)와 목적어들(2연 1행과 2행과 3행과 4행과 5행과 6행)과 서술어(6행)'로 바꾸었다. 이때 김억은 많은 목적어들 중에서 "This bed of straw, and this that was a chair" 즉 '지푸라기로 된 이 침대, 예전엔 의자였던 이것'의 역을 과감히 생략하였다. 이 한 행 전체의 생략에 관해서는 김억이 우리식 표현에 힘썼다는 점을 고려하면, 이미 남루한 일상을 드러내는 목적어들이 2연 각각의 모든 행들을 구성할 만큼 많기 때문에 생경한 서구식 침대문화의 표현을 과감히 생략한 것으로 볼 수 있다.

반면에 김억은 2연의 원시 마지막 행을, 두 행으로 나누어서 구체화시켜서 의역하고 있다. 즉 "This soul at pawn and this delirious heart"에 대해서, "전당포典當鋪에 전당典當잡힌 나의 영靈과"와 "착각錯覺에 착각錯覺을 거듭한 내 맘밧게 업노라"라는 두 행으로 나누었다. 그런데 이 두 행으로 의역한 것이 거둔 것은, 2연의 2행을 모두 생략한 부분으로 인해서 빠진 한 행의 결여를 보충하는 역할을 하고 있다.

그리고 이 시 번역의 첫줄부터 규칙적으로 이루어진 4음보 율격을 유지하는 효과를 거두고 있다. 무엇보다도 이 부분의 번역은, 원시가 지닌 것보다 이 시의 주제가 지닌 문학적 깊이를 구체적으로 생생하게 형상화하고 있다. 특히 "delirious"를 '착각에 착각을 거듭한'이라고 번역한 것은, 김억의 '창작적 번역'이 단적으로 작용한 것으로서 이 시의 화자인 '아편쟁이'가 남루한 일상 속에서 몽롱하고도 착란적 의식을 갖는 상태를 생생하게 형상화한 것이다.

이와 같이 김억은 『잃어진 진주』의 운문시 번역에서는 영어식 어순을 우리말식 어순으로 바꾸어서 그것을 다시 원시의 율격을 고려하여 번역시의 행갈이를 한 것이 특징적이다. 그리고 자연스러운 우리말 율격과 우리문화를 고려하여 시어를 추가시키거나 혹은 시구절을 생략하고 있다. 또한 피수식어의 뒤에서 길게 이어지는 수식어구의 경우는 우리말로 직역하면 부담스러운 수식어구로 되기 쉬우므로, 이것을 간결하고 자연스러운 우리말 형용어구로 바꾸었다. 무엇보다도 김억의 창작적 번역은 시의 주제를 함축적으로 부각시켜야 하는 부분을 감각적, 구체적 형상화로 바꾼 것에 있다.

김억은, 운문시 번역에 비하여 산문시 번역의 경우, 운율이나 음악성을 고려한 흔적보다는 의미의 적확한 전달이나 자연스러운 표현에 유의하였다. 『기탄자리』에 실린, 두 번째 시편을 보면, 김억은, 원시 2행의 "has been wrought into my life through and through"를, '깁게도 사모찻습니다'로 번역하였다. 이것은 영어직역식 완료형의 표현은 아니지만 이 상황에 적합한 '사모치다'라는 고유어를 활용한 간결하고도 자연스러운 것이다. 또한 김억은 원시 3행에서 "that thou gavest to me unasked"을, '구치 안아도 주시는'이라고 표현하였다. 이것도 관계절로 된 직역식 구문이라면 어색한 어구였을 것인데, 이것을 간결한 우리말 표현으로 바꾸어놓은 것이다.

또한 이 시의 마지막 문장에서, "thou art making me worthy of thy full

acceptance"의 경우, 우리말로 직역한다면 '당신은 당신의 전적으로 수용할 가치가 있는 것으로 나를 만들어 주십니다' 정도가 될 것이다. 이것에 대해서, 김억은 "저를 (…중략…) 주主의 모든것을 밧아들일 만한 것이 되도록 만들어주십니다"로 역하였다. 이때, '받아들일 만한 것'이라는 번역은 김억식의 '창작적 의역'이다. 즉 김억은 우리말에 없는 완료형이나 우리말로 직역하면 어색한 구문이 될 것을 경계하여, 이 뜻에 부합한 고유어 형용사나 동사를 찾아서 창작적으로 표현하였다.[18]

원시를 의역하였다면 상당히 어색한 표현이 많았을 이 시가 자연스러운 우리말 표현과 리듬으로서 읽히는 것은, 김억의 창작적 번역 덕분이다. 그의 창작적 의역은 우리말식 어순으로의 변형과 길지 않은 수식어로 만드는 우리말식 표현, 그리고 어색한 완료형이나 영어지역식 표현을 간결한 고유어로 바꾸는 것에서 단적으로 두드러진다. 또한 문장 전체에서 작용하는 영어식 구문을 우리말식으로 자연스럽고도 간결하게 바꾼 것은 이 시의 두 번째 문장에서 다섯 번 반복되는 '과'에서도 볼 수 있다.[19]

---

18 형용사의 표현에서 또 하나 특징적인 부분을 보면, 이 시의 첫 문장에 나오는 "hard refusals"와 "this strong mercy"를 들 수 있다. 이것들에 대하여, 김억은 '굿은 거절'과 '이 힘잇는 은혜'라고 역하였다. 'hard'와 'strong'의 경우는 뒤에 나오는 명사의 성격에 따라서 적절히 변용하여 번역하지 않는다면 어색한 표현이 되기가 쉬운 수식어이다.

19 "this sky and the light, this body and the life and mind"를 직역하였다면, '이 하늘과 이 빛, 이 몸과 이 생명, 그리고 마음' 정도가 되었을 것이다. 이것을 김억은, "이 하늘과, 이빗과, 이 몸과, 이 생명生命과, 이 맘과"로 역하였는데, 이때 '과'의 반복은 리듬감을 형성할 뿐만 아니라 시가 지니는 서정적인 정조를 해치지 않고 자리 잡는 조사설정이라고 할 수 있다. 그리고 김억은, 논리적 관계를 드러내는 'and'와 'but'의 경우 앞에 나오는 술어의 어미를 바꾸어서 '-아'로 간결하게 나타내거나 'but'는 '만은'으로 나타낸다. 즉 울림소리를 살리면서도 논리적 관계를 최대한 간결하게 드러내는 방식을 취한다. 김억은, 『기탄자리』에서, 'and'는 생략하여 번역할 경우가 많고 'but'는 '그러나'라고 하지 않고 앞 문장의 술어와 이어서 '-나'로 역하는 경우가 많다. 또한 원인과 결과를 나타내는 접속어는 '-으매'로써 표현한다.

무엇보다도, 김억은 시의 후반부에서 원시의 주제를 구체화하면서 주제를 심화시키는 번역을 지향하는 특성을 보여준다. 이 시 3연의 마지막 문장, "but cruelly thou hidst thyself from before me"에 대해서, 김억은, "만은 주主씌서는 몹쓸게도 제 안헤서 몸을 감추시고 맙니다"이라고 표현하였다. 얼핏 보아서는 오역으로 여겨지는 것은 'before'의 번역이다. 즉 김억은 이것을, '제 앞에서'라고 하지 않고 '제 안에서'라고 번역한 것이다. 그런데 전자의 직역보다도 후자의 창작적 의역이, 시적 화자의 내면적 성찰과 신을 향한 갈망의 깊이를 드러내는 것에 효과적인 의미를 갖는다. 특히 이 구문이 시의 후반부에 있기 때문에 이 시의 주제의식을 깊이 있게 구체화시킨다고 볼 수 있다.

『기탄자리』 이후, 『신월』 번역에 이르면, 김억의 번역은 창작적 의역을 발휘한 부분보다는, 오히려 자연스러운 우리말 직역에 가까운 모습을 보여준다. 그 이유는 김억이 이 시집에 이르러서는 번역가로서의 완숙기에 이르렀기 때문이기도 하지만 이 시집의 내용이 앞의 두 시집에 비하여 '어린아이'를 주제로 한 평이한 문체를 구성하는 것과도 관련이 있다. 즉 구도자의 방황과 모색 그리고 절실한 기원을 다룬 『기탄자리』에 비해서, 『신월』은 이러한 고도의 함축성을 요하는 번역부분이 적은 것이다.

그럼에도 김억은 『신월』 역시, 서구시에서는 긴 수식어구가 자연스러운 편이지만 우리말로 옮길 때에 문장 균형상으로 어색하게 되는 것을 경계하여 수식어구를 최대한 자연스러운 짧은 우리말 표현으로 바꾸려고 노력한 흔적을 보여준다. 즉 김억은 『신월』에서는 직역 형태를 갖추면서 우리말식으로 자연스럽게 나타내기 위한 최소한의 창작적 표현을 보여준다. 구체적으로, 김억은, 위의 세 번째 시의 첫 행, "while the sunset was hiding its last gold like a miser"를, "넘어가는 낙일落日이, 수전노守錢奴와도 갓치, 자기의 마즈막 금색金色을 숨기든 째에"로 역하였다. 이때 '낙일 무렵의 풍경을 고려하여, "its last gold"를 '마지막 황금' 이라고 하지 않고 '마즈막 금색金色', 즉 '(황)금'에 '색'을 창작적으로 붙인 것을 볼 수 있다.

그리고 이 시에서 원문에 없는 것을 추가한 수식어는 "한가히", "차차" 정도밖에 찾을 수 없다. 그러나 이 시에서도, "a boy's shrill voice rose into the sky"를, "아희의 불으짓는 소리가 공중空中으로 니러낫슴니다"로 역한 것에서 김억의 창작적 번역을 알 수 있다. 즉 'boy'를 '소년'이 아닌 '아희'로 역한 것인데, '불으짓는 소리'의 주체를 '아희'가 아닌, 직역 그대로 '소년' 또는 '남자아이'라고 하였다면, 이 번역시가 전체적으로 형성하는 고즈넉하고 고요한 분위기가 사뭇 달라졌을 것이다.

또한 김억은, "beyond the sugar-cane field"를, "감甘자밧 저 편便되는"으로서, 최대한 간결한 수식어구로 만들어서 우리말 표현에 부담스럽지 않은 것으로 만들었다. 이 시편에서 단적으로 보듯이, 『신월』의 번역은 앞선 두 시집과 비교한다면, 거의 '직역' 형태에 가깝다. 그럼에도 시의 분위기와 맥락에 의하여, 'boy'를 중성적인 '아희'로 의역하거나 '황금'을 '금색'으로 의역한 것을 보면 김억의 창작적 번역에의 지향이 드러나기도 한다.

이와 같이 김억은, 『잃어진 진주』의 같은 운문시에서는 시어의 울림, 각운, 운율, 우리말 어순 등을 배려한 흔적을 중점적으로 보여주며 그로 인하여, 그의 번역시가 원시의 본래 의미와 거리를 지니게 되는 측면도 있다. 반면에, 『기탄자리』와 같은 산문시에서는 원시와 등가를 이루는 의미의 등가성을 이룬다는 점에서 정확한 번역을 이루는 자연스러운 우리말 표현에 초점을 맞추고 있다. 두 시집을 공통적으로 볼 때, 김억의 '의역'은 우리말 어순과 우리말 어법을 고려하는 것에서 상당부분 발생한다. 그리고 김억 '창작적' 번역이 돋보이는 부분은, 시의 주제부에서 함축성을 요하는 부분의 번역과 영어식 긴 형용어구를 간결하고 자연스러운 고유어 표현으로 바꾸어내는 것에 있다.

4. 결론

『잃어진 진주』는 출전이 명백하며 우리나라 최초의 원어역 시선집이며 『기탄자리』는 우리나라 최초로 원어역한 완역시집이자 오늘날에 견주어도 전문가급의 수준을 보여주는 번역시집이다. 즉 김억의 번역은 여러 나라의 언어들을 일어와 에스페란토어 등의 매개번역물을 통해서 받아들인 중역의 형태에서 나아가 서구시를 직접 읽고 원어역하는 것으로 나아가고 있다.

김억은 아서 시몬즈의 『잃어진 진주』의 낭만적 연애시편들에서는 '－어라 / －서라'와 같이 로맨틱한 분위기와 어울리는 울림소리를 활용한 어미를 사용하였으며 인칭대명사를 해석하는 것에 있어서도 정확한 번역보다는 그 분위기에 적합한 '내 님', '님'으로써 의역하였다. 이에 비하여, 김억은 타고르의 『기탄자리』의 종교적 신앙시편들에서는 숭고한 어조를 살리는 '－습니다'를 사용하였으며, '나', '인간', '신'

등에 관한 것이, 원시에서는 모두 대명사들로써 표현되기 때문에, 이것을 그대로 직역하였을 때의 내용상 애매함을 피하기 위하여 구체적 대상을 정확히 밝혔다. 이것은, 낭만적 서정시의 아서 시몬즈 번역에서 울림소리와 각운 그리고 시어의 조탁을 중심으로 낭만적 분위기를 형성하는 데에 힘쓴 것과 대비를 보여준다.

김억은, 『잃어진 진주』의 운문시에서는 시어의 울림, 각운, 운율, 우리말 어순 등을 배려한 흔적을 중점적으로 보여주며 그로 인하여 원시의 본래 의미와 거리를 지니게 되는 측면도 있다. 이에 비하여, 『기탄자리』의 산문시에서는 원시와 등가를 이루는 의미의 등가성을 이룬다는 점에서 정확한 번역을 이루는 자연스러운 우리말 표현에 초점을 맞추고 있다. 그럼에도 이 두 시집에서 공통적으로, 김억의 '창작적 번역'이 돋보이는 부분은, 시의 주제부에서 함축성을 요하는 부분에서 김억의 창작적 형상화가 이루어진 것 그리고 영어식 긴 형용어구를 고유어로 된 간결한 표현으로 바꾸어낸 것이다.

김억의 '창작적 역시'가 한용운의 '종교적 산문시'에 미친 영향

6

1. 김억의 '창작적 역시'와 한용운 시의 관련성

김억은 우리나라 최초의 역시집 『오뇌의 무도』 이후, 우리나라 최초의 원어역 시집인 『기탄자리』, 우리나라 최초의 원어역 선시집 『잃어진 진주』를 발간하였으며 그의 『해파리의 노래』는 우리나라 최초의 개인시집이다. 그의 주요활동인 역시집 및 시집 발간에 있어서 유의해볼 것은 '우리나라 최초의' 것이라는 점이다. 이것은 그가 우리의 고전시가로부터 서구 근대시형으로의 전환기에 우리에게 적합한 우리의 근대시형을 모색한 선구자라는 사실이다.

우리 근대시 모색의 노력은 최초의 그의 중역선집인 『오뇌의 무도』의 서문에서의 발간목적에서부터도 확인된다. 즉 "서양시인西洋詩人의 작품作品을 만히 참고參考하야 시詩의 작법作法을 알고 겸兼하여 그네들의 사상작용思想作用을 알아 써 우리 조선시朝鮮詩를 지음에 응용應用함이 매우 필요必要하니"[1]에서, 그가 당시에 전방위 문학활동을 하면서도 근대시 번역 작업에 무엇보다 큰 가치를 부여하고 적극적인 활동을 보였던 것은, 당시 서구 근대시의 전범을 주체적으로 익혀 조선의 근대시의 초석을 쌓아야 한다는 그가 절감했던 시대적 요청에 기인한 것이다. 김억은 우리 민족에 고유한 시형을 만들어가는 선구적 매개자로서 그 자신을 인식하였다.

그는 이러한 노력의 결실로서의 그의 번역에 관하여 '창작적'이라고 주장하였다. 김억이 산문이나 서문에서 밝힌 창작적 번역관은 시는 번역될 수 없고 번역자의 창의력이 중시된다는 것이다. 김억은 '시'를 '영혼'의 산물로서 보고 번역할 때 이것은 곧 '잃어진' 것이 되므로 아서 시몬즈 시집에 대해서도 '잃어진 시혼' 곧 '잃어진 진주'라는 창의적 명명을 하였던 것이다. 실제 그의 번역시편들은 원문과 대비하여 고찰하여 보면, 다른 민족에 속한 시인의 '영혼'이 우리 민족이 지닌 고유의 '육체'와 '조화'되도록 노력한 결실임을 알 수 있다. 구체적으로는 그의 역시는 우리말의 어순이나 표현방식과 우리의 전통적 문화를 중심에 두고 서구 근대시를 변용하여 우리 근대시로 만들어낸 자취임을 알 수 있다. 그리고 그는 시의 번역에서 말단이나 기교 중심이라기보다는 전체적 맥락이나 어세를 중심으로 세부적 표현의 해석이나 술어의 어미 등을 선택하였음을 알 수 있다. 그의 번역관은 그 자신이 서구 근대시의 선구적 매개자임을 인식하면서, 전통적인 것과 외래적인 것의 조화로

1 장도빈, 「序」, 『오뇌의 무도』, 광익서관, 1921.

서 우리 민족 고유의 정체성을 살리려고 한 현대적인 시 정신을 추구하였다.[2] '창작적 번역'이라는 그의 주장은 타당한 명명인데, 그것은 당시 그의 작업은 번역시의 전범이 부재하였을 뿐만 아니라 근대시형의 기초가 갖추어지지 못했으며, 외국어 습득 여건이 제대로 갖추어지지 못한 시대적 상황 속에서 이루어졌기 때문이다.

김억은 『기탄자리』 서문에서 시의 내용과 분위기를 살려서 우리정서에 자연스럽게 번역하는 것에 있어서, '서양식'이 아닌 '우리식'으로 된 시문체를 창작해내는 것에 있어서의 힘겨웠던 고충을 토로하고 있다.

> 原著者의손에된 英譯文이, 決코 難解롭은것은 아닙니다. 엇더케 그 英譯文이 곱게도 맛기조흔 芳香을 놋는가는 英語를 조곰 아는이라도 알것입니다. 만은 무엇보다도, 譯出할때에 싹한것은 文体엿습니다. 엇더한文体를 取할가하는것이 只今도, 다 譯畢한只今도, 疑心으로 잇습니다. 내손에 된文体이지만은 나는同意할수업다는것을 말슴하여 둡니다. 이것은日後의完全한適任者를 기달닐밧게 업습니다 (…중략…) 譯文은 直譯을 줄기로 잡고 하엿습니다. 만은 넘우直譯만으로는 뜻의不明과, 쏘는 넘우도 서양식(西洋式)이 되기때문에 意譯한곳도 적지아니합니다. 엇지하엿으나, 飜譯이라는것은 詩文에서처럼 어렵은것은 업다는것을 곰곰이 늣겻습니다.
>
> 「역자譯者의 인사人事」, 『기탄자리』

그의 고충은 단순히 번역자로서의 그것을 넘어선 것인데, 그것은 당

2 최라영, 「김억 번역 연구–『잃어진 진주』를 중심으로」, 『어문학』 114집, 한국어문학회, 2011.12, 405~419쪽.

시 그의 창작적 번역시의 형태와 문체가 곧 우리 근대시의 형태와 문체를 '창작하는' 일과 등가의 의미를 지니고 있기 때문이다. 그리고 그가 창작적 번역의 작법에서 중시한 것은, 그의 시론인 「시형의 음률과 호흡」에서 알 수 있듯이, 각각의 민족의 혼에 알맞은 형식이 있어 우리 민족의 문화와 정서와 호흡에 알맞은 우리 시형 및 그 문체를 만들어내고자 하였다고 한 것에서 구체화된다. 그는 사람마다 얼굴과 눈과 코가 다르듯이 육체의 조화가 다르기 때문에 개인의 예술성도 다 다르며 각 민족마다 그 민족 고유의 개성적인 '조화'를 지니고 있다고 보았다.[3]

'서양식'이 아닌 '우리식'으로 된 "엇더한 문체文体를 취取할가"에 관한 고민의 결과물로서의 그의 번역시들은, 당시로서 볼 때, 서구 근대시와 다른 우리의 문화적 상황을 살려서 고전시가와는 다른 우리의 근대시형과 문체로 만들어내는 일, 즉 사실상 우리 근대시 형성의 근본적 기초를 만드는 일이었다. 이러한 그의 노력은, 『오뇌의 무도』에 곧 이어, 『기탄자리』와 『잃어진 진주』에 이르러, 일제치하인 당시에 손쉬웠던 일어를 경유하지 않고 서구 근대시를 직접 번역하여 우리식 문체로 만들어내는 '원어역'으로서 실현되었다. 무엇보다도, 이러한 그의 선구적 작업이 일어를 통한 '중역'이 아니라 서구 근대시를 직접 보고

---

3 김억의 타고르 번역시집들은 그가 의미한 창작적 번역이 무엇인지를 실증적으로 보여준다. 타고르 번역을 통해서 보면, 김억의 '창작적' 번역이란 원시에 대한 정확한 이해를 토대로 하여 원시에서 가장 핵심이 되는 주제부의 번역에 있어서 우리말로 된 자연스럽고 실감나는 표현으로 바꾸면서도 원시의 주제부가 환기시킬 의미의 가닥들을 한결 풀어놓아서 의미를 풍부하게 하는 것을 보여준다. 그리고 원시의 주제부가 지닌 여러 의미결을 살리면서도 그 과정에서 그가 지향하고자 하는 '님'의 의미와 '님과의 합일적 상상력'이 드러난다. 궁극적으로, 타고르의 신앙시편들에 대한 김억의 '님'의 해석은, 시적 대상을 지극히 높이고 '-습니다체'를 일관되게 사용하는 것 등의 형식적 요건과 결부되어 나타난다. 최라영, 「김억 번역 연구-『기탄자리』를 중심으로」, 『한국시학연구』 33호, 한국시학회, 2012.4, 338~350쪽.

원어역을 취한 것은 그 의의가 크다.[4] 일제치하의 강점기, 그것도 근대 초창기에 우리말과 어순과 어법이 유사하며 또 우리에게 친숙한 일어를 경유하지 않고 서구 근대시를 직접 '원어역'하였다는 것은 우리 근대시의 기초가 주체적인 정신의 토대를 지닌 것임을 보여주는 것이다. 서구 근대시에 대한 그의 원어역은 번역의 방식 면에서 볼 때, 우리문화와 우리말 어법과는 전혀 다른 근대시작품을 우리의 시문체로 '창안'하는 과정에 상응하는 것이다. 무엇보다도 이러한 그의 작업은 우리나라 '최초의' 선구적인 것이었으며, 그가 구사했던 신시의 문체, 단적으로, '-어라체'와 '-습니다체'는 당대인들에게 김억의 문체로 인식되었을 뿐만 아니라 당시에 근대시를 쓰고자 하였으나 그 전범이 부재하였던 문학지망생 및 문인들에게 지대한 영향력을 끼쳤다.

그리고 김억이 우리 최초의 원어역 시전집의 대상을 '타고르'라는 대상으로 삼은 점은 타고르가 당시 영국의 식민지의 인도인이라는 점에서 일제치하의 우리민족의 상황적 여건 및 정신적 지향의 방향성의 모색과 관련이 깊다. 즉 김억의 타고르 창작적 역시와 이후에 쓰인 우리 근대시와의 관련성을 밝히는 일은 우리 근대산문시의 전개에 있어서 자생적이고 주체적 계보를 구체화하는 일이다. 김억이 고전시가로부터 근대시로의 이행기에 서구 근대시의 전범을 익혀 주체적 원어역을

4 중역重譯은 한 번 번역된 말이나 글을 다시 다른 말이나 글로 번역하는 것이다. 그리고 직역直譯은 두 가지 다른 의미로 쓰인다. 첫 번째는 문자 그대로의 번역literal translation으로서 외국어로 된 말이나 글을 단어 하나하나의 의미에 충실하게 번역하는 것으로서 축어역逐語譯과 유의어이다. 이것과 비교되는 것으로는 의역意譯이 있으며 이것은 원문의 단어나 구절에 지나치게 얽매이지 않고 전체의 뜻을 살리는 번역이다. 직역의 두 번째 의미로는 원어역direct translation으로서 이것은 출발어에서 도착어로 바로 옮기는 것이다. 이것은 김억 자신이 서술한 글에 빈번하게 나오는 "직역" 즉 문자 그대로의 번역과 구별된다.

통하여 우리민족의 문화와 정서에 적합한 산문시형과 문체를 '창작'하였다면, 이후 근대시를 창작한 시인들은 그가 '창작한' 산문시형의 토대 위에서 근대시의 영역을 전개하고 심화, 확장시킬 수 있었다.

이런 관점에서 볼 때 한용운의『님의 침묵』은 김억의 근대산문시형의 계보 속에서 논의될 수 있는 주요한 작품집이라고 할 수 있다. 김억이 우리나라 최초의 원어역 서구 근대시집이면서 동시에 그의 창작적 근대시체를 보여주는『잃어진 진주』와『기탄자리』를 출간하였을 때 이 역시집들의 문체는 우리 근대서정시의 두 가지 유형, 즉 근대운문시와 근대산문시의 선구적 형식을 선보이는 것이었다. 당시 타고르 시에 대한 번역은 많은 문인들에 의해서 몇 편씩 간혹은 십여 편 넘게도 이루어졌으나, 바로 그 즈음에 타고르 시전집 일체를 역하고 한두 해에 걸쳐 세 권의 전체역시집을 출판하여 종교적 산문시형과 그 문체를 안정적으로 전개시킨 것도 김억의 독보적인 업적이었다. 그리고 한용운의『님의 침묵』은 김억이『기탄자리』에 연이어 타고르 역시집,『신월』,『원정』을 완간한 이듬해 출간되었다. 실지로,『님의 침묵』은 그 내용 면에서 타고르 시와의 연관성을 지니지만 당시의 시형과 산문시체로 보면 김억의 창작적 역시체의 지배적 영향을 보여준다. 그리고 한용운은『님의 침묵』이전의 몇몇 시편들을 살펴보면 그것은 고전시가의 민요가락이나 불교적 교리의 서술에 가깝다.

『님의 침묵』은, 그 시문체로 볼 때, 한용운의 이전 시편들과 비교할 때 매우 비약적이며 복합적이어서 그가 이러한 시편들을 쓰게 된 매개적 전범들을 고려하지 않을 수 없는 측면을 지닌다. 구체적으로,『님의 침묵』이전의 한용운의 작품은「심心」(『유심』 1호, 1918.9.1)과「무궁화無

窮花 심의과저」(『개벽』 27호, 1922.9.1)가 있다.[5]

두 시편 모두 개인적 정서가 아니라 공동체적 정서를 보여주며 이것은 근대시의 주요 특성인 시적 화자의 존재가 설정되어 있지 않다는 것을 의미한다. 그리고 문장구성이 매우 단순하게 구성되었으며 불교의 교리의 설명이나 민요의 관용어구를 활용한 자취를 보여준다. 그러나 이후 그의 『님의 침묵』의 첫 번째 시는, "님은 갓슴니다 아々 사랑하는 나의 님은 갓슴니다 / 푸른 산빗을 깨치고 단풍나무 숩을 향하야 난 적은 길을 거러서 참어떨치고 갓슴니다 / 황금黃金의 꼿가티 굿고 빗나든 옛 맹서盟誓는 차듸찬 띄끌이 되야서 한숨의 미풍微風에 나러갓슴니다"이다.

이것은 김억의 타고르 역시 중 한 편인 「기탄자리 59」(이후 「기탄 ○○」으로 약칭)의 "그럿슴니다. 아々 제 맘의 사랑하는 이여, / 이것은 주主님의 사랑밧게 될 것이 업슴을 저는 압니다. ―나무닙 우에서 춤추는 이 황금黃金빗이며, 돗을 달고, 하늘을 지내가는 한가한 구름과, 저의 니마에 싀원한 맛을 남기고 지내가는 미풍微風은 다 주主님의 사랑밧게 될 것이 업슴니다. 아츰빗은 제 눈에 가득하엿슴니다"와 대비해보면 당시에 김억이 창안한 산문시체의 운용이 「님의 침묵」의 어법과 얼마나 흡사한지 알 수 있다.

한용운의 위 시에서 '아아―'를 문두로 하여 중심술어를 반복하여 시

5 "심心은 심心이니라. / 심心만 심心이 아니라 비심非心도 심心이니 심외심心外心에는 하물何物도 무無하니라. / 생生도 심心이오 사死도 심心이니라. 무궁화無窮花도 심心이오 장미화薔薇花도 심心이니라"(「심心」)
"달아달아 밝은 달아 / 네 나라에 비춘 달아 / 쇠창을 넘어 와서 / 나의 마음 비춘 달아 / 계수桂樹나무 베어 내고 / 무궁화無窮花 심의과저"(「무궁화無窮花 심의과저」)

행을 유장하게 이어가는 구성 방식이나 '님'을 높이는 의미에서 일관된 '-습니다체'를 사용한 것은 사실상, 김억이 「기탄 59」를 비롯한 그의 타고르 역시들에서 그가 창작적으로 고안한 문체와 동일한 방식에 가깝다. 그리고 이 작품에서 구사되는 '향기롭은 님의 말소리'에서 말소리나 행동에 '향기롭다'는 수식어를 쓰는 것이나 '님의 침묵을 싸고 돕니다'에서 무형의 것을 '싸고 돕니다'라는 표현 등에서 보듯이, 한용운의 위 시는 다양한 측면에서 김억의 개성적 시적 표현과 흡사하다. 또한 한용운의 작품에서 시상이 집중되는 후반부의 첫머리 '그러나'를 쓰고 시의 전반부에서 논리적 관계를 명확히 드러내고 싶지 않을 때에 '그러나'가 아닌, '-만은'을 사용하는 것 역시 김억의 『기탄자리』에서 특징적인 접속어의 번역방식이다.

한용운의 『님의 침묵』은, 근대시형 및 근대시체의 형성기였던 당시의 상황을 고려할 때, 서구의 복합적인 언어구조를 우리 시로 변형, 창작해낸 김억의 창작적 산문번역시편들을 경전을 읽듯이 사숙하지 않았다면 불가능해 보인다. 『님의 침묵』의 시편들이 내용적 측면에서 볼 때, 타고르의 영향을 받았으나 이를 창조적인 독자적 세계로 발전시킨 것은 주지의 사실이다. 그리고 그의 시편들의 종교적 특성에 관해서는 불교적 진리 및 역설과의 관련선상에서 매우 유효하게 논의되어왔다.[6] 그런데 고전시가로부터 근대시로의 이행기였던 당시의 상황, 그리고 근대시체의 형성기에 근대서정시를 거의 쓰지 않았던 한용운이 전개

---

6 불교적 역설과의 관련성, 타고르의 사상과의 관련성에 관한 각각의 최근 논의로는, 박현수, 「『십현담주해』의 언어관과 한용운의 시론」, 『한국현대문학연구』 38집, 한국현대문학회, 2012.12, 115~145쪽; 오문석, 「1920년대 인도시인의 유입과 탈식민성의 모색」, 『민족문학사연구』 45호, 2011, 30~51쪽 참고.

한 산문시형과 시문체의 연원에 관해서는 논의가 이루어질 필요가 있다. 그리고 이 작업은 한용운이 그의 시집을 출간하기 한 두 해 전에 이미 타고르 시집전체를 완역하여 발간한 김억의 종교적 산문역시체와의 관련성을 살펴보는 것이 핵심적이다. 실지로, 고전시가로부터 근대시로의 이행기였던, 특히 당시의 관점에서 보면, 한용운은 김억의 타고르 역시집을 사숙했다고 할 수 있을 정도로 긴밀한 문체적 관련성을 보여준다.

한용운과 김억의 문체적 관련성에 주목한 논의를 살펴보면, 김재홍은 『님의 침묵』과 김억의 『원정』에 관하여 구성, 어휘, 관계사, 경어체의 종지법, '의'의 유사성 등을 논의하였으며,[7] 현태리는 양주동은 '한다, 있다'의 술어를 구사하지만 김억은 '―합니다', '―습니다'의 경어체를 구사한다고 지적하고 김억의 번역문체가 한용운의 문체에 영향을 주었다고 하였다.[8] 그리고 이수정은 『님의 침묵』에 수록된 시들은 『원정』에서 어휘와 표현, 시상전개방식과 발상, 그리고 구성을 그대로 배워왔음, 즉 김억 번역체의 문체론적 영향을 지적하였다.[9]

기존 연구들은 한용운과 타고르 시의 영향을 고찰하였으며 주로 타고르의 『원정』과 『님의 침묵』과의 관련성을 중심으로 논의되어왔다. 그것은 한용운의 시집에 「타골의 시詩를 읽고」가 있으며 『원정』 시집과의 체제의 유사성 그리고 『님의 침묵』의 마지막 시편이 『원정』의 그것과 마찬가지로 「독자에게」로 구성되어 있는 점 등에 기인한 것이다.

---

7 김재홍, 『한용운문학연구』, 일지사, 1982, 212～232쪽.

8 현태리, 「타골시 번역규범과 만해시 비교론」, 만해학국제학술대회 발표문, 1998.8.

9 이수정, 「『님의 침묵』에 나타난 R. 타고르의 영향관계 연구」, 『관악어문연구』 28집, 서울대 국어국문학과, 2003, 459～470쪽.

그럼에도 논의의 중심이 한용운의 시와 타고르의 시의 내용적 특성과의 비교논의로 귀결되는 측면이 있으며, 한용운의 시가 토대한 시형과 산문시체와 깊은 관련이 있는 김억의 근대시형과 문체와의 관계는 초점화되지 못한 측면이 있다.

모든 작품에 순번을 단 『원정』의 체제는 사실상 『기탄자리』와 『신월』의 경우도 동일한 방식이다. 그리고 한용운이 타고르 시를 읽었다고 할 때 타고르를 세계적 시인으로 만든 그의 첫 시집이자 그의 종교적 신앙시의 전형인 『기탄자리』를 먼저 염두에 두는 것이 타당하다. 『기탄자리』와 『신월』과 『원정』 중에서 시적 화자가 신을 향한 구도자의 자세를 주요하게 견지하면서 연인을 향한 발화로까지 의미역을 확장시키고 있는 특성이 두드러진 것은 『기탄자리』이다.[10] 『원정』의 경우는 여왕과 신하의 대화를 근간으로 한 연작시에 이어서 주로 연애시편의 성격이 두드러진 측면이 있으며, 『신월』은 어린아이를 대상으로 하여 그를 예찬하거나 아이의 발화에 적합한 문체가 두드러진 측면이 있다. 즉 『님의 침묵』에서 종교적 신앙시의 성격을 지니는 것은 김억의 『기탄자리』의 문체, 그리고 연시의 성격이 좀 더 짙은 시편들은 김억의 『원정』의 문체와 유사한 특성을 보여준다. 사실상, 『님의 침묵』과 같은 한용운의 종교적 신앙시의 산문시체는 김억의 『기탄자리』 시편

10 타고르의 시와 한용운의 시의 영향관계를 중심으로 논의한 선행연구들에 이어서, '김억의 『기탄자리』와 한용운 시'에 주목한 논의로는, 하재연의 「'조선'의 언어로 한용운에게 찾아온 '생각' - 『기탄잘리』와의 비교 분석을 통해 본 한용운의 『님의 침묵』」, 『한국근대문학연구』 20, 2009를 들 수 있다. 본고는, 김억의 『기탄자리』와 만해시의 유사성 논의 그 자체보다는, 김억의 창작적 역시가 '원어역'을 통한 우리의 자생적 근대시체라는 점, 그리고 그의 창작적 역시가 만해 시문체에 미친 영향, 즉 김억이 고안한 종교적 산문시체로부터 만해가 자신의 시적 전범을 익히고 그 토대 위에서 우리 근대산문시의 계통을 비약적으로 창조, 발전시켰다는 점을 논의하고 있다.

들의 시구 운용 및 문체와 긴밀한 관련을 보여준다.

김억은 타고르의 종교적 신앙시편들을 번역할 때 경어체를 주조로 한 '－습니다체'를 구사하고 있으나, 연시의 성격이 짙은 경우는 '－어요체'를 혼용하기도 한다. 특히 김억은 신을 향해 발화하는 구도자의 목소리에 대해서 주로 '아아－ 구문'으로 시작하면서 감탄형을 쓰며 극존칭의 '－습니다체'를 사용하고 있다.[11] 이 같은 한용운의 종교적 산문시체는 당시로서는 김억의 술어문체로 인식되었다.[12]

한용운의 종교적 산문시체와 김억의 창작적 산문시체를 비교해보고 그 관련성에 주목하는 일은, 고전시가로부터 근대시형을 만들어나가야 하던 시점에서 김억이 서구 근대시의 '원어역'을 통하여 우리의 사회문화적 여건 및 우리 근대시에 적합한 시형과 문체를 '창작적'으로 만들어간 선구적인 작업을 되짚어보는 일과 직결된다. 즉 김억이 타고르의 창작적 역시를 통해서 우리의 근대서정산문시형 및 시문체의 전범을 '창작'하였다고 할 때, 한용운은 김억의 종교적 산문시체라는 표현방식의 토대 위에서 이후 우리의 근대산문시의 계통을 발전시켰으며 그만의 깊이 있고 창조적이며 실천적인 세계를 구현해 나갔다고 할 수 있다.

---

11 "이것을 내 자신自身의 편성偏性 답은 어감語感이라고 비웃을 이가 잇슬는지 모르겟습니다. 만은 가튼 '다'토吐에도 보드랍고 아름다운 감感을 주어 될 수 잇는데로 만히 사용使用하고 십흔 것이 잇스니 그것은 '갑니다, 이외다' '슴니다, 외다' 가튼 것이외다", 『조선일보』, 1929.12.18～19; 박경수 편, 『안서 김억 전집』, 한국문화사, 1987, 407쪽.

12 최동호는 타고르 시편에 대한 오천석, 정지용, 김억의 이미를 비교하였는데, 오천석은 '－시이다체'로서 내간체의 고아한 종결어미를 그대로 구사했으며 정지용은 '－시이다/ －옵니다/ －나이다/ －어이다체'로서 내간체와 현대적 의미의 종결형을 혼용하였으며 김억은 '－ㅂ니다체'라는 현대서구적 서술형 종결어미형을 일관하여 적용하였음을 귀납적 작품분석을 통하여 설명하였다. 최동호, 「정지용의 타고르 시집 『기탄자리』 번역 시편」, 『한국학연구』 39, 고려대 한국학연구소, 2011.12, 11～48쪽.

이러한 문제의식을 지니고 이 글은 다음 장에서 김억이 근대산문시의 전개에 미친 영향에 관하여, 김억의 『기탄자리』와 한용운의 『님의 침묵』을 중심으로 하여, 시적 형상화 방식 및 문체상의 특성 등을 실증적으로 고찰해 보기로 한다.

2. 김억의 '창작적 역시'가 한용운 시에 미친 영향

1) '아아－ 구문'과 '술어운용' 및 시적 형상화

김억 번역시와 한용운 시에서 시작부분을 중심으로 문장구성과 연결관계를 살펴보자.

> 그럿읍니다. 아々 제맘의 사랑하는이여,
>
> 이것은 主님의사랑밧게 될것이 업슴을 저는 압니다. ―나무닙우에서 춤추는 이黃金빗이며, 돗을 달고, 하늘을지내가는 한가한구름과, 저의니마에 싀원한맛을 남기고지내가는 微風은 다 主님의사랑밧게 될것이 업습니다. 아츰빗은 제눈에 가득하엿습니다. ―이것은 主님이 제맘에 보내는寄別입니다. 主님이 얼골을 숙이시고, 눈으로 저의눈을 내려다 보십니다. 그리하야 제맘은 主님의발을 다침니다.

> Yes, I know, this is nothing but thy love, O beloved of my heart ― this golden light that dances upon the leaves, these idle clouds sailing across the sky, this

passing breeze leaving its coolness upon my forehead.

The morning light has flooded my eyes — this is thy message to my heart. Thy face is bent from above, thy eyes look down on my eyes, and my heart has touched thy feet.

김억 역, 「기탄자리 59」

님은갓습니다 아々 사랑하는나의님은 갓습니다

푸른산빗을깨치고 단풍나무숩을향하야난 적은길을 거러서 참어떨치고 갓습니다

黃金의쏫가티 굿고빗나든 옛盟誓는 차듸찬띄쓸이되야서 한숨의微風에 나러갓습니다

날카로운 첫「키스」의追憶은 나의運命의指針을 돌너노코 뒤ㅅ거름처서 사러젓습니다.

나는 향긔로은 님의말소리에 귀먹고 쏫다은 님의얼골에 눈머럿습니다.

(…중략…)

그러나 리별을 쓸데업는 눈물의源泉을만들고 마는것은 스々로 사랑을깨치는것인줄 아는까닭에 것잡을수업는 슯음의힘을 옴겨서 새希望의 정수박이에 드러부엇습니다

우리는 맛날때에 떠날것을염녀하는것과가티 떠날때에 다시맛날것을 밋습니다

아々 님은갓지마는 나는 님을보내지 아니하얏습니다.

제곡조를못이기는 사랑의노래는 님의沈默을 휩싸고돕니다

한용운, 「님의 침묵」

김억의 「기탄 59」는 화자가 사랑하는 님을 맞이하는 상황이며 한용운의 「님의 침묵」은 사랑하는 님과의 이별을 맞는 상황을 형상화하고 있다. 먼저 각각의 첫 문장을 보면, "그럿읍니다. 아々 제맘의 사랑하는 이여, 이것은 주主님의 사랑밧게 될 것이 업슴을 저는 압니다"와 "님은 갓습니다 아々 사랑하는 나의 님은 갓슴니다"이다. 하나의 문장 단위로 구성할 것을 각각의 시는 "그럿읍니다"와 "님은 갓습니다"라는 문장의 중심 부분을 강조하고 그 다음, "아々"라는 동일한 감탄사가 나온다. 그 다음, 각각의 시는 "이것은 주主님의 사랑밧게 될 것이 업슴을 저는 압니다"와 "사랑하는 나의 님은 갓슴니다"라는 내용을 담은 문장을 보여준다.

한용운의 「님의 침묵」의 문장구성태가 김억의 타고르역시와 밀접한 관련을 지닌다는 사실은 원시를 보면 더욱 명확해진다. 김억의 위 구절에 해당되는 원시는 "Yes, I know, this is nothing but thy love, O beloved of my heart"이다. 이것을 직역한다면 "네, 나는 안다, 이것은 단지 당신의 사랑, 오, 사랑하는 나의 연인이여" 정도가 된다. 이 구문과, 김억의 역인 "그럿읍니다. 아々 제 맘의 사랑하는 이여, 이것은 주主님의 사랑밧게 될 것이 업슴을 저는 압니다"를 비교하면 김억이 원문으로부터 자신의 문체로 상당히 바꾸었음을 알 수 있다.

김억은 원시에서 호칭어로 된 마지막 시구를 번역에서는 문두에 가까운 자리로 옮겨놓았다. 그리고 "그럿읍니다. 아々 제 맘의 사랑하는 이여, 이것은 주主님의 사랑밧게 될 것이 업슴을 저는 압니다" 이후 이어지는 문장에서, "저의 니마에 싀원한 맛을 남기고 지내가는 미풍微風은 다 주主님의 사랑밧게 될 것이 업슴니다"로서, "다 주主님의 사랑밧게 될 것이 업슴니다"라는 실제 영어원문에서는 없는 구절로써 앞 문장의 중심 술부를 반복하여 서술하였다. 이러한 문장의 구성방식은 한용운의 시에서도 동일하게 나타난다. 즉 "님은 갓습니다 아々 사랑하는 나의 님은 갓습니다" 이후 "적은 길을 거러서 참어떨치고 갓습니다"에서 보듯이, 앞 문장의 술어를 뒤에 이어지는 긴 문장의 술어로서 반복하여 활용하는 구성방식을 취한다.

아々 딱합니다!

봄은 꼿을 피우고는 갓습니다

Alas for me!

The spring has done its flowering and taken leave(「기탄 21」)

아々 제가 엇은것은 무엇입닛가? 主님의사랑으로 남겨주신, 이 엇은것은 무엇입닛가?

Ah me, what is it I find? What token left of thy love(「기탄 52」)

날이면 날마다, 오々 제生命의主여, 저는 主님과 얼골을 마조대이고 섯으렵닛가?

Day after day, O lord of my life, shall I stand before thee face to face?(「기탄 76」)

아々 저의永久히 빗나는太陽이여, 저는 하늘에 쓸데업시 써도는 가을의 남은구름샹과 갓습니다

I am like a remnant of a cloud of autumn uselessly roaming in the sky, O my sun ever-glorious!(「기탄 80」)

아々, 저의뷔인生命을 바다속으로 던져줍소서. 그것을 썩깁흔充滿속으로 던져줍소서

Oh, dip my emptied life into that ocean, plunge it into the deepest fullness(「기탄 87」)

김억은 타고르 번역시에서 중심문장의 일부로서 발어사를 시작하고 호칭어나 감탄형을 동반하면서 중심문장을 구성하는 방식 혹은 이어질 문장의 술어를 앞 문장에서 끌어오는 시구성방식을 보여준다. 그런데 시의 시작부분에서 이러한 문장구성과 운용방식은 한용운의 시편에서도 유사한 방식으로 나타난다. 한용운의 시에서 이와 유사한 사례를 들어보면, "님은 갓슴니다 아々 사랑하는 나의 님은 갓슴니다(「님의 침묵沈默」)", "아々 님이어 / 위안慰安에 목마른 나의 님이어 거름을 돌니서요 거긔를 가지마서요 나는 시러요(「가지 마서요」)", "아々 나의길은 누가 내엿슴니가 / 아々 이 세상에는 님이 아니고는 나의 길을 내일 수가 업슴니다(「나의 길」)", "의심하지 마서요 당신과 써러저 잇는 나에게 조금도 의심을 두지 마서요(「의심하지 마서요」)", "님이어 그 술은 한밤을 지나면 눈물이 됨니다 / 아아 한밤을 지나면 포도주가 눈물이 되지마는 쏘 한밤을 지나면 나의 눈물이 다른 포도주가 됩니다 오오 님이어(「포도주葡萄酒」)", "아々 나는 님의 그림자여요 / 님은 님의그림자밧게는 비길만한 거시 업슴니다 / 님의 얼골을 어엽부다고 하는 말은 적당適當한 말이 아님니다(「님의 얼골」)", "아々 나는 만족滿足을 어덧노라 / 아즈랑이 가튼 쑴과 금金실 가튼 환상幻想이 님기신 쏫동산에 둘닐 째에 아々 나는 만족滿足을 어덧노라(「만족滿足」)" 등을 들 수 있다.

그리고 김억의 역시에서 특징적인 측면은 '-습니다'라는 술어를 일

관되게 지속적으로 쓰는 점과 시의 시작부분에서 '아아'라는 감탄사를 활용하는 점을 들 수 있다. 김억이 한결같이 "아々"라고 번역하는 감탄사는 원시에서는 "Oh", "O", "Alas" 등이며 혹은 감탄사가 없을 때도 있다. 즉 김억은 원시에 나오는 각종 감탄사를 대체로 "아々"로서 쓰며 이것의 위치를 어구 앞이나 문장 앞으로 옮겨 놓았다. 이러한 감탄사 사용 및 활용방식은 한용운의 시에서도 유사하게 나타난다.

당시 김억문체의 영향은 한용운이 『님의 침묵』을 창작하기 전에 그가 불교적 교리의 문학적 형상화 혹은 전통율격의 시가형식으로 된 시를 썼다는 점에서 단적으로 알 수 있다. 『님의 침묵』 이전의 그의 작품은 「심心」(『유심』 1호, 1918.9.1)과 「무궁화無窮花 심의과저」(『개벽』 27호, 1922.9.1)가 있다. 그 작품들의 일부를 소개하면, "심心은 심心이니라. / 심心만 심心이 아니라 비심非心도 심心이니 심외심心外心에는 하물何物도 무無하니라. / 생生도 심心이오 사死도 심心이니라. 무궁화無窮花도 심心이오 장미화薔薇花도 심心이니라"(「심心」 부분). 그리고 "달아달아 밝은 달아 / 네 나라에 비춘 달아 / 쇠창을 넘어 와서 / 나의 마음 비춘 달아 / 계수桂樹나무 베어 내고 / 무궁화無窮花 심의과저"(「무궁화無窮花 심의과저」 부분)이다. 그리고 이 작품들 이후에 그가 위 시편의 일부를 보면, "님은 갓습니다 아々 사랑하는 나의 님은 갓습니다 / 푸른 산빗을 깨치고 단풍나무 숩을 향하야 난 적은 길을 거러서 참어썰치고 갓습니다 / 황금黃金의 쏫가티 굿고 빗나든 옛 맹서盟誓는 차듸찬 씌끌이 되야서 한숨의 미풍微風에 나러갓습니다 / 날카로운 첫 「키스」의 추억追憶은 나의 운명運命의 지침指針을 돌너노코 뒤ㅅ거름처서 사러젓습니다"이다.

인용한 첫 번째 시가 선험적인 불교적 교리와 관련된 문학적 형상화를 보여준다면 두 번째 시는 우리의 민요적 율격에 맞춘 단순한 구성의 운문시를 보여준다. 그리고 「님의 침묵沈默」은 한용운이 시적 자아로서 고유한 '나'를 설정하고 '나'가 상실한 대상인 '님'을 향한 애틋한 그리움을 보여주는 복합적 문장구조의 산문서정시로서 앞서 그가 창작한 작품들과는 매우 다르다는 것을 알 수 있다. 한용운의 「님의 침묵」이 보여주는 문체의 비약적 특성은 김억의 창작적 번역문체와의 긴밀한 관련성을 고려하도록 하며, 실지로 '-습니다체'뿐만 아니라 구문의 운용 등에서 김억의 타고르 번역문체와의 밀접한 관련성을 보여준다.[13]

그리고 한용운의 위 시에서 '님'과의 이별을 맞이한 슬픔의 상황에서 구사되는 형용어구에서 사용되는 시어들은, "황금黃金의 쏫가티"에서의 '황금黃金의 쏫', "차듸찬 띄끌이 되야서 한숨의 미풍微風에 나러갓슴니다"에서의 '차듸찬 띄끌'과 '한숨의 미풍微風', 그리고 "향긔로은 님의 말소리에 귀먹고 쏫다은 님의 얼골"에서의 '향긔로은 님의 말소리'와 '쏫다은 님의 얼골' 등을 들 수 있다. 그리고 위에 인용한 김억 역시의 형용어구에서 활용되는 시어들을 보면, '황금黃金빗', '싀원한 맛을 남기고 지내가는 미풍微風', '아츰빗', '주主님이 얼골을 숙이시고' 등이다. 두 시인 각각의 위 시만 보더라도, 김억의 형용어구와 한용운 시의 주요 비유어구가 마치 한 사람의 것처럼 유사함을 볼 수 있다. 김억이 여기서 '황금'으로 역한 것은 원어로 "golden"인데 이것은 '금의', '금색의'라고 해도 될 것이기도 하지만, 김억은 '황금'이란 표현을 쓴다. 그는 원

13 한용운 시의 주요한 특성으로서 '역설'에 관한 것을 지적할 수 있는데 이것에 관해서는 한용운의 불교적 교리와 연관된 관점이 유효해 보인다. 이에 관해서는 박현수, 「『십현담주해』의 언어관과 한용운의 시론」, 『한국현대문학연구』 38집, 한국현대문학회, 2012.12, 115~145쪽 참고.

시의 “yellow”라는 색채어도 ‘노란’ 혹은 ‘누런’이라는 말 대신에 ‘황금’과 유사한 어감을 주는 ‘황색의’라는 표현을 쓴다(“the yellow leaves flutter and fall”, “황금黃色의 나무닙이 춤을 추며 떠러집니다”(「기탄 21」)).

김억은 원시에서 ‘breeze’라는 단어 혹은 ‘바람’과 유사한 어구에 대해서, 주로 한자로 구성된 ‘미풍微風’이란 단어로서 번역하곤 한다(“comes the vagrant spring breeze”를 “봄철의 미풍微風이 와서”로(「기탄 88」)). 또한 김억의 번역에서 ‘티끌’이란 역어는 원시에서 ‘dust’ 혹은 ‘dusty’로서 그는 이것을 ‘먼지’라고 하지 않고 ‘티끌’이라고 쓰며 이것들 역시 한용운의 시에서도 유의성을 지닌 시어이다. 그리고 김억은 시에서 대부분 한글명사를 사용하지만 한자구성으로 된 몇 안 되는 단어, 이를 테면 ‘황금黃金’ ‘미풍微風’ 혹은 ‘침묵沈默’ 등을 사용하곤 하는데, 이것은 그로서는 한글구성의 시어에 비하여 의미를 강조하는 방식이 되기도 한다. 그런데 김억이 빈번하게 활용하는 한자구성의 단어들 역시 한용운의 시에서도 유사하게 나타난다. 또한 김억은 가능한 모든 것을 우리말로 바꾸는 편인데도 불구하고 원시의 ‘kiss’라는 단어를 ‘입맞춤’이라고 번역하지 않고 ‘키쓰’라는 원어발음으로 쓴다. 이것 역시 한용운의 위 인용시의 ‘날카로운 키쓰’와 견주어 볼 수 있다. 위시의 마지막 부분의 ‘곡조’라는 시어 역시 김억이 즐겨 쓰는 역어이다. “swell in melodies”를 “곡조曲調가 되야”(「기탄 42」)로, 그리고 “with the notes of the far away song”를 “저 머나먼 노래의 곡조曲調와 함씌”(「기탄 21」)라고 표현한 것에서 보듯이, 그는 음악과 관련된 시구가 나올 때면 이 시어를 주로 활용한다. 이들 시어 역시 한용운의 시에서는 익숙한 비유적 표현을 이루는 어휘들이다. 또한 주목할 만한 것은 김억은 타고르 원시의 “harp”를 모두

'거문고'로 번역하여 쓰고 있는데 한용운의 『님의 침묵』에 빈번하게 나오는 악기가 '거문고'라는 점이다.

'시어 운용' 뿐만 아니라 시에서 개성적인 형용어구 표현들을 보면, 한용운의 위 시의 "향긔로은 님의 말소리"에서 '향긔로은'을 향기가 나는 대상이 아닌 '님의 신체상의 것'을 수식하는 것이 특징적이다. 그런데 이러한 용례는 김억의 「기탄 46」의 '주主님의 향기롭은 얼골'에서 보듯이 김억이 개인적 수식어구로서 가끔 쓰는 표현이다. 그리고 한용운 시의 마지막 어구인 "제 곡조를 못 이기는 사랑의 노래는 님의 침묵沈默을 휩싸고 돕니다"은 「기탄 88」에서 "공기空氣는 소리도 업시 고요히 부체님을 싸고 돕니다"라는 김억의 역시구와 관련이 있다. 왜냐하면 이 역시구의 원어구는 "The air is still and silent about you"로서 '공기는 당신 곁에서 잔잔하게 고요히 있다' 정도로 될 것을 김억 특유의 어구인 '소리도 업시', '-을 싸고 돕니다' 등의 어법으로 바꾸어놓았기 때문이다.[14]

김억의 산문문체가 한용운 시에 미친 영향은, 시를 구성하는 문장들의 연결관계에서 단적을 나타난다. 단적인 것은 'but'의 역어로서, 김억은 타고르의 『기탄자리』 신앙시편의 'but'에 관해서 논리성을 직접적으로 드러내지 않는 방식을 취하여 대체로 '-만은'을 취한다. 그럼에도

14 그리고 「기탄 23」에서 "Art thou abroad on this stormy night on thy journey of love, my friend"에 대해서 노아(이광수)는 "나의 친구시여 이러케 풍우대작風雨大作하는 밤에 사랑의 여행旅行을 떠나서 게십니다"로, 정지용은 "당신은 이러케 사나운 밤에 당신의 사랑의 길을 써나십니까 나의 친구시여"로, 김억은 "저의 벗이시여, 이럿케 바람비가 오는 밤에 주主끠서는 사랑의 여행旅行을 하십닛가"로 역하였다. 여기서 호칭어 "my friend"에 주목해 보면 노아는 문두의 '나의 친구시여', 정지용은 문미의 '나의 친구시여' 그리고 김억은 문미의 '저의 벗이시여'로 쓰고 있다. '벗이여'라는 호칭어는 한용운의 시편의 문두에서 가끔 사용되는 어휘이다("벗이여 나의 벗이여 애인愛人의 무덤 위의 픠여 잇는 쏫처럼 나를 울리는"(「타골의 시詩를 읽고」)).

김억은 시의 후반부 문두에 'but'가 나타날 때는 명확한 논리관계를 드러내는 '그러나'로 역하는데, 이것은 시 후반부의 주제부의 의미를 강조하는 의도와 관련을 지닌다. 이와 같은 'but' 번역의 운용방식은 김억의 『기탄자리』 역시편들에서 거의 일정하게 나타난다. 단적으로, 「기탄 30」을 보면, "저는 혼자 저의 밀회소密會所로 갑니다. **한데** 고요한 어둡은 속에서 누군지 저를 짤아옵니다. 저는 그를 피避하랴고 다른 길을 걸엇슴니다. **만은** 암만하여도 피避할 수가 업섯슴니다. 그는 신을 짱에 쓸어, 몬지를 일으키며, 제가 하는 모든 말에 큰소리를 더합니다. / 주主여, 그는 저의 조고마한 「나」입니다. 그는 부스럽음을 몰습니다. **그러나** 저는 그와 함씌 주主님의 문전門前에 온 것을 부쓰러버 합니다"를 들 수 있다. 방점을 둔 부분에서 보듯이, 김억은 원문에 나타나는 'but'에 관해서 의미상의 비중도에 따라 각각, '—한데', '—만은', '그러나'로 역하였다. 그는 『기탄자리』 신앙시편에서 문장의 흐름을 자연스럽게 이어주는 접속어를 선호하였는데, 단적으로 그는 'and'의 번역에 관해서도 앞 문장에 'many'가 나왔을 경우 '만하' 즉 '많아(서)'라고 역한다. 그리고 'but'의 경우는 대체로 '—만은', '—한데' 등을 사용하는데, 이것은 '그러나'보다는 간결한 표현이면서도 'ㅁ음'과 'ㅇ음'을 살린 부드러운 어감을 드러낸다. 그럼에도 그는 시 후반부에서 내용상의 전환이 일어나거나 문맥상으로 부정을 통하여 주제부의 의미를 강조하고자 할 때에는 '그러나'를 쓰고 있다. 일반적으로, 그의 『기탄자리』 역시편에서 '—만은'은, '하지만은'의 축약이라는 점에서, '그러나'보다는 좀 더 약한 부정의 의미를 지니며 앞의 맥락의 흐름에 단절을 완화시키는 효과를 준다.

인용한 김억의 위 시에서도, 그는 시의 후반부에서 주제를 강조하거나 의미의 유의성을 지니는 단락에서 주로 문두에 나온 'but'만을 '그러나'로서 역하였다. 이러한 '그러나'의 운용방식은, 한용운의 시편들에서도 유사한 방식으로 이루어지고 있다. 단적으로, 인용한 한용운의 위 시에서도, 의미의 전환이 일어나는 시 후반부 단락의 첫 부분인, "그러나 리별을 쓸데업는"에서는 '그러나'를 사용하지만, 시의 전반부인, "아々 님은갓지**마는** 나는"에서는 '만은(마는)'을 사용하고 있다. 이와 같은 '그러나'의 운용방식은 김억의 『기탄자리』 역시편에서 보편적으로 나타나는 개성적 역어방식인 동시에, 한용운의 시편들에서 특징적인 표현방식이라고 할 수 있다. 한용운이 시편들에서 시의 후반부나 주제부에서 '그러나'를 한 차례 활용하여 시상을 전환시키는 시편들은 「님의 침묵沈默」, 「나의 길」, 「당신은」, 「밤은 고요하고」, 「복종服從」, 「금강산金剛山」, 「거짓리별」, 「인과율因果律」, 「우는 때」, 「타골의 시詩(GARDENISTO)를 읽고」, 「여름밤이 기러요」, 「명상冥想」, 「쏫싸옴」 등이 있다.

2) '-습니다체'와 종교적 산문시

나의旅路는 時間이 걸니며, 그길이 멉니다. 나는 번듯하며 빗나는 새벽볏의 첫수레를 타고, 길을떠나, 만흔恒星과 여러遊星에 나의足跡을 남기면서 三千世界의 荒漠界를 지내, 나의길을 쌀니하엿습니다.

主에게 가쟝 갓갑은길은 가쟝 먼길이며, 가쟝單純한 音調를 타는것은 가장複雜한것입니다.

길손이 自己의 잇을집을 차즈랴면 다른 모든집을 쑤다려보아야하며, 畢

竟 가장깁흔 聖殿을 차즈랴하면 外部의全世界를 싸고돌아야합니다.

눈을 감고, 「主가 여긔게시다」하기까지에는 나의눈은 멀게도 넓게도 아득엿습니다.

「아々어데?」하는疑問과, 絶叫는 千萬줄기의눈물이되야, 「내가 여긔잇다.」하는 確信의洪水에 왼世界는 잠깁니다.

김억 역, 「기탄자리 12」[15]

당신은 나로하야금 날마다날마다 당신을기다리게함니다

一定한步調로거러가는 私情업는時間이 모든希望을 채칙질하야 밤과한께 모러갈때에 나는 쓸々한잠자리에 누어서 당신을 기다림니다

기슴가온대의低氣壓은 人生의海岸에 暴風雨를지어서 三千世界는 流失되얏슴니다

벗을일코 견듸지못하는 가엽슨잔나비는 情의森林에서 저의숨에 窒息되얏슴니다

宇宙와人生의根本問題를 解決하는 大哲學은 눈물의三昧에 入定되얏슴니다

나의 「기다림」은 나를찻다가 못찻고 저의自身까지 이러버렷슴니다

한용운, 「고대苦待」

15 이 시의 원문은 다음과 같다.
THE time that my journey takes is long and the way of it long. / I came out on the chariot of the first gleam of light, and pursued my voyage through the wildernesses of worlds leaving my track on many a star and planet. / It is the most distant course that comes nearest to thyself, and that training is the most intricate which leads to the utter simplicity of a tune. / The traveller has to knock at every alien door to come to his own, and one has to wander through all the outer worlds to reach the innermost shrine at the end. / My eyes strayed far and wide before I shut them and said "Here art thou" / The question and the cry "Oh, where?" melt into tears of a thousand streams and deluge the world with the flood of the assurance "I am!"

위의 한용운 시를 살펴보면, 김억의 위의 번역시의 시적 구도와 형용어구의 구사면에서 매우 유사성을 지니고 있음을 알 수 있다. 김억의 역시에서는 '나'가 님을 찾아나서는 것을 상징적으로 형상화하고 있다면 한용운의 시는 '나'가 '님'을 기다리는 장면을 형상화하고 있다. 그럼에도 두 시의 구도가 유사성을 지니고 있는 것은 '나'가 '님'을 찾아나서는 상징적 장면이나 '나'가 '님'을 기다리는 내면적 풍경의 형상화가 흡사하기 때문이다. 즉 시간을 의인화하여 밤을 지나 새벽이 되도록 기다리는 장면의 형상화라든지, 님을 찾거나 기다리는 여정의 황막한 장면을 표현한 점이라든지 우주와 인생의 근본에 대한 의문을 나타낸 점이라든지 등을 들 수 있다.[16]

그런데 한용운의 "가슴 가온대의 저기압低氣壓은 인생人生의 해안海岸에 폭풍우暴風雨를 지어서 삼천세계三千世界는 유실流失되얏슴니다"에서, "삼천세계三千世界"라는 표현은 김억의 위 시에서의 "삼천세계三千世

16 무엇보다도 두 시는 마지막 장면에서 '나'가 구도자로서의 눈물을 쏟아내는 장면이 유사하다. 그런데 두 시편의 마지막 귀결방식이 큰 차이를 보인다. 타고르의 원시가 '나'와 '님'과의 조우에 관한 상상을 이중적인 방식으로 풀어놓았다면 김억은 '나'와 '님'과의 조우로 인한 감격으로 귀결방식을 두었다. 한편 이 역시와 문장구성과 어휘구사 면에서 유사성을 지니는 한용운의 시에서는 '님'과의 만남을 얻지 못하고 눈물을 흘리는 귀결을 보여준다. 그 이유는 한용운의 시는 김억의 번역시의 창작적 귀결처럼 '나'가 님과의 합일을 단순히 내면적으로 성취하는 방식이 아니기 때문이다. 김억의 역시에서 변용된 '님'은 '나'가 자신의 내면 속에서 정신적인 충만함의 대상이 된다면 한용운 시의 '님'은 그러한 내적인 합일의 방식만으로는 안 되는, 이별한 어떤 실체적인 대상 혹은 현실적인 여건 등까지도 환기시킨다. 구체적으로, '나'가 '님'과 꼭 재회해야만 하지만 그것에는 지난한 고통이 따르므로 그것을 견디기 위해서는 '나'를 잊고 '님으로 가는 길' 그 자체가 되는 것만을 상상해야만 하는 상황을 보여준다. 한용운의 '님'이 김억의 '님'처럼 관념적이고 형이상학적인 것만으로는 구해지지 못하는 것은 그의 '님'은 잃어버린 나라 찾기라는 실체적인 영역과 아울러 관련을 맺기 때문이다. 그리고 한용운이 어떤 이상이나 신념, 대상에 관한 이상적 동경이나 정서적 지향을 넘어서 그것을 실현시키는 현실적인 방식과 역경까지를 실체화하여 상상하는 방식은 그가 어떠한 역경 속에서도 그 신념을 실천할 수 있었던 절대적 의지와 관련을 지닌다.

界의 황막계荒莫界"라는 수식어구와 관련을 맺고 있다. 김억의 "삼천세계三千世界의"라는 수식어구는 타고르 시 원문에는 없는 수식을 활용한 것이다. 위 시 뿐만 아니라, 김억은 「기탄 56」에서도 "삼천세계三千世界의"라는 표현을 쓰고 있으며 이 어구의 원어구는 "all heavens"이다. 또한 그는 『잃어진 진주』의 「아편쟁이」 역시에서도 'A million ages'라는 어구를 '백천만 년百千萬年'이라고 역하였다. 이와 같이 큰 수치를 활용한 수식어구의 표현방식은 김억의 창작적 번역의 특징 중의 일부이다. 그리고 한용운의 위 시 첫 어구인 "당신은 나로하야금 날마다 날마다 당신을 기다리게 합니다"란 어구는, 김억의 「기탄 14」에서 "날이면 날마다, 주主끠서는 저로하야금 (…중략…) 만들어주십니다"라는 김억의 역시어구를 떠올리게 한다. 이것의 원시 구문은 "Day by day thou art making me worthy of"로서 '날이면 날마다'와 '저로하야금'의 표현어구는 김억이 고심해낸 특유의 문체를 보여준다.

그리고 김억이 원시의 다양한 의미결로부터 어떤 것을 초점화하는 역시의 방향성을 살펴보면, 그는 주로 형이상학적인 종교적 주제를 부각시키고자 하였음을 알 수 있다. 이것은 그가 위 시에서 'thou'와 'I'의 관계를 창작적으로 해석한 사실에서 구체화된다. 원시의 '당신'과 '나'의 관계에 관한 김억의 창작적 해석을 단적으로 드러내는 부분은, 이 역시 원문의 마지막 세 줄이다. 이 구절에 대하여, 김억은 "눈을 감고, '주主가 여긔게시다' 하기 까지에는 나의 눈은 멀게도 넓게도 아득엿습니다. / '아々어데?' 하는 의문疑問과, 절규絶叫는 친민千萬 줄기의 눈물이 되야, '내가 여긔 잇다' 하는 확신確信의 홍수洪水에 왼 세계世界는 잠깁니다"로 역하였다. 이것은 앞의 전개부분을 고려할 때 구도자가 신을 향한 고뇌에 찬 구도의 여로에서 마침내 깨달음의 경지에 이르는 감동을 체험한다는 것으로 번역한 것이다. 그런데 이것은 김억이 타고르 원시의 다양한 의미결 중에서 그가 형이상학적인 주제를 부각시키고자 하는 창작적 지향과 관련이 깊다.

이러한 사실은 이 구절에 관한 마시노 사부로의 번역, "내 눈은 내가 눈을 감고 '신은 여기에 있다'고 말하는 앞을, 아주 멀게 떨어져 헤매고 있다. / '아 어디에'라는 회의와 비탄은 천개의 하천의 눈물로 녹고 있다. 그리고 '아야我也'의 망념妄念의 범람은 세계를 홍수로 넘치게 하고 있다私の眼は, わしが眼をつぶつて「神ここに在す」といふ前を, 遙かに遠く隔たつて迷うて居る. /「おお何處に」といふ懷疑と悲歎とは, 千の河川の涙に解けてゐる. そして「我也」の妄念の汎濫が世界を洪水としてゐる"를 보면 명확해진다. 마시노 사부로는 구도자가 신을 향한 깨달음을 얻지 못하고 결국 비탄의 홍수 속에 잠긴 것으로 김억의 번역과는 정반대로 해석하였다.[17]

김억이 "'내가 여긔 잇다' 하는 확신確信의 홍수洪水에 왼 세계世界는 잠깁니다"라고 표현함으로써, '확신의 홍수'와 '왼 세계의 잠김'이란 구도자가 깊은 깨달음으로 인한 한없는 눈물을 흘리고, "I am!"을 단순한 직설적 번역인 '나다'가 아니라, '나'가 '여기에' 있는 것, 곧 신의 대답이자 신이 여기에 있으며 혹은 신의 존재를 깨닫는 내가 여기에 있으며 혹은 신과 나가 함께 있기도 한 것을 의미하도록 만들었다. 김억의 번역은 '나'가 있는 '여기에' '신'이 있음을 깨닫는 것 즉 원시로부터 좀 더

17 이 점 역시 근본적으로는 여러 가닥의 의미결을 지니는 원시에 그 해석이 씨앗이 있다고 볼 수 있으나 그 여러 의미결의 한 가닥만을 끌어내서 선택, 해석한 것은 김억의 창작적 지향점과 내밀한 관계를 지닌 것이다.

형이상학적인 함축적 의미를 부가시키고 있다. 타고르 신앙시에 대한 김억의 해석적 방향에서 볼 때, 그는 형이상학적인 종교적 성향을 강하게 취하고 있다. 이것은 그가 염두에 둔 시의 화자가 '신'을 향한 구도자로서의 경건한 태도를 지녔다는 확신과 관련이 있다. 이러한 김억의 역시의 전체적 방향성은, 문장 표현이나 해석에 있어서 대상에 대한 지극한 높임의 '-시-'와 '-습니다'의 일관된 사용으로서 나타난다.

인용된 김억의 역시에서, '멉니다', '빨니 하엿습니다', '것입니다', '합니다', '아득엿습니다', '잠깁니다' 등의 술어에서 보듯이, 이 시는 처음부터 끝까지 일관된 '-습니다체'로 구성되고 있으며 이것은 김억의 타고르 신앙시 전반에 걸쳐서 일관되게 이루어지고 있다. 즉 그는 시의 대상을 절대적인 신적 대상으로 간주하고 지극한 높임의 어법을 취한 것이다. 지금에서 보면, 신앙시로서 일관된 높임의 표현과 이 같은 '-습니다체'가 자연스럽지만, 김억이 타고르시를 번역하던 1920년대 초에서 볼 때 이러한 표현들은 김억이 시의 내용을 해석하고 그에 적합하도록 고심하여 취한 그의 개성적 종교적 산문시의 문체였다. 이와 같이 시적 대상을 지극히 높인 그의 종교적 산문시의 '-습니다체'는 한용운의 시편에서도 유사한 방식으로 나타난다. 한용운의 위 시에서, 그는, '함니다', '기다림니다', '유실流失되얏슴니다', '실식窒息되얏슴니다', '입정入定되얏슴니다', '이러버렷슴니다' 등에서 '-습니다'를 취하고 있으며 이와 같은 높임의 일관된 술어운용은 『님의 침묵』 시편들의 시문체상의 주요한 특성이다.

한편, 『님의 침묵』에서는 '-습니다' 이외에 '-어요'라는 여성적 어조가 부분적으로 나타나는데, 한용운은 시적 대상이 형이상학적인 대상이라기보다는 연인의 대상이 부각되거나 여성화자의 목소리를 취하고자 할 때 '-어요' 술어를 취하기도 한다. '-습니다'를 주조로 하면서도 간혹 '-어요'를 사용하는 문체적 특성역시, 김억의 타고르 역시집에서 나타나는 김억의 개성적 문체적 특성과 관련된다. 단적으로, 김억의 「기탄 22」에서 "아々 저의 하나인 벗이여, 저의 가장 사랑하는 이여, 제 집 문門이 열엿**습니다**. ―쉶과 가치 그대로 지내가시지 말으**셔요**"와 한용운의 「가지마서요」에서 "몸과 마음을 돌々 뭉처서 사랑의 바다에 퐁당 너랴는 사랑의 여신女神이 아니라 칼의 우슴**입니다**/ 아々 님이어 위안慰安에 목마른 나의 님이어 거름을 돌니**서요** 거긔를 가지마**서요**"를 들 수 있다. '-어요'의 간헐적 사용은, 신을 향한 구도자의 발화가 두드러지는 김억의 『기탄자리』에 비해, 연인을 향한 발화가 두드러지는 김억의 『원정』에서 두드러지는 술어 표현이다. 원시의 내용에 따라 '-습니다'를 주조로 하면서도 '-어요'를 병용하는 것까지 김억의 타고르 역시체와 유사한 한용운의 문체적 특성을 볼 때, 그는 김억의 타고르 역시를 경전처럼 읽고 또 읽으며 우리 근대산문시형의 전범을 익힌 것으로 간주된다.

한용운이 『님의 침묵』을 내던 전후 무렵인, 1920년대 초반 무렵, 타고르에 관한 우리 문학인의 관심은 지대하였다. 단적으로 우리문단의 주축을 이루었던 상당수의 문인들이 타고르의 시 몇 편씩은 번역한 바가 있으며 1910년대와 1920년대 문단의 거목이었던 이광수로 추정되는 '노아' 또한 타고르의 시를 30편 번역하였다.[18] 그럼에도 김억의 타

18 장정희가 정리한 것에 따르면, 당시 우리나라의 문인들의 타고르 문학의 번역상황은 다음과 같다.

고르 번역에 있어서 높임 표현의 '-습니다체'의 고유성은 당대의 다른 문인들이 타고르 시를 번역한 것과 대비를 이룬다.

최동호는 타고르 시편에 대한 오천석, 정지용, 김억의 어미를 비교하였는데, 오천석은 '-서이다체'로서 내간체의 고아한 종결어미를 그대로 구사했으며 정지용은 '-서이다 / -옵니다 / -나이다 / -어이다체'로서 내간체와 현대적 의미의 종결형을 혼용하였으며 김억은 '-ㅂ니다체'라는 현대서구적 서술형 종결어미형을 일관하여 적용하였음을 귀납적 작품분석을 통하여 설명하였다. 구체적으로 기탄자리의 동일한 시 한 편에 관하여 오천석은 '-서이다 / -서이다 / -서이다 / 서이다 / 서이다 / 서이다'로, 노아(이광수)는 '-입니다, -십니다 / -십니다 / -

진학문(최남선) : 「인도의 세계적 시인」(소개) 1편, 「타先生送迎記」(르포) 1편, 『기탄자리』·『원정』·『신월』 3편, 「쫓긴이의 노래」 1편(『청춘』 11호, 1917.11)
한용운 : 「생의 실현(一)」(평론) 1편(『유심』 창간호, 1918.9), 「생의 실현(二)」(평론) 1편(『유심』 2호, 1918.10)
방정환 : 『신월』 2편, 『기탄자리』 1편(『개벽』 창간호, 1920.6)
오천석 : 「우편국」(희곡)(『학생계』 창간호, 1920.7), 『기탄자리』(一) 7편(『창조』 7호, 1920.7), 『기탄자리』(二) 11편(『창조』 8호, 1921.1)
김유방 : 「시성타쿠르에 대하야」(소개) 1편(『학생계』 창간호, 1920.7)
박종화 : 「쫓김을 받은이의 노래」 1편(『서광』 7호, 1920.9)
노자영 : 「타쿠르의 자연학원」(소개) 1편(『서광』 7호, 1920.9)
노아 : 『기탄자리』 30편(『신생활』 6호, 1922.6)
정지용 : 『기탄자리』 9편(『휘문』 창간호, 1923.1)
백기만 : 『신월』(一) 4편(『금성』 창간호, 1923.11), 『신월』(二) 2편(『금성』 2호, 1924.1)
김억 : 『원정』 9편(『개벽』 25호, 1922.7), 『기탄자리』 3편(『청년』 3권 7호, 1923.7), 『기탄자리』 7편·『원정』1편(『조선문단』 2호, 1924.11), 『기탄자리』 103편(이문관, 1923.4), 『신월』 40편(문우당, 1924.4), 『원정』 85편(안동서관, 1924.11)
구보 : 「승리」(소설) 1편(『청년』 6권 3호, 1926.3)
여기서 타고르 시가 본격적 소개, 번역은 1922년과 1924년 사이에 집중적으로 이루어졌다는 점이며 이 시기에 김억은 타고르 시 전체를 완역하였으며 그 다음으로 타고르 시를 많이 번역한 이는 '이광수'로 추정되는 '노아'라는 점에서 당대 타고르시가 우리 문단에 끼친 영향력의 정도를 알 수 있다. 장정희, 「1920년대 타고르시의 수용과 小波 方定煥의 위치」, 『인문연구』 63호, 영남대 인문과학연구소, 2012.12, 1~28쪽 참고.

읍니다/ -입니다, -습니다', 정지용은 '-소이다/ -읍니다/ -읍니다/ -읍니다/ -나이다, -십니다, -어이다, 김억은 "-습니다, -입니다/ -십니다/ -십니다/ -립니다, -습니다"를 취하였다. 오천석과 정지용은 '-이다체'이며 노아와 김억은 '-ㅂ니다체'라고 할 수 있다.[19] 즉 "김억의 '-ㅂ니다체'는 현대 서구적 서술형 종결어미형을 일관하여 적용한 예와 확연하게 구별된다."[20] 이것은 단순히 문체상의 문제라기보다는 김억이 「역자의 인사」에서 고백하였듯이, 어떤 우리말식 문체를 사용할 것인가에 대한 고민이 외현화된 것이다.

즉 김억의 일관된 '-습니다체'는 그가 타고르의 시편들에 대한 그 나름의 해석과 관련이 있다. 그가 타고르의 『기탄자리』와 비슷한 시기에 출간하였던 아서 시몬즈의 『잃어진 진주』는 '-어라체'를 취하여 낭만적 연애시풍의 운문시로 번역하였다는 사실을 고려해 볼 필요가 있다. 그는 타고르의 시편들을 종교적 산문시로 간주하고 구도자의 화법에 가장 알맞은 문체를 고심하여 선정하였으며, 이것은 그가 역시후기에서 어떠한 문체를 취할 것인가에 관한 치열한 고민에서도 드러난다. 이러한 그의 시문체 선정은 단순하지 않은 것인데, 이것은 타고르의 『원정』에서는 여왕과 신하의 우리식 궁중어법에 맞는 고풍스러운 분위기를 살린 문체를 취하거나 연시의 성향이 강한 시편들은 '-어요체'를 혼용하기도 한 점,[21] 그리고 『신월』 시편에서는 '어린아이와 같은

19 최동호, 「정지용의 타고르 시집 『기탄자리』 번역 시편-1923년 1월 발간된 『휘문』 창간호를 중심으로」, 고려대 한국학연구소, 『한국학 연구』 39, 2011.12, 19~23쪽 참고.

20 위의 글, 22~23쪽.

21 김억은 『원정』의 번역에서, 여왕과 신하의 대화라는 상황과 고어체 표현을 우리말로 어색하지 않게 표현하여 고도로 숙련된 번역가로서의 자질을 유감없이 보여준다. 구체적으로, 김억은, 여왕과 신하 그리고 여인에 대한 그리움 등이 복합적으로 형상화된 시편

문체'를 고심하여 동화적 분위기를 살리려 한 표현 등에서 확인된다.[22]

1920년대 초 서구 근대시 번역은 그 과정 자체가 우리 근대서정시의 창안과정과 등가를 이루는 일이라고 해도 과언이 아니다. 그러한 지점에서 김억이 타고르 시집 전체를 우리나라 최초로 '완역'한 일 그것도 '원어역'한 일은 주목을 요한다. 김억은 자신이 아는 언어에 관해서는 일어본을 중역한 번역방식을 취하지 않고 원시를 보고 원어역하거나 일어본을 참고로 하더라도 그만의 새로운 안목과 우리말의 자연스러운 어법을 드러내는 타고르 번역을 실천하였다.[23] 뿐만 아니라 김동인이 김억의 문체라 불렀던 '－어라 / －아라체' 그리고 김억이 타고르를 번역하면서 아이스크림과 같은 어감이라고 고수했던 '－습니다체'의 어법은 당시에는 새로운 시문체였으며 그것들은 당대문인들 사이에서 놀라운 파급력을 지니고 있었다.

> 나는 韻文 가튼 것에는 말할 것도 업고 散文 가튼 것에서도 될 수 잇는데로 그 使用을 避하랴고 합니다. 이것을 내 自身의 偏性답은 語感이라고 비웃을 이가 잇슬는지 모르겟습니다. 만은 가튼 「다」 吐 에도 보드랍고 아름다운 感을 주어 될 수 잇는데로 만히 使用하고 십흔 것이 잇스니 그것은 「갑니다,

---

들을 우아한 궁중적 문체를 살리면서 번역하였으며, 인칭대명사의 사용이나 지칭어의 사용에서 자연스럽고 섬세한 우리말식 높임법을 구사하였다. 최라영, 「김억의 『원정』 연구」, 『어문학』 119집, 한국어문학회, 2013.3, 311～338쪽 참고.

22 김억의 『신월』 번역은, '어린아히를 위한 시집詩集'으로서의 '조선朝鮮옷'을 입히기 위해, 짧은 문장으로 된 '자연스러운 구어체' '표현表現'을 사용하였으며 어린아이를 염두에 두거나 어린아이에게 말을 건네는 듯한, 동화적 '필치筆致'를 활용하였다, 최라영, 「김억의 『신월』 연구」, 『한국시학연구』 35호, 한국시학회, 2012.12, 445～470쪽.

23 최라영, 「김억 번역 연구－『기탄자리』를 중심으로」, 『한국시학연구』 33호, 한국시학회, 338～350쪽 참고.

이외다」「습니다, 외다」 가튼 것이외다 (…중략…) 도로혀 「다」를 쓰는 것 보다도 나는 「어라, 서라」와 가튼 것을 씁니다. 이 말 못한는 「어라, 서라」를 가지고 詩的 用語로 이러니 저러니 하면서 金東仁 가튼 親故는 所爲 「岸曙式」이라는 이름을 부처 줍니다.[24]

김억의 타고르 번역시와 관련하여 한용운의 종교적 산문시의 문체적 관련성을 살펴보는 일은 단순히 시인 간의 영향관계를 규명하는 일을 넘어서 있다. 그 이유는 한용운의 산문시집인 『님의 침묵』이 종교적, 사상적, 문학사적 가치를 지녔을 뿐만 아니라, 이 시집이 이후 우리 근대시사의 종교적 산문시의 전통으로 이어지기 때문이다. 그리고 근본적으로는 한용운의 『님의 침묵』이 타고르 시정신과의 연관선상에서 발전적으로 전개되었으나, 그 산문문체의 연원이 우리 스스로 서구 근대시를 원어역하고 우리문화와 어법에 적합한 문체를 고심하여 '창작한' 김억의 노력에 기저해 있다는 사실은 우리 근대산문시의 자생적 근원과 주체적인 전통의 기원을 의미하기 때문이다.

근대 초창기 문인이었던 김억의 개인시집과 번역시집 모두가 우리나라 '최초의'라는 수식어를 다는 것이었다. 김억이 서구 근대시를 번역하는 그 과정 자체는 우리 근대시의 시형과 문체를 창안하는 과정과 등가의 의미를 지니고 있었다. 무엇보다도 그의 번역시문체와 그것의 구조적 특성은 당대 우리 문인들에게 지대한 영향력을 지니고 있었다.[25] 의미 있는 사실은 김억의 타고르 번역시문체는 그가 서구 근대

24 『조선일보』, 1929.12.18~19; 박경수 편, 『안서 김억 전집』, 한국문화사, 1987, 407~410쪽.
25 "'-아라' '-으라' '-서라'와 같이 비슷한 어감語感의 종결어미를 반복하여 리듬감을 주었

시를 원어역하여 그것을 우리문화와 우리말 구조에 적합하도록 창안하는 과정을 거친 것이었다는 점이다. 그렇기 때문에 그는 자신의 번역시의 특성에 관하여 '창작적'이라는 수식어를 붙이기도 하였던 것이다("오역誤譯이 잇다하여도 그것은 역자譯者의 잘못이며, 엇지하야 고흔 역문譯文이 잇다하여도 그것은 역자譯者의 영광榮光임니다. 시가詩歌의 역문譯文에는 축자逐字, 직역直譯보다도 의역意譯 또는 창작적創作的 무드를 가지고 할 수박게 업다는 것이 역자譯者의 가난한 생각엣 주장主張임니다").[26] 새로운 근대시문체의 창조라는 측면에서 그의 명명은 적합하기도 하지만 실제로 그의 번역 작업이 방식 면에 있어서도 그의 '창작적' 면모는 발휘되었다. 김억은 서구 근대시의 형식을 지닌 타고르 원시를, 서구와는 다른 표현방식으로 된 우리문화의 것으로 전환하였으며 그 새로운 의미구조에 알맞은 우리의 근대산문시형과 시문체를 만들어내었다.

3. 결론

이 글은 김억의 창작적 역시가 한용운의 시문체에 미친 영향에 관하여 문체적 특성을 중심으로 살펴보았다. 김억은 타고르의 신앙시에 대해서, 형이상학적 종교적 신앙시의 특성을 살리도록 높임의 '-습니다

다. 이러한 유형의 종결어미는 『오뇌의 무도』뿐 아니라 『잃어진 진주』(번역시집)와 창작시집 『해파리의 노래』에까지 폭넓게 사용되면서, 김억의 고유한 문체로 알려지게 되었다. / 당시 김억의 번역 문체는 큰 반향을 불러일으켰으며, 당대의 많은 문학청년들에 의해 반복적으로 재생산되었다", 심선옥, 「근대시 형성과 번역의 상관성-김억을 중심으로」, 『대동문화연구』 62집, 성균관대 대동문화연구원, 2008.6, 342쪽.

26 「譯者의 人事 한마듸」, 『오뇌의 무도』, 광익서관, 1921.

체'를 일관되게 구사하였다. 그리고 그는 '아아—'로 시작하여 호칭어를 두는 시적 방식을 주요하게 활용하였으며 술부의 반복을 활용하여 주요내용을 명확히 드러내면서도 구도자의 간절한 자세를 드러내는 문체를 취하였다. 이와 같은 김억의 창작적 산문시 문체는 그의 타고르 번역전집 발간 이듬해에 나온 한용운의 『님의 침묵』에서 '—습니다체'로 된 종교적 산문시체와 '아아—'로 된 술어의 반복구문 및 시구의 형상화 그리고 접속어의 해석과 활용 등의 측면에서 유사한 방식으로 나타나고 있다. 『님의 침묵』 이전 한용운의 시편들의 주요 시어 및 시적 형상화 그리고 문체적 특성을 고려할 때 그는 김억의 타고르 번역시체로부터 종교적 산문시형의 전범을 익히고 그 토대 위에서 우리 근대산문시의 계통을 발전시켰으며, 그만의 깊이 있고 창조적이며 실천적인 세계를 구현해 나갔다. 의미가 있는 것은 한용운의 종교적 산문시의 전통으로 이어지는 김억의 산문시형 및 문체가, 일제치하 일어를 경유한 것이 아니라 '원어역'을 통하여 서구 근대시의 전범을 주체적으로 익힌 산물이며 우리 고유의 근대시형과 자연스러운 시체를 모색한 자생적 토대를 보여준다는 사실이다. 이것은 곧 일제치하에서 형성된 우리 근대시가 자생적·독창적 전통을 지니고 있음을 명백하게 나타내는 것이다.

김억의 '창작적 역시'가 김소월의 '낭만적 운문시'에 미친 영향

1. 김억의 '창작적 역시'와 김소월 시의 관련성

김소월과 한용운은 근대서정시의 '님의 시학'의 전통에 있어서 선구적인 자리매김을 할 뿐만 아니라 이들의 시는 우리 근대운문시와 산문시의 전범 역할을 하였다. 김소월은 '님'을 대상으로 한 고전시가의 전통을 이어받으면서도 세련된 현대적 율격을 원용한 근대서정시의 특성을 보여준다. 그리고 한용운은 실체적인 대상으로부터 형이상학적인 대상에 이르는 '님'의 의미역을 보여주면서 전통적인 시가에서의 연인이나 유교적 신념의 층위와는 다른 차원에서, 종교적 · 정신적 궤적을 담아내기에 적합한 근대산문시의 영역을 심화시킨 특성을 보여준다.[1] 그런데 김소월과 한용운의 근대서정운문시와 산문시 각각의 시형과 시체의 주요 매개항으로서 김억의 '창작적 역시'와 그의 근대시

형, 시체가 자리하고 있음에 주목할 필요가 있다.[2]

김억이 김소월을 발굴하고 그의 시를 수정하여 지도, 등단한 사실과 김소월의 시편들이 김억에 의해 개작, 편집을 거쳐 발표된 사실은 널리 알려져 있다. 무엇보다도, 김소월의 『진달내꼿』은 1, 2년여의 기간 동안 김억에게 맡겨져, 그에 의해 전적으로 일임되어 시편들의 수정, 편집, 출간이 이루어졌다. 이에 관해, 오하근은 "스승이었던 안서岸曙 김억金億의 영향으로 시를 씀. 이 인연에 의하여 김소월金素月의 시는 대부분 김억金億을 통하여 개작 발표됨 (…중략…) 김억金億 발간의 『가면假面』지의 자금난을 해소하기 위하여 김억에게 시집 원고 및 일체의 권리를 양도하여 『진달내꼿』이 발간"[3]하였음을 진술하고 있다. 그는 「김소월 시에 끼친 김억의 영향」에서 『진달내꼿』의 발간시기까지 김소월의 시편들이 이전의 김억 시의 문체와 어법과 동일한 측면을 지적

---

1 김억의 창작적 번역시와 한용운의 시와의 관련성에 주목한 논의로는, 최라영, 「김억의 창작적 역시가 근대시에 미친 영향－한용운 시와의 관련성을 중심으로」, 『어문학』 123집, 한국어문학회, 2014.3, 323～350쪽 참고.

2 김소월 시의 원본텍스트에 관한 주요한 연구를 들어보면, 정한모, 「소월시의 정착과정 연구」, 『성심어문논집』 4집, 성심어문학회, 1977.8, 101～155쪽; 조남현, 「개작과정으로 본 소월 시의 裏幕」, 『문학사상』 51, 문학사상사, 1976.12, 270～279쪽; 김종욱, 「이 경이, 문학사에 도전하는 집념」, 『문예중앙』, 1978 봄, 350～355쪽; 김종욱 편, 『정본 소월전집』 상・하, 명상, 2005; 김용직, 「오히려 안서유고일수도」, 『문예중앙』, 1978 봄, 344～345쪽; 김용직 편, 『김소월전집』, 서울대 출판부, 1996; 윤주은, 「김소월시 원본확정에 관한 연구」, 『어문학』 41집, 한국어문학회, 1981, 61～105쪽; 윤주은, 『시혼과 음영－김소월 시 연구』, 울산대 출판부, 1998; 송희복, 『김소월 연구』, 태학사, 1994; 오하근, 「김소월 시에 끼친 김억의 영향－김억과 김소월의 관계 III」, 『국어문학』 31집, 국어문학회, 1996.1, 369～381쪽; 오하근, 「김소월이 김억 시에 끼친 영향 연구－김억과 김소월과의 관계考 IV」, 『원광대학교논문집』 30집, 원광대, 1995.11, 127～144쪽; 오하근 편, 『정본 김소월전집』, 집문당, 1995; 권영민 편, 『김소월시전집』, 문학사상, 2007; 전정구, 「미발표 소월 자필 유고의 쟁점과 과제」, 『비평문학』 33호, 2009.9, 427～451쪽; 임수만, 「김소월 시의 原本 문제」, 『청람어문교육』 46집, 2012.12, 653～682쪽 등을 들 수 있다.

3 오하근, 「김소월 年譜」, 『정본 김소월전집』, 집문당, 1995.

하였다.[4] 한편 그는 「김소월이 김억 시에 끼친 영향 연구」에서는 주로 김억의 후기시편이 김소월의 영향을 받는 측면을 논의하였는데 이러한 논지의 과정에서도 김억과 김소월의 시편과 시구들이 혼용된 문제적 지점을 지적하고 있다.

김용직은 1977년에 발굴된 김소월(추정) 원고들에 관해서 필적보다도 내용에 초점을 두어서, 김소월의 것이 아닌 안서의 것으로 주장하면서 그가 김소월의 작품에 자의적 첨삭을 하였으며 수고본의 대다수 작품들이 안서 김억이 신문, 잡지 등에 이미 발표한 것들이라고 주장하였다.[5] 조남현은 「먼 후일後日」, 「못닛도록 생각이 나겠지요」, 「진달내쏫」, 「금잔듸」에 관하여, 『개벽』 판본과 『진달내쏫』 판본을 비교, 검토하고서, 시편들의 개작이 "온전히 소월素月 자신自身의 손에 의했다는 근거는 밝혀낼 길이 없으며 다만 개인적인 영향 수수授受관계로 보아 '안서의 손길이 닿았을 것'"[6]이라고 주장하였다. 최근에 임수만은 김소월의 '삼수갑산' 시편의 이본들을 검토하면서 김소월의 유고작들에 대한 김억의 가필로 인해 김소월의 원본이 훼손된 측면을 비판적인 관점에서 논의하였다.[7]

김소월에 관한 김억의 영향과 관련한 근래 연구들은 김소월 시편에 대한 김억의 영향, 특히 가필에 관하여 비판적인 시각에서 접근하고

---

4 오하근은 김소월 시에 나타난 김억의 문체적 특징에 관하여, ① 동일어법, ② 유사시구, ③ 유사시로 나누어 살펴보았다. 유사시의 항목에서 그는 김억의 「안동현의 밤」과 김소월의 「서울밤」의 사례를 들어서 두 시의 사상과 시어의 전개의 유사성을 논의하였다. 오하근, 「김소월 시에 끼친 김억의 영향 — 김억과 김소월의 관계 III」, 『국어문학』 31집, 국어문학회, 1996.1, 369~381쪽.

5 김용직, 「오히려 안서유고일수도」, 『문예중앙』, 1978 봄 참고.

6 조남현, 「개작과정으로 본 소월 시의 裏幕」, 『문학사상』 51, 문학사상사, 1976.12 참고.

7 임수만, 「김소월 시의 原本 문제」, 『청람어문교육』 46집, 2012.12 참고.

있으며 김소월의 시와 시구가 김억의 그것과 혼용되어 있는 지점에 관하여 지적하고 있다. 이것은 1970년대 김소월의 유고 자필원고의 발굴(문학사상사, 「미발표 소월 자필 유고시집」(『문학사상』, 1977.11))과 이에 관한 연구자들의 논의과정에서 김소월 시에 대한 김억의 개입과 두 시인의 시편들이 서로 혼용된 측면이 실증적으로 확인하게 되면서 더욱 문제적인 지점을 드러내었다. 이러한 지점에는 김소월 고유의 어법과 시의 가락이 김억에 의해 훼손되고 있다는 시각이 지배적으로 작용하고 있다. 그런데 문제는, 비단 유고시편들뿐만 아니라, 김소월의 시편들에 대한 김억의 지도와 영향은 김소월이 그의 학생일 때부터 이루어져왔으며 김소월의 등단, 게재, 그리고 그의 시집의 발간에 이르기까지 지속적으로, 김소월 시 생애의 평생에 걸쳐 이루어져왔다는 점이다.

실지로 『진달내쏫』에는 김억의 이전 시편들과 『잃어진 진주』에서 그가 서구시의 원어역을 통하여 우리 근대 낭만적 운문시형, 시체로서 고안하였던 그의 개성적 어법과 시체, 시형을 상당부분 찾아볼 수 있다. 그리고 『진달내쏫』의 술어어미와 시체는 김억의 그것과 동일한 것이다.[8] 특기할 것은 김소월의 대표작들인 「예전엔 미처 몰랐어요」, 「못 잊어」, 「금잔디」, 「먼 후일」, 「진달래꽃」 등 상당수의 작품들과 이것들의 개작과정에서, 김억이 서구 근대시를 원어역하는 가운데 창조

8 "물론 김소월의 초기 시에 김억의 시는 상당한 영향을 끼쳤을 것이다. 여기 예시한 특이한 동일어법뿐만 아니라 관용어법대로의 어법에서도 동일함을 알 수 있다. 김소월의 데뷔작인 「낭인浪人의 봄」, 「그리워」, 「오주午週의 읍泣」, 「야夜의 우적雨滴」, 「춘강春崗」(『창조創造』, 1920.3) 등과 추천시인 「먼 후일後日」(『학생계學生界』, 1920.7) 등의 시구절의 맺음이 '-아라' '-네' '이어' '-로라' 등 김억이 『오뇌의 무도』에서 쓴 맺음을 철저하게 따르고 있는 점에서도 알 수 있다." 오하근, 「김소월이 김억 시에 끼친 영향 연구-김억과 김소월과의 관계考 IV」, 『원광대학교논문집』 30집, 원광대, 1995.11, 140쪽.

한 그의 시형 · 시체 · 어법이 실증적으로 확인된다는 점이다. 그는 아서 시몬즈 시의 창작적 번역의 과정에서 대응어구와 대응시행의 반복에 의한 우리말 묘미를 살리는 것, 부차적 어구를 생략하고 시의 후반부에서 주제어구를 반복, 강조하는 것, 그리고 전체 짜임새를 면밀히 고려하여 행과 연, 두운과 각운을 구성하는 것을 보여준다.

그런데 『진달내쏫』 시편들, 특히 시편들의 시형 · 시체 · 어법에 지배적으로 끼친 김억의 영향에 관하여 지금의 시각이 아니라 당대의 맥락에서 살펴볼 필요가 있다. 1910년대 후반과 1920년대 초는 고전시가로부터 근대시의 이행기로서 근대시형, 시체의 전범이 부재한 시기였으며 김억은 이러한 상황 속에서 당대의 그 누구보다도, 우리말로 된 근대운문시형, 시체와 근대산문시형, 시체를 고민하고 모색한 궤적을 보여주었다. 그는 이러한 지향의 일환으로서 무엇보다도 서구 근대시의 번역, 원어역 및 우리말로 된 창작적 역시에 전념하였다. 그것은 그가 서구 근대시의 수용과 우리말 창작적 역시의 창조의 과정에서 우리말 근대시형, 시체를 구성하는 방식을 찾아내기 위한 것이었다. 이러한 그의 모색과 노력의 결과는 김소월의 시편들 특히 『진달내쏫』의 전반부를 구성하는 김소월의 대표작들에 반영되어 있다. 즉 김억은 시편들에서 한자어구로 된 생경한 표현을 어감이 좋은 간결한 우리말 시구로 바꾸었으며 고전시가와 문어체의 어법을 구어체로 된 우리말 시로 바꾸었다. 그리고 전체 짜임새를 고려한 행과 연, 각운과 두운 그리고 주제어구의 반복적 표현을 구사하였다.

이와 같은 특성은 남기혁과 권정우가 논의한 김소월 시의 근대적, 전근대적 특성에 관한 주목과 관련을 지니고 있다. 남기혁은 김소월

시에서 나타나는 근대의식과 반근대의식의 특성에 관하여 피식민 주체의 자기 발견 및 이질적 목소리의 표출방식으로서 김소월 시에서의 민요, 민담, 주술의 언어가 지닌 특성을 구체적으로 해명하였다.[9] 권정우는 김소월이 근대현실을 비판적으로 인식했으며 깊이 있는 현실인식을 지닌 시인이었다는 것을 논의하면서 김소월 시의 창작방법론의 핵심으로서 구어체 진술 및 발화상황에 대한 이해를 강조하였다. 즉 권정우는 김소월 시가 구어체 표현과 근대적 시형, 시체를 보여주는 특성을 통하여 김소월 시의 근대적 특성을 지적한 것이다.[10]

이 글은 이와 같은 연구들에서 밝혀진, 전대와 다른 새로운 차원을 개척한 김소월의 시편들이 우리말 구어체로 된 근대적 형태의 운문시형, 시체로 발전적으로 전개되는 지점에 주목하고자 한다. 그리고 이 글은 이러한 지점에 이른 중요한 매개항으로서 등단 무렵부터 김소월을 지도하였으며 그의 시편들을 수정, 개작하고 그의 시집을 전담 받아 출간한 김억의 지향을 중심으로 논의하고자 한다. 즉 『진달내꼿』이 민요시이자 자유근대운문시, 낭만적 연시의 전형으로서 자리 잡게 된 과정에 관하여, 김억이 끼친 영향관계에 주목하는 일은 의미가 크다. 김억은 고전시가로부터 근대시로의 이행기에 근대시, 시체의 전범이 부재한 시기에 서구 낭만적 근대시를 쓴 아서 시몬즈의 전집에서 낭만적 연시를 선택, 창작적으로 원어역하면서 우리말 운문시에 적합한 시형・시체・어법을 고심하였다. 그리고 이러한 김억의 정신적 소산, 즉

9 남기혁, 「김소월 시의 근대와 반근대의식」, 『한국시학연구』 11호, 한국시학회, 2004, 219~261쪽.

10 권정우, 「김소월 시의 구어체 진술」, 『한국현대문학연구』 41집, 한국현대문학회, 2013.12, 5~38쪽.

그가 모색해낸 우리말 근대운문시형, 시체가 궁극적으로 발휘된 장이 김소월의 『진달내쏫』 시편들인 것이다.

김억이 김소월을 지도하여 등단시키고 그의 시편들을 개작한 일은 오늘날의 그것과는 그 차원과 의미를 달리한다. 그것은 그 당시가 근대 초창기 고전시가로부터 근대시로의 이행기, 즉 우리말로 된 근대시의 전범이 부재하였으며 어떠한 방식의 근대서정시를 써나가야 할 것인가 하는 것에 관한 모색기라는 점에서 그 단초를 얻을 수 있다. 고전시가로부터 우리 근대시를 형성해가던 시기에 서구 근대시의 번역을 통하여 우리말로 된 근대시를 모색하는 일의 중요성에 관해서는, 단적으로, 춘원春園이 『잃어진 진주』 서문에서 김억에게 쓴 편지글, "어느째 어느곳에서나 번역飜譯은 창작創作과 갓튼 효과效果와 노력努力을 요要하는 것이지만은 특特히 오늘날 조선朝鮮과 갓튼 경우境遇에서는 그 효과效果가 창작創作보다 더욱 크고, 또 그 곤란困難이 창작創作보다 더욱 클 것이외다. 위대偉大한 외국문학外國文學의 번역飜譯 우에만 위대偉大한 조선문학朝鮮文學의 기초基礎가 설 것이니 번역飜譯의 공功이 얼마나 큼닛가"에서 알 수 있다.

김억은 우리 근대시형과 시체를 고안해내기 위한 주요한 일환으로서 선구적으로 서구 근대시를 소개하고 번역하였으며 그러한 모색의 결과물이 그의 '창작적 역시'였다. 김억의 창작적 역시, 특히 『잃어진 진주』와 『기탄자리』는 각각, 우리나라 최초의 서구 근대시 원어역 시신집과 시진집이라는 문헌사적 의의를 지닌다.[11] 『잃어진 진주』의 서

---

11 이에 관해서는, 최라영, 「김억 번역 연구—『잃어진 진주』를 중심으로」, 『어문학』 114집, 한국어문학회, 2011.12, 405~419쪽; 최라영, 「김억 번역 연구—『기탄자리』를 중심으로」,

문에는, 김억이 서구 근대시로부터 우리 고유의 새로운 근대시문체로 만들어내는 과정에서 치열하게 고민한 궤적을 살필 수 있다.

> 자전字典과 목을 맨다는 말이 잇습니다. 한 달 이상以上의 밤낫을 자전字典과 목을 매여오면서 직무職務 뒤의 시간時間을 배밧브게 들이엿습니다. 대단히 분주하게 쏘는 침착沈着치 못한 시간時間 속에서 이 한 권券이 되엿다 함을 말하여 둡니다. 엇지하엿으나 이럿케라도 만들어 세상世上에 보내게 되니 깃븜은 씃이 업습니다. 그러나 그 갓튼 쌔에 부엉을 개로 맨들은 서오한 설음과 죄罪스럽은 잘못은 나의 깃버하는 가슴의 중앙中央에 편책鞭責의 자리를 잡고 잇다 함을 역자譯者인 나는 거즛업시 고백告白하여 두며, 쏘한 넓은 용서容恕를 독자에게 바랩니다.
>
> 「서문대신序文代身에」, 『잃어진 진주』, 평문관, 1924
>
> (이후 인용 시 '작품명, 시집명'만 표기)

그의 창작적 역시는 '원어역'을 통한 서구 근대시의 '수용'이자, 동시에, 전범이 없던, 우리말로 된 근대시형과 시체의 '창조'라는 의미를 지닌다.[12] 김억이 창작적 역시를 통하여 우리말로 된 근대시형과 시체를 모색해나가던 시기에, 그는 제자였던 김소월의 시재를 발견하고 그가 고심해낸 근대시체와 시형 및 운율의 기법을 적용하여 김소월의 시편

『한국시학연구』 33호, 한국시학회, 2012.4, 338~350쪽 참고.

12 박슬기는 김억의 번역관이 창작적 의역이라는 점에서 그가 원문과 번역본의 상위에 있는 예술적 이념이라는 것을 상정하고 '정조' 개념을 통해 조선적 운율의 가능성을 모색하였음을 논의하였다. 박슬기, 「김억의 번역론, 조선적 운율의 정초 가능성」, 『한국현대문학연구』 30집, 한국현대문학회, 2010.4, 103~132쪽.

들을 지도, 개작하였으며 그의 손길에 의해 우리 시사에서 기념비적인 『진달내쏫』이 발간되었다. 김소월의 첫 번째 등단작품과 이후 1925년에 출간된 『진달내쏫』 전반부의 시형, 시체를 단적으로 보여주는 작품으로는, 각각, 「낭인浪人의 봄」과 「먼 후일後日」을 들 수 있다.

> 휘둘니山을넘고,
> 구비진물을건너,
> 푸른풀붉은쏫에
> 길것기시름이어.
>
> 닙누른시닥나무,
> 철이른푸른버들,
> 해벌서夕陽인데
> 불슷는바람이어

「낭인浪人의 봄」 1 · 2연, 『창조』, 1920.3

> 먼훗날 당신이 차즈시면
> 그때에 내말이 「니젓노라」
>
> 당신이 속으로나무리면
> 「뭇젹그리다가 니젓노라」
>
> 그래도 당신이 나무리면

「밋기지안아서 니젓노라」

오늘도어제도 아니닛고

먼훗날 그때에 「니젓노라」

「먼 후일後日」, 『진달내쏫』, 매문사, 1925

전자가 어구구사에서, 고전시가의 관용어구와 한자어구의 문어체가 혼용되어 있다면, 후자는 우리말로 된 대화형식의 구어체이며 민요적 율격을 바탕으로 하면서도 행, 연을 배려하여 전통적 정한을 형상화한 근대적 서정시의 면모를 보여준다. 즉 김소월의 시는 고전시가의 율격과 관습적 어구를 보여주던 초기의 시편으로부터 민요적 율격을 근간으로 하되 근대시형에 대한 인식과 우리말 구어체에 대한 의식을 보여주는 근대적 운문서정시로 발전적으로 전개되었다고 할 수 있다. 이러한 변모의 주요한 매개로는, 김소월을 지도하였고 그의 시편들을 게재하고 시집을 발간해준 그의 유일한 스승, 김억의 작업을 들 수 있다. 이런 점에서 김소월의 시편들에서 김억의 창작적 역시체의 특성을 고찰해보는 일은 특별한 의미를 지닌다. 그것은 김억의 창작적 역시체를 보여주는 김소월의 시편들을 통하여, 고전시가풍의 문어체 투로부터 근대시의 구어체로 전개되는 과정, 즉 고전시가로부터 우리 고유의 근대적 운문시형, 시체가 형성되는 과정을 보여주기 때문이다.

이를 위해서는 김억이 『진달내쏫』을 출간하기 한두 해 전에 마무리하여 출간한 『잃어진 진주』의 내용 및 시형, 시체와 견주어서 살펴보아야 한다. 『잃어진 진주』는 우리 최초의 근대산문시 원어역 완역시집인 그의 『기탄자리』와 비교할 때, 그가 지향했던 창작적 번역의 완성도 면에서는 미숙한 특성을 보여주지만, 이것이 우리 최초의 근대운문시 원어역 시선집임을 고려할 때, 김억이 고심하여 모색한 그의 창작적 운문시형이자 우리의 근대적 운문시형, 시체의 형성을 살펴보는 것에 있어서 중요한 대상이 된다.[13]

김억의 『잃어진 진주』의 원천은 아서 시몬즈의 *POEMS BY ARTHUR SYMONS*, VOLUME Ⅰ・Ⅱ(LONDON : WILLIAM HEINEMANN, 1912)이다. 그런데 이 원서는 김소월이 일본에서 구입한 것이며 그는 이것을 스승인 김억에게 선사하여 김억이 번역하게 된 것이다("첨에 이 역시집譯詩集의 원문原文(두 권券으로 된 런든하이네사社의 출판出版)을 읽을 때에는 한갓 깃버하엿습니다 (…중략…) 그러고 이 시집詩集의 원서原書를 빌녀준, 나의 사랑하는 소월 군素月君에게 고맙은 뜻을 들입니다").[14] 김억은 1922년에 『잃어진 진주』를 완성하였으나 지속적으로 수정, 편집하여 1924년에 발간하였다.[15] 이 역시

13 『잃어진 진주』는 창작적 운문시 번역을 보여주지만 더러 오역이 발견된다. 그러나 그의 타고르 산문시 번역은 그의 창작적 번역의 면모와 함께 지금 보아도 수준급의 시번역의 경지를 보여준다. 특기할 것은 그는 낭만적 운문시와 종교적 산문시의 서술어미를 각각 '-어라 / -서라체'와 '-습니다체'로서 명백히 구별짓는 점이며 시집내용의 전반적 특성에 따라 각각 시적 대상의 호칭 및 높임 그리고 어법을 달리하였다. 『잃어진 진주』는 김억이 영국시인 아서 시몬즈 원시 전집으로부터 선택, 원어역한 최초의 운문시집이라는 점에서, 당시 영국의 식민지였던 인도의 타고르 원시의 원어역 완역산문시집인 『기탄자리』와 구별된다. 최라영, 「김억 번역 연구-『기탄자리』를 중심으로」, 『한국시학연구』 33호, 한국시학회, 2012.4, 338~350쪽; 최라영, 「김억의 창작적 역시가 근대시에 미친 영향-한용운 시와의 관련성을 중심으로」, 『어문학』 123집, 한국어문학회, 2014.3, 323~350쪽.

14 「序文代身에」, 『잃어진 진주』.

15 김억의 『기탄자리』(이문관, 1923.4.3)의 출간연도가 『잃어진 진주』(평문관, 1924.8.10)보다는 1년여를 앞서기는 하지만, 각각의 원고 말미에서 밝힌 진술에 의한 실제적 탈고 시기는 각각 '1922년 10월 23일'과 '1922년 중춘仲春(음력 2월) 이전'으로 추정된다. 이것은, 김억이 『기탄자리』의 「역자의 인사」 말미에 "一九二二年 一〇月 二三日夜"로 밝힌 것, 『잃어진 진주』 발문의 "원고原稿된 지가 너무 여러 해 전前입니다. 하야 지금只今의 눈으로 보면 불에 던저바려야 할 곳이 만습니다"의 말미에 그가 밝힌 "一九二四・二・二〇"과, 이

집은 김억의 당시 취향을 반영하여, 주로, 아서 시몬즈의 시편들 중에서 낭만적 연가풍의 운문시를 수록하고 있다. 김억은 이 창작적 역시집을 내기 1년여 전에, 타고르의 영시를 우리나라 최초로 원어역 완역한 『기탄자리』를 발간하여 우리말로 된 종교적 산문시체와 시형의 원형을 소개하였다. 『기탄자리』는 그가 우리의 근대적 종교적 산문시형, 시체를 모색한 결과물이라면, 『잃어진 진주』는 우리의 근대적 낭만적 운문시형, 시체를 모색한 산물에 상응한다. 그런데 『잃어진 진주』 발문에서는, 김억이 당시에 지니고 있던 『진달내꼿』 원고 가운데 「금잔듸」와 「진달내꼿」의 전문이 인용, 소개되어 있다. 그리고 그는 『잃어진 진주』 출간에 이어, 다음 해에, 판권 및 원고 일체를 전담받아온, 김소월의 『진달내꼿』을 발간하였다.

김소월의 영시번역은 한 편의 유고작, 「기쁨이나 아픔의 ……If This World of Joy and Pain」가 있다(김소월은 대체로 이 영시를 자연스럽게 의역하였다. 특기할 것은, 'pain'을 김억은 '설움(설음)'으로 역하곤 하는데 김소월은 '아픔'이라고 역한 것이다. 원시 4행의 번역은, '사라져버린 미덕이 되돌아온다면(사라져버린 미덕을 되찾는다면)' 정도로 역할 것인데, 그는 엉뚱하게도, '서방(질) 곧 'adultery'와 연관하여 역하였다).[16] 이러한 사실을 볼 때, 김소월은 영시번역에는

시집에 실린 춘원春園의 발간축하 편지글 말미의 "임술중추壬戌中秋" 즉 1922년 음력 2월을 고려한 것이다. 그가 실제로는, 『기탄자리』에 비해 앞서 탈고한 『잃어진 진주』보다 『기탄자리』를 먼저 출간한 것은 『오뇌의 무도』 개정판 출간(1923) 일정 및 당시 시단의 타고르 경도현상 그리고 당시 시집출간여건 등으로 인한 듯하다. 그리고 이것은 그의 역시집의 번역상태 및 그 완성도에 관한 김억의 생각이 반영되어서, 그가 이후에 번역본들을 손질한 것으로도 볼 수 있다.

16 김소월의 역시와 원시(윌리엄 워즈워스William Wordsworth의 것)는 다음과 같다.
"기쁨이나 아픔의 세상 일이If this world of joy and pain
단 그 한 길로 오고가면,Revolve in one sure track;
몸에 걸림, 있다가도, 풀어도 지면,If freedom, set, will rise again,

익숙치 않았던 것으로 보인다.[17] 그럼에도 그는 당시로서 구하기 어려웠던 아서 시몬즈 원시 전집을 일본에서 구입하였고, 등단 때부터 유일한 스승인 김억에게 이것을 선사, 그의 번역을 도왔다. 무엇보다도, 김소월의 유일한 시론인 '음영陰影론'은, 아서 시몬즈의 「At Dogana稅關에서」의 시구인 'shadows' 즉 '음영陰影'으로부터 근원한 것이다("곧, 음영陰影에 그 심천深淺은 있을지라도 음영陰影이 없다고 할 수는 없는 것입니다. 영시인英詩人 아더 시몬즈의 // At dogana. / Night, and the silence of the night, / In the Venice far away a song").[18] 이러한 일련의 사실들은 김소월의 시편들과 김억의 아서 시몬즈 역시집과의 긴밀한 관련성을 실증적으로 보여준다.

김억은 『오뇌의 무도』에서 자신이 모르는 프랑스어와 러시아어 시편들에 관해서는 일어본 중역을 취하여 우리 근대시의 새로운 문체를 고심하였다.[19] 그러나 그는, 곧이어 발간한 『잃어진 진주』에서부터는, 그가 아는 영어로 된 시편에 관해서는 그의 취향과 부합된 낭만적 연가풍의 시편들을 선택하고 이것을 '원어역'하였다. 일어본 '중역'이 아닌 서구 근대시의 '원어역'이란 이전의 그의 창작적 역시와는 그 차원을 달리하는 것이다.[20] 근대시의 전범이 부재한 당시로서는, 서구 근

한 번 서방엔, 몸 다시, 깨끗이 하면. And virtue, flown, com'back;
망할 짓 청맹과니 뱃사공 신세Woe to the purblind crew who fill
나날이 근심으로 가슴을 파는. The heart with each day's care;
아니, 옛 때 또 앞날에 모음도, 쓸데없이Nor gain, from past or future, skill
참으라 참고 또 더 견디라!To bear, and to forbear!"

17 일어로 번역한 김소월의 영시로는「Sun of The sleepless」가 있다.

18 김소월, 「시혼詩魂」, 『개벽』, 1925.5.

19 심선옥은 1910년대 후반~1920년대 초반, 주로 『태서문예신보』와 『오뇌의 무도』에서의 김억의 번역활동에 주목, 그가 프랑스 상징주의에 근거하여 근대시의 전형을 창출하고 개성적인 문체를 통해 근대시의 새로운 문체를 창안했다는 의의를 지적하였다, 심선옥, 「근대시 형성과 번역의 상관성—김억을 중심으로」, 『대동문화연구』 62집, 성균관대 대동문화연구원, 2008.6, 323~350쪽.

대시의 원어역을 거친 김억의 '창작적 역시'란, 우리와는 전혀 다른 어법과 구조와 문화를 지닌 서구 근대시의 전범을 수용하는 동시에, 우리말과 어법에 적합한 우리의 근대시형, 시체를 창조해내는 일을 의미하기 때문이다. 더구나 '우리나라 최초의'라는 수식어가 어김없이 부가되는, 그의 역시집들이 당대문인들에게 끼친 영향, 파급력은 상당한 것이었다. 무엇보다도, 그가 근대 초창기 일제치하에서 '원어역'으로써 서구 근대시를 직접적으로 수용하고 우리 고유의 근대시형, 시체를 고심하여 모색한 사실은, 우리의 근대시가 주체적, 자생적 근거를 지니고 있음을 보여준다.[21]

김억은 우리 고유의 문화와 우리말 어법에 알맞은 운문시형, 시체를 고안해내면서도 우리말 구어체의 리듬감을 살리면서 주제를 심화시키는 방향을 고심하였다.[22] 즉 『잃어진 진주』와 『진달내쏫』에서 우리의 근대시형, 시체를 창조하기 위해, 김억이 어떻게 '원시들'을 창작적으로 변용하였는가에 관한 고찰은, 그가 민요로부터 기원한 『진달내쏫』을, 어떻게 "근대화近代化된 민요시民謠詩인 동시에 자유시自由詩"[23]가 되도록 구성, 지향하였는가에 관한 고찰로 연결된다. 김억은, 서구 근대시의 직접적 수용에 의한 '창작적 역시'를 통하여, 김소월과 한용

---

20 이에 관해서는, 최라영, 「김억 번역 연구–『잃어진 진주』를 중심으로」, 『어문학』 114집, 한국어문학회, 2011.12, 405~419쪽 참고.

21 이후 김억의 타고르 시번역에 이르면, 그는 서구 근대시를 원어역하면서도 당시 출간된 일어본 타고르 시집이 있으면 그것을 대비하기도 하면서 문학성을 훨씬 더 배려한 수준급의 것으로 만들었다. 최라영, 「김억 번역 연구–『잃어진 진주』를 중심으로」, 『어문학』 114집, 한국어문학회, 2011.12; 최라영, 「김억 번역 연구–『기탄자리』를 중심으로」, 『한국시학연구』 33호, 한국시학회, 2012.4 참고.

22 이에 관해서는 이 글 3절 참고.

23 「시집 『잃어진 眞珠』에서」, 『잃어진 진주』.

운을 비롯한 무수한 당대 시인지망생들에게, 우리의 근대운문시는 어떤 형태의 것인지 그리고 우리의 근대산문시는 어떠한 것인지, 그리고 관습적 한자어구가 아닌 우리말 구어체에 의한 반복과 변조의 기법은 어떠한 방식으로 구성해낼 수 있는지 등을 제시해주었다. 『진달내 쏫』의 편집, 개작방향과 그 궤를 함께하는 『잃어진 진주』는 김억의 첫 중역시집인 『오뇌의 무도』 서문의 정신, 즉 서구의 근대시를 익혀서 고전시가로부터 주체적인 우리 근대서정시를 만들어내고자 하는 지향을 실천적 방식으로 보여주고 있다("서양시인西洋詩人의 작품作品을 만히 참고參考하야 시詩의 작법作法을 알고 겸兼하여 그네들의 사상작용思想作用을 알아써 우리 조선시朝鮮詩를 지음에 응용應用함이 매우 필요必要하니").[24]

이 글은 『잃어진 진주』에서 김억이 원시로부터 선별하고 그것을 우리식으로 구성, 창조한 내용상, 문체상 특성을 살펴보면서, 이와 대비하여, 고전시가풍의 어법과 민요가락을 주조로 한 김소월의 시편들이, 김억에 의해, 우리말 구어체를 살린 현대적 어법을 지닌 근대적 민요시로 어떻게 나아가게 되었는지에 관하여 고찰해 보기로 한다. 이것은, 김억의 '창작적 역시'의 특성, 즉 근대 초창기, 서구 근대시의 주체적 수용과 우리말 근대시의 자생적 창조라는 이중적 특성을 구체화하는 일이 될 것이며, 나아가, 우리의 근대운문시형, 시체 형성의 주요 부분을 실증적으로 고찰하는 한 방식이 될 것이다.

24 장도빈, 「序」, 『오뇌의 무도』, 광익서관, 1921.

2. 낭만적 연가의 '설움'을 주조로 한 '－어라체' 운문시

『잃어진 진주』는 김소월이 선사해준, 아서 시몬즈 시전집(*POEMS BY ARTHUR SYMONS*, VOLUME 1, 2, London : William Heinemain)으로부터 김억이 그의 취향에 부합되는 시편들을 골라 번역한 것이다. 『잃어진 진주』는, 고전시가로부터 근대시형으로의 과도기, 즉 근대시형, 시체의 전범이 부재하던 시기에, 김억이 아서 시몬즈 시전집에서 그의 취향에 부합된 낭만적 연가풍의 시편들을 선택, '원어역'하여, 각고의 노력 끝에 우리말로 창작, 번역한 우리나라 최초의 원어역 근대시선집이다.

그가 『잃어진 진주』에서 모색, 지향한 창작적 운문시형, 시체의 특성은, 그 다음 해에, 그가 1~2년여간 편집하고 전담, 출간한 『진달내꼿』에서 그 특징적 국면을 보여준다. 우선, 두 시집은 시편들을 묶어내는 체제에 있어서 공통점을 지닌다. 김억은 두 시집 모두에서, 아서 시몬즈 원시 체제와 꼭 같지는 않지만 유사한 방식으로, 몇 개의 개별시편을 네 편 내지 다섯 편으로 묶어 소제목을 단 방식을 취하였다. 구체적으로, 아서 시몬즈 역시집을 보면, 일례로 'At Dieppe'라는 제목하에 'I. After Sunset, II. On the Beach, III. Rain on the Down, IV. Before the Squall, V. Under the Cliff, VI. Requies'의 시편들이 달려 있는데, 『진달내꼿』에서는 특정 소제목 아래, 몇 개의 시편을 묶는 체제를 취한 것이 있다. 구체적으로, '님에게'라는 소제목하에 10편, '봄밤'이란 소제목하에 4편, '두사람'하에 8편, '무주공산無主空山'하에 7편 등을 들 수 있다.

뿐만 아니라 김억이 선택, 원어역한 『잃어진 진주』에서는, 시집의 전체내용과는 전혀 맞지 않게, 남성적 어조를 취하여 비정한 현실을 사는 사람들의 고단한 삶을 사실적으로 그린 시편들을 몇 편씩 끼워두고 있다. 이를테면 「Of Charity慈善」, 「The Opium-smoker阿片쟁이」, 「The grey wolf灰色의 늑대」를 들 수 있다. 이 시편들은 '―노라체'를 주로 활용하여 남성적 어조와 문체를 취하면서 사실적 형상화를 보여주는데, 시집의 대부분을 차지하는 낭만적 연가풍의 여성적 어조, 시체 및 내용과는 대조적 특성을 보여준다. 이와 유사한 방식으로, 『진달내꼿』에서도, 「나에게 보섭대일 땅이 있었다면」과 「밧고랑 우헤서」 등과 같이 남성적 어조를 취한 '―노라체'의 사실주의적 시작품이 중간에 끼워져 있다.

김억이 『잃어진 진주』에서 선택한 시편들은 아서 시몬즈의 초기 시집들을 중심으로 한 '낭만적 연가풍'의 운문시가 주류를 이루고 있다.[25] 그리고 그는 자신이 선택한 시편들의 내용에 부합하도록 "잃어진 진주"라는 그만의 개성적 명명을 붙였다. 그가 『잃어진 진주』를 출간하던 즈음에, 1~2년여 간 편집하고 일부 손질하여 출간한 『진달내꼿』 특히 그 전반부에서 김억의 창작적 시체, 시형 및 어법 등이 두드러진 시편들이 나타나고 있다.

> 한해도 끗나고 넘는해의 黃昏의때,
> 黃昏빗 가득한 길가에서 아득이노라면
> 힘업시도 나래를 번듯이며 날아오는나뷔와 갓치,
> 灰色의 밤은 내려오나니,
> 나도죽이가는灰色의 연약한날을

25 이 책 2장의 표 〈『잃어진 진주』에 실린 작품의 원시집 비교〉 참고(48~50쪽).

方向도업시 써돌며 지내랴노라.

힘업시도 졸고잇는 灰色의 바다는
내몸을 에워싸고, 오랜和平을
남기여 나의住家를 삼으려 하나니,
나도, 나즌歎息속의 灰色바다와 갓치,
설은和平을 숨기고잇는 내가슴의
긴 부르짓음을 고요케하랴노라.[26]

김억 역, 「In Ireland : Isle of Aram아람의 섬」, 『잃어진 진주』[27]

엇득한퍼스럿한 하늘아래서
灰色의집웅들은 번쩍어리며,
성긧한섭나무의 드믄수풀을
바람은 오다가다 울며맛날때,
보일낙말낙하는 멧골에서는
안개가 어스러히 흘너싸혀라.

아아 이는 찬비온 새벽이러라.
냇물도 닙새아래 어러붓누나.

---

26 In the twilight of the year, / Here, about these twilight ways, / When the grey moth night drew near, / Fluttering on a faint flying, / I would linger out the day's / Delicate and moth-grey dying. // Grey, and faint with sleep, the sea / Should enfold me, and release, / Some old peace to dwell with me, / I would quiet the long crying / Of my heart with mournful peace, / The grey sea's, in its low sighing.

27 김억이 'Aran'을 'Aram'이라고 쓰고 '아람'이라고 표기한 것은 오기이다

눈물에쌔여 오는모든記憶은
피흘닌傷處조차 아직새롭은
가주난아기갓치 울며서두는
내靈을 에워싸고 속살거려라.

「그대의가슴속이 가뷔엽든날
그립은그한때는 언제여섯노!」
아아어루만지는 고흔그소래
쓸아 린가슴에서속살거리는,
밉음도 부쑤럼도 니즌소래에,
꼿업시 하염업시 나는 우러라.

김소월, 「가을 아침에」, 『진달내꼿』

두 편의 시는 6행으로서 하나의 연을 구성하는 공통점을 보여준다. 그리고 안정감을 주는 4음보 율격을 취한 것도 유사하다. 위 시편들에 사용된 서술어미를 살펴보면, '-니-', '-어라 / -려라'와 같이 부드러운 어감의 어미를 주조로 하여 각 연의 마지막 행의 운도 배려한 특성을 볼 수 있다. 그리고 두 시편은 1연에서 시적 화자의 심회를 돕는 회색빛의 어두한 분위기를 주조로 한 배경을 제시하고, 2연 이후부터 자신의 심회를 토로하는 시상전개를 보여준다.[28]

28 김억의 시체의 자취를 보여주는 위 시편에서 유의 깊게 보아야 할 부분은 그가 아서 시몬즈의 원시를 우리식 근대운문시형으로 만들어내는 특성에 관한 것이다. 위 시편들에서 그의 창작적 역시형, 시체를 살펴보면, 연과 행의 구성 면에서 3, 4음보를 주조로 한 6행 1연의 구성과 그것의 연시 형태를 보여준다. 그리고 각 연의 마지막 행에서 '-어라'로 끝

김억 역시의 내용은 회색나방이 아른거리는 듯한 황혼 무렵, 내 가슴의 설움과 부르짖음을 고요케 하려는 화자의 모습으로 구체화된다. 김소월의 위 시는 회색 지붕들이 번쩍 어리는 새벽의 수풀 속에서 님의 기억과 고운 그 소리가 가슴에 속살거려서 우는 화자의 모습으로 구체화된다. 김소월의 시에서 "회색灰色의 집웅들은 번쩍 어리며" 안개가 흘러 싸이는 새벽정경은, 김억의 역시에서 "회색나래를 번듯이며 아득이는 나뷔"와 같은, 황혼 무렵과 유사한 색채감을 보여준다. 여기서 '회색'을 근간으로 한 우울함을 주는 배경 설정은, 김억이 역한 아서 시몬즈의 시편들에서 빈번하게 나타나는 것이다.[29]

또한 김억의 역시 1연에서 '밤'이 내려온다는 표현은, 김소월의 시 1연에서 '안개가 수풀을 만나다'와 같이, 의인화한 표현을 사용한 번역어투의 특성을 드러내는 것이다. '수풀'을 의인화한 표현은 김억의 아서 시몬즈 역시에서도 나타나는데("수풀은 왼밤을 비 아레에 쪼고리고 안젓서라"(「By Lough-na-Gar : Rain비」)), 이와 같은 물주구문의 직역 투의 표현은 김억의 『잃어진 진주』에서 더러 발견되는 것이기도 하다. 이 같은 무리한 의인화 표현을 써서, 이 시가 나타내려 한 배경이란, 어둑한 하늘에 회색의 지붕들이 번쩍 어릴 때 바람이 지나가며 수풀이 흔들리는

나는 술어를 취함으로써 각 연에서 대응되는 행의 '운'을 고려하였다. 또한 각 연의 또 다른 대응 행의 마지막 단어에서도 '—을', '는' 등으로써 규칙적 리듬감을 살리고자 하였다. 이러한 방식은 김억의 타고르 산문시 역시형, 시체와는 상당히 거리를 지닌 것이다. 즉 그는 산문시와 달리 운문으로 된 근대시형에 있어서는 음악의 '마디' 형식과 유사한 방식으로 된, 행과 연의 구성을 취하였다. 즉 시의 전체 짜임새를 고려하여 행과 연을 균형적으로 구성해내면서, 각 연마다 대응되는 행에서의 첫 부분과 마지막 부분에서, 반복되는 어구와 음운을 면밀히 고려하고 있다.

29 '회색'이 배경으로 나오는 김억의 아서 시몬즈 역시를 사례로 들면, 위 시 이외에도 「After Sunset落日 뒤」, 「On the beach海邊」, 「Requires安息」, 「Twilight黃昏」 등을 들 수 있다.

역동적 풍경이다. 이것은 김억 역시에서 회색나방의 파닥임같이 밤이 내려온다는 의인화 표현을 써서, 어둑한 황혼 무렵에 회색빛 구름들 사이로 어둠이 깔리는 정경을 역동적으로 표현한 것과 견주어 볼 수 있다.

김소월의 위 시가 김억의 수정, 개작을 상당히 거쳤을 것이라는 단적 사례는 각 시편의 2연에서 "내 몸을 에워싸고"와 "내 영靈을 에워싸고"라는 구절이다. 이 어구는 아서 시몬즈 역시에서의 김억의 개인적 상용 어구이다. 공간적 형상을 목적어로 취하지 않고 '내 몸'을 그것으로 취하는 '에워싸고'의 용례는 아서 시몬즈 역시에서 자주 나타나는 김억의 개성적 표현어구이다("나의 이 몸을 에워싸고 말아라"(「The Opium-smoker阿片쟁이」), "내 몸을 에워싸고"(「Weariness倦怠」) 등). 또한 「」를 활용하여 인용어구를 넣는 것은 김억이 『해파리의 노래』 때부터 즐겨 활용해온 내적 독백의 표지였으며, 『진달내쏫』 시편들에 대한 김억의 개작을 살펴볼 때, 이러한 표지와 독백인용 방식은 그의 취향과 관련을 지니고 있다. 또한 김소월의 위 시 2연 3행에서 '고흔 그 소래' 역시 김억의 문체적 특징을 공유한다. 김억은 "this delicate pain(「Strange to remember tears!異常도 하여라」)"을 '곱다란 이 설음'이라 하며 '이 곱다란 설음'이라고 하지 않는다. 그리고 김소월의 시 2연 첫 행에서 "아아 이는 찬 비 온 새벽이러라" 역시 김억의 아서 시몬즈 역시체와 관련이 있다. 그가 '이것은'을 '이는'으로 쓴 것은, 시에서 가급적 거센 발음을 피하려고 한 것이다. 이러한 표현은, "아아 이는 희밍希望이린가, 기억記憶이런가"(「Weariness倦怠」)에서 보듯이, 그가 시의 처음이나 중간 행에서, 원시에는 없는 '아아' 발어사를 취하여 이것과 함께 주요하게 구사하는 창작적 시체이다.

그리고 김소월의 위 시 2연부터는, 김억의 아서 시몬즈 역시와 밀접한 시상전개방식을 보여준다. 김소월의 대다수 시편에서는 관념어가 잘 나타나지 않는 편인데, 위 시에서는 '기억記憶'이라는 시어가 사용되고 있다. 그런데 이 시에서처럼 '기억'이 시상을 전개하는 지칭어이자 주요한 계기로서 나타나는 것은, 김억의 아서 시몬즈의 역시에서는 자주 볼 수 있는 것이다. 김소월의 위 시에서, 시적 화자의 아픈 '기억'은 내 영을 에워싸고 속살거리는데, 그것은 '그대의 가슴속이 가뷔엽든 날 그립은 그 한때는 언제여섯노'라는 내적 독백으로 구체화된다. 이 '기억'은 다시 '고흔 그 소래'로 지칭되기도 하면서, 이러한 속살거림에 의해 화자는 하염없이 울고 있다. 님과의 추억을 구체화하면서 그것을 '기억', '소리', '말' 등으로 바꾸어 지칭하면서 그것이 화자의 마음에 설움을 준다는 구도는 김억의 아서 시몬즈 역시편에서 자주 볼 수 있는 것이다.[30] 즉 '기억'이라는 관념어와 그것의 구체적 내용항을 독백으로 구체화하면서 그것을 다시 '소리'나 '말'로 지칭하면서 화자의 마음에 반응을 일으킨다는 이 같은 복합적인 구도가, 김소월의 위 시편에서도 유사한 방식으로 원용되고 있다.

---

30 "그러나 내가 듯은 것을 내 님은 듯지 못하엿서라, / '사랑, 사랑, 사랑'하며 밤의 脈搏이 쒸놀 때마다, / 가를게도 곱하는 말하기 어렵은 말을 / 내 님은 못 듯고 잇서라"(「In the night밤」).
"이럴 때, 이때에 나는 오랜 소리가 소리 놉게 주저림을 듯노라, / 이리하야 記憶은 가이 업게도 바래는 希望에 勞倦하여서라, / 나는 내님의 恨만흔 記憶의소리를 듯고는 다 니저 버렷노라"(「Weariness권태」).
"그들은 사랑타가 結婚하엿서라, 죠흔 일이러라, / 아아 그러나 그 때문에 그 사람의 눈이 明言하는 듯한, / 그 사람의 닛지 못하야 괴로워하는 그 눈은 / 엇더한 記憶을 말함이런가?"(「On meeting after…뒤에 맛나서」).
"잠결에 희미하게 들니는 그 소리는 / 수풀의 나무뿌리가에 깁흔 구멍을 파고 / 무리를 지어 몰허들어서는 / 주저리는 八月의 벌과도 갓타라. // 모든 것을 잠々하게 하는 / 永久한 바다의 吐하는 숨소리, / 아々 이는 希望이런가, 記憶이런가"(「Requires安息」).

위의 김소월 시가 김억의 아서 시몬즈 역시체와 시상전개를 보여준다는 것은, 『진달내쏫』 시집에서 위의 시 바로 뒤에 놓인, '가을'이라는 같은 제재의 「가을 저녁에」를 살펴보면 명확해진다. 이 시 역시 가을 저녁의 황혼 무렵에 물가에서 '그대'를 그리워하는 화자의 모습을 그리고 있다. 이 시의 1연, "물은 희고 길구나, 하늘보다도. / 구름은 붉구나, 해보다도. / 서럽다, 높파가는 긴들숫테 / 나는 떠돌며 울며 생각한다, 그대를"을 보면, 김소월은 별다른 수식어구를 달지 않은, '주어와 서술어와 부사어', '서술어와 부사어'와 같은 단순한 문형구조를 구사하고 있음을 알 수 있다. 이러한 시행구성은, 김소월의 초기 시편들과 『진달내쏫』 후반부 시편들에서 보편적으로 드러나는 그의 문장구조와 어법을 보여주는 것이다. 한편, 위 시는, "눈물에 쌔여 오는 모든 기억記憶은 / 피흘닌 상처傷處조차 아직 새롭은 / 가주난 아기 갓치 울며서 두는 / 내 영靈을 에워싸고 속살거려라"에서 보듯이, 김억의 아서 시몬즈 역시 문체에 훨씬 가깝다. 즉 시에서의 문장구조와 수사어구의 활용이 매우 복합적일 뿐만 아니라, 시상 전개 역시 '기억記憶' 속의 '소리'를 회상하고 그것에 정서적 반응을 일으킨다는 복합적 구도를 보여준다.

『잃어진 진주』와 『진달내쏫』에 반영되어 있는 김억의 창작적 역시형, 시체는 시편들이 지닌 내용상 특성과 관련이 깊다. 그는 아서 시몬즈의 방대한 시편들 중에서 낭만적 연가풍의 시편들을 주로 취하여 우리말 유무시로 번역하였으며, 이것은 『진달내쏫』의 구성에 있어서도 나타나는 주요 특성이라고 할 수 있다.

밤새도록 님의숨을 쉬노라면

쓰겁은눈물에 벼개가 젓고 말아라,
날이 밝아 해가 쓰면 무리사람틈에서
님을 니즐勇氣를 찻기는 하노라.

그러나, 엇제랴, 밤만 갓까워오면
나는 또다시, 아츰볏이 빗날때에는
내머리를 누엇든 나의벼개가 쓸데도업시,
쓰겁은눈물에 젓을것을 걱정하노라.

김억 역, 「Dreams꿈」, 『잃어진 진주』

I dream of her the whole night long,
The pillows with my tears are wet.
I wake, I seek amid the throng
The courage to forget.

Yet still, as night comes round, I dread,
With unavailing fears,
The dawn that finds, beneath my head,
The pillows wet with tears.

박게는 눈, 눈이 와라,
고요히 窓아래로는 달빗치드러라.
어스름타고서 오신그女子는

내쉼의 품속으로 드러와안겨라.

나의벼개는 눈물로 함빡히 저젓서라.
그만그女子는 가고마랏느냐.
다만 고요한새벽, 별그림자하나가
窓틈을 엿보아라.

김소월, 「쉼꾼 그 옛날」, 『진달내꼿』

「Dreams쉼」에서는 화자가 꿈을 꾸며 님을 그리워하지만 날이 밝아 사람들 틈에서 잠시 그 생각을 잊다가도 다시 밤이 되면 베개가 젖도록 눈물을 흘릴 것을 염려하는 내용을 담고 있다. 이것에 관한 김억의 역시는 이 같은 내용 구도를 살려서 역하였다. 그런데 그가 원시의 어구를 변용한 부분을 살펴보면, 먼저 원시 1행의 "her"를 '님'이라고 역하였으며 원시 1연 4행의 "forget"이 이것의 목적어를 두지 않은 것을 '님을 니즐'이라고 하여 '님'을 추가하였음을 볼 수 있다. 김억은 아서 시몬즈의 시편에서 주로 'she' 즉 '그녀'라고 역할 것을 '님' 혹은 '내 님'이라고 역하고 있다. 이것은 시편에 나오는 여성이 '연인'의 의미를 지니도록 만든다.[31]

이와 유사한 변용은 1연 2행과 2연 4행의 "my tears", "tears"를 모두 "쓰겁은 눈물", 즉 '뜨겁은' 형용사를 부가한 데서도 나타난다. 그리고 2

31 또한 그는 'down'은 '적은 산山'으로, 그리고 'girls'를 소녀들로 쓰지 않고 '싸님'으로 쓴다. 김억의 개성을 드러내는 창작적 역시어들은 김소월의 시편들에서도 주요한 시어로서 나타나고 있다.

연의 "Yet still"을 '그러나, 엇제랴'로 부가적 의미를 덧보태어 역함으로써 '님'을 애타게 그리워하는 낮의 상황으로부터 밤이 와버려서 더욱 안타까워하는 원시에서의 화자의 심경을 더욱 부각시켰다. 김억 역시에서 주요 이미지나 상황을 강조하는 방식은, 위 시에서 화자가 '벼개'가 눈물에 젖은 것을 발견하게 되는 '새벽the dawn'에 대해서, 원시에 없는 어구를 보태어 "쏘다시 아츰볏이 빗날 째에는"으로 만든 것에서도 알 수 있다.[32] 김소월의 위 시에서는 밤에 눈이 오고 그 여자가 내 꿈의 품속에 안겼으나, 나의 베개가 눈물로 흠뻑 젖은 새벽에, 그 여자를 그리워한다는 것을 형상화하였다. 여기서 '그 여자'는 어스름 타고서 '오신' 즉 존칭이 사용되는 존귀한 존재로서 그려지며 베개가 '흠뻑 젖'은 것에서 화자의 그리움의 깊이가 구체화되고 있다.

김억의 역시와 김소월의 위 시는 '꿈'을 매개로, 밤에서 새벽으로 넘어가는 상황에서 님을 그리워하여 베개를 흠뻑 적시는 것을 공통적으로 담고 있다. 시행과 연의 구성과 시문체 면에서 볼 때, 시편 둘 다가 4행구성의 2연이라는 시형을 지니며 '-어라체'를 취하고 있다. '꿈'과 '눈물'을 주요제재로 한 시편들은, 김억이 선택, 역한 아서 시몬즈 시편들과 『진달내쏫』의 전반부에 주로 나타나며 낭만적 연가의 주제를 형상화하고 있다. 김소월의 시편에서 '꿈'이나 '잠'을 제재로 하여, '님'을 향한 그리움을 보여주는 시편들은, 위 시편 이외에, 「님에게」, 「꿈으로

32 이밖에 김억의 역시에서 특기할 것은 '새벽에 내 머리말의 베게가 눈물로 젖은 것을 발견한다'(원시 2연) 정도로 된 '물주구문'을 우리말 표현에 자연스러운 '인주구문'으로 바꾼 점이다. 그리고 그는 'unavailing fears'에서 'fears'를 역시에서 살려내지 않았는데('unavailing'은 '쓸데도업시'라는 김억 역시의 부사구에 반영되었다), '두려움(공포)'과 같은 정서를 번역에서 살리지 않는 것도 김억의 창작적 역시의 특징이다.

오는 한 사람」, 「눈 오는 저녁」, 「닭소래」, 「쑴」(“무주공산無主空山” 소제목), 「니젓든 맘」, 「애모愛慕」, 「몹쓸 쑴」, 「그를 쑴꾼 밤」, 「쑴」(“귀뚜람이” 소제목), 「황촉黃燭불」, 「새벽」, 「바리운 몸」, 「쑴 길」 등이 있다. 그리고 아서 시몬즈의 시에서 ‘꿈’이나 ‘잠’을 제재로 하여 낭만적 연가풍의 내용을 전개한 시편들은, 위 시 이외에 「Night and wind밤과 바람」, 「On the beach海邊」, 「A white night白夜」, 「By the pool at the Third Roses第三로스湖水가에서」, 「Souvenir紀念」, 「The Rat쥐」, 「Love and Sleep사랑과 잠」, 「Remembrance記憶」, 「Why are you so sorrowful in dreams엇지하야 그대는」, 「A tune몰을 曲調」, 「Sleep잠」 등이 있다.

‘꿈’을 주요 모티브로 하여 그리움을 노래하는 김소월의 연가 시편들은 김억의 창작적 운문시형, 시체의 특성을 보여주고 있다. 이것은 김억이 아서 시몬즈의 방대한 전체 시편들 중에서 ‘꿈’을 매개로 한 낭만적 연가풍의 시편들을 선택하여 그의 창작적 운문시형, 시체로서 만들었던 사실과 관련을 지닌다. 그런데 김억이 선택한, 아서 시몬즈 ‘원시’의 경우, 자연물과 화자의 정서적 교감 속에서 님에 대한 그리움이 아련히 스치는 것들이 많다면, 김소월의 시편들은 님을 향한 절실한 그리움으로 인해 자연물과 주변에 대한 나의 지각이 거의 무심해지는 경지를 보여준다. 이 둘의 중간매개적 특성을 보여주는 것이 김억의 창작적 역시편이다. 위 시에서 보듯이, 그는 아서 시몬즈의 원시에 나타난 인칭대명사를 사랑의 ‘님’으로 역함으로서 실제 원시에서보다 강렬하고 순징직인 시적 대상으로 변용시키는 특성을 보여준다.

그리고 김억은 원시에서의 복합적이고 다양한 정서들을, ‘님’과 관련한 ‘설움’이라는 단일한 정서로서 초점화하고 있다.

異常도 하여라, 까닭몰을 이눈물!

그러나 내가 운것을 엇지하랴.

그러하다, 나의希望과 恐怖는

異常하게도 이눈물과 갓타라.

黃昏빗과도 갓튼 灰色의

곱다란 이설음은 무엇이런가?

나의머리속을 예도는 香氣롭음은

어득한 설음을 뿌리고 갓서라.

바람속에 석긴즐겁음은 무엇이런가?

나무닙과갓치 音調고릅게

흰바람이 엉키여돌때에,

그윽한 즐겁음이 바람속에서 울어라.

김억 역, 「Strange to remember tears!異常도 하여라」, 『잃어진 진주』

Strange, to remember tears!

Yet I know that I wept;

And those hopes and those fears,

Strange, were as real as tears!

What's this delicate pain,

Twilight-coloured and grey?

Odour-like through my brain

Steals a shadowy pain.

What's this joy in the air :

Musical as the leaves,

When the white winds are there,

Faint joy breathes in the air.

한때는 만흔날을 당신생각에

밤까지 새운일도 업지안치만

아직도 때마다는 당신생가에

축업은 벼개까의꿈은 잇지만

낫모를 싼세상의 네길써리에

애달피 날져무는 갓스물이요

캄캄한 어둡은밤 들에헤매도

당신은 니저바린 서름이외다

당신을 생각하면 지금이라도

비오는 모래밧테 오는눈물의

축입은 내개까의꿈은 잇지민

당신은 니저바린 서름이외다

김소월, 「님에게」, 『진달내쏫』

김억은 낭만적 연가풍의 시를 번역하는 데에 주로 '－어라 / －서라체'의 감탄형을 활용하고 있다. 김억이 아서 시몬즈 역시 중에서 주로 선택, 역한 시편들은 대체로 낭만적 연가풍의 것이며 그는 이러한 성향의 운문시에 가장 적합한 어미로 '－어라 / －서라체'를 선택하였다. 위 시에서도 1연의 '갓타라', 2연의 '갓서라', 3연의 '울어라'에서 보듯이 '－어라체' 어미가 나타나며 이것은 각 연의 마지막 행의 끝부분에서 리듬감을 갖춘 각운으로서 작용하고 있다. 그리고 그는 아서 시몬즈 역시에서 '나'가 주어가 된 독백조일 때에는 '－노라체'를 가끔 취하기도 하며 시속에서 대화나 독백으로써 낭만적인 내용의 발화일 때에는 주로 '－어요'를 취하고 있다. '－어라체'는 김억의 낭만적 연가풍의 운문시를 취하고자 할 때 주로 쓰는 서술형어미이며 그가 이 시체를 쓰던 당시에는 '김억의 문체'로 인식되었다.[33] 이러한 어미 선택은당시에 그가 시의 내용상의 특성에 적합한 것으로서 간주한 시문체의 형식으로서 이것은 김소월의 시편들에도 반영되어 있다. 낭만적 연시에서의 '－어라체'의 사용은 그가 타고르의 『기탄자리』와 같이, 종교적이고 형이상학적인 산문시의 역어체로서는 일관된 '－습니다체'를 취한 것과 대비할 수 있다.

아서 시몬즈의 원시를 보면, 화자는 '희망'과 '공포'와 같은 모순된 감정 속에서 '눈물'을 흘리는데, 회색의 황혼과 대기의 잎사귀와 자연의 바람을 통하여 '희미한 즐거움'을 느낀다는 복합적인 정조를 형상화하

33 "도로혀 '다'를 쓰는 것보다도 나는 '어라, 서라'와 가튼 것을 씁니다. 이 말 못한는 '어라, 서라'를 가지고 시적 용어詩的 用語로 이러니 저러니 하면서 김동인金東仁 가튼 친고親故는 소위所爲 '안서식岸曙式'이라는 이름을 부처 줍니다", 『조선일보』, 1929.12.18～19; 박경수 편, 『안서 김억 전집』, 한국문화사, 1987, 407～410쪽.

고 있다. 그런데 김억의 역시를 보면, 희망과 공포는 화자의 눈물을 강조하는 부차적인 감정이 된다. 그리고 황혼빛 '회색'의 '설움'을 강조하면서, '그윽한 즐겁음이 바람 속에서 우'는 즉 로맨틱한 '설움'의 정조를 부각시키고 있다. 즉 아서 시몬즈의 시와 김억 역시의 중심 내용은 상이하다.

구체적으로, 원시 1연의 3, 4행은, '희망과 공포가 눈물처럼 실재하는 것이 이상도 하여라' 정도로 역할 것을, 김억은 '나의 희망과 공포는 이상하게도 이 눈물과 같아라'로서 즉 화자가 흘리는 눈물을 강조하는 것으로 만들었다. 원시 2연의 3, 4행은, '나의 머릿속으로 스며든 향기 같은 것이 내 어두운 고통을 가져간다' 정도로 역할 것을, '나의 머릿속을 에도는 향기로운은 어둑한 설움을 뿌리고 간다'로 역함으로써, 고통의 사라짐을, 그 반대로, '고통', 김억의 표현에 의하면, '설움'이 깊어지는 것으로 바꾸었다. 또한 원시 3연의 마지막 행은, '희미한 즐거움이 공기 중에서 숨쉬어라' 정도로 역할 것을 '그윽한 즐거움이 바람 속에서 울어라'로 역함, 즉 '공기'를 '바람'으로, 그리고 '숨쉬다'를 '울어라', 자연 속에서 위로를 얻는 화자의 모습으로 표현할 것을, 앞서 나온 '설움'을 강조하는 표현, 즉 '즐거움이 울어라'라는 '역설'로 변용하였다. 물론 이것은 창작적 의역을 넘어 오역으로 볼 소지가 크다. 그럼에도 『잃어진 진주』가 최초의 원어역 근대시집임을 염두에 두고, 김억의 창작적 지향을 살펴보는 것에 그 초점을 둔다면, 김억이 '설움'이라는 정서를 애호할 뿐만 아니라 '설움'의 미학을 지향한다는 것, 또한 이를 위해 대비, 역설적 표현을 활용하여 주제를 강조하는 성향을 지녔음을 알 수 있다. '설움'과 '눈물'을 주조로 한 단일하고 순정적인 정서를 두

드러지게 하는 김억의 창작적 변용의 면모는 『진달내쐿』의 특성과도 깊은 관련을 지닌다. 아서 시몬즈의 '그녀'가 김억에 의해 '님'으로, 아서 시몬즈의 '고통과 두려움, 슬픔 등'이 김억에 의해 '설움'으로, 그리고 '설움'을 강조한 '역설적 표현'으로 변용된 것은, 『진달내쐿』에서 부각된, '님'의 주제와 '설움'의 세계와 관련성을 지니고 있다.

김소월의 두 번째 시편은, 김억의 창작적 역시체, 시형 및 그의 시어, 각운의 운용과 흡사한 방식을 보여주고 있다. 이 시는 4행 구성, 3연의 균형적 구조이며 이러한 행연의 구성은 당시로서는 김억이 고심하여 고안한 그의 창작적 역시형과 유사하다. 이 시 역시 김억의 역시에서 주로 강조되는 '서름(설움)'이라는 시어가 반복적으로 나타난다. 즉 이 시는, '당신은 니저바린 서름이외다'를 2연과 3연의 마지막 행에서 강조하는 것으로 보아서 '님'을 잊어버리는 것이 화자의 중심적 지향으로 보인다. 그러나 실은, 이 시는, '한때는 만흔 날', '밤까지 새우'며 당신을 생각하고 아직도 '때마다는' '축업은 벼개까의 쑴'에서, '님'을 생각하며, '캄캄한 어둡은 밤 들에 헤매도' '당신을 생각하면 지금이라도', 그리고 또다시, '축업은 벼개까의쑴'에서 '님'을 생각할 수밖에 없다는 화자의 심정을 강조한다. 즉 어떠한 상황, 어떠한 때에도 화자는 '님'을 그리워한다는 것이다. 이러한 양립적 심정은, 화자가, 2연과 3연의 마지막 행에서, '당신은 니저바린 서름이외다'라는 역설적 독백을 반복하는 것으로 나타난다. 이것은 화자의 심경과 이와 대비되는 그의 바람을 동시에 나타낸 것이며, 그럼으로써 이 시가 궁극적으로 드러내는 것은 '님을 잃은 설움'의 절실함이다.

'당신은 니저바린 서름'이라는 '역설적' 표현은, 위의 김억 역시 마지막 구절에서 '그윽한 즐겁음이 울어라'라는 표현과 견주어 볼 수 있다. 김억의 이 구절은 원시에는 없는데, 김억이 대비적 표현을 통한 '역설'로써 '설움'을 강조한 것이다. 이 구절에서, 김억은, 'pain', 일반적으로는 '고통'이라고 역할 것을 '설움(설음)'으로 역하였으며, 그리고 '고통' 내지 '설움'이 사라진다steals a shadowy pain고 해야 할 것을, 그 반대로, '설움(설음)'이 짙어진다고 역하였다. 또한 마지막 연에서는 '설움'을 강조하기 위해 원시에는 없는 '즐겁음'이라는 시어를 대비적으로 활용하였다. 김소월의 위시에서도, 이와 유사한 시적 메커니즘, 즉 '당신'에 대한 '그리움'이라고 할 것을, '서름'이라는 주제어를 활용하며 '당신은 니저바린 서름'이라는 의미상 상반된 표현을 통해 주제를 심화시키고 있다.[34]

『잃어진 진주』에서 '서름', '서럽다' 등으로서 번역한 시편들의 사례와 그 원어를 구체적으로 찾아보면 다음과 같다.

---

34 아서 시몬즈 시에서 김억의 창작적 변용의 주요한 특징으로 '대비적 표현'을 들 수 있다. 구체적으로, 「Rain on the down沙丘의 비」의 경우, 원시의 주요 내용을 볼 때, '밤비'는, 한밤중에 그녀가 내게로 와서 나와 그녀가 조우하게 되는 극적 상황을 고조시키는 구실을 하는 것에 비해서, 김억의 역시에서, '밤과 비'는 한밤에 나와 내 님이 조우하는 기쁨에 비하면 보잘 것 없는 '世上속세'과 결부된 것으로 형상화되고 있다("내 님의 머리털은 비에 빗나며The rain shone in her hair, / 내 님의 얼골은 비빗에 빈듯거러라.And her face gleamed in the rain; / 비속을 것처 내 님이 내게로 온 뒤에는And only the night and the rain were there / 世上은 한갓 밤과 비쁜이러라As she came to me out of the rain", 「Rain on the Down沙丘의 비」 2연. 그리고 「Night and wind밤과 바람」의 원시 마지막 연의 부분 즉 "And my heart is wailing within, / And the wind is the voice of my heart"는 '나의 가슴이 내서으로 워몰아지고 / 그리고 바람은 내 가슴의 소리'라는 것, 즉 '내 가슴'과 '바람'이 대비적으로 쓰인 것이 전혀 아닌데, 김억은, "밧게는 바람이 셜게도 울으며, / 안에서는 내 가슴이 셜게도 우나니"에서 보듯이, '내 가슴'과 '바람'을 각각 '밧게는'과 '안에서는'으로 다소 오역을 감내하면서도 대응되는 시행의 위치에서 문구가 대비되도록 역하고 있다. 최라영, 「김억 번역 연구—『잃어진 진주』를 중심으로」, 『어문학』 114집, 한국어문학회, 2011.12 참고.

설고도sorrowful / 아아 셜어라(원문 해당어 없음)(「Moonrise月出」)

설음sorrow(「Love and Sleep사랑과 잠」)

설은sorrowful / 설기sad(「Why are you so sorrowful in dreams?엇지하야 그대는」)

설은mournful(「In Ireland : Isle of Aram아람의섬」)

설음woe(「Remembrance記億」)

설음pain(「Strange to remember tears!異常도 하여라」)

설음sorrow(「In the Wood of Finvara핀빠라의森林」)

셜음sorrow(「Weariness倦怠」)

(아ㅅ)설어라alas / 서름sorrow(「Wind on The Sea海風」)

셜은듯시도a wail and / 셜게도wails / 셜게도wailing(「Night and wind밤과 바람」)

아ㅅ 셜어라O is it(「Requires安息」)

서름sad(「On Meeting After…뒤에 맛나서」)

'설어하는가(원문 해당어 없음)(「Souvenir紀念」)

김억은 '설음', '서름', '셜음', '설기' 등의 명사형을 혼용하며, 원시의 'sorrowful'을 대체로 '설게도'로 역하면서 '애닯게도'라는 표현을 드물게 사용하였다(「Isolation孤寂」의 '애닯게도sorrowful'). 또한 'pain'이 단독으로 나왔을 때는 '설음'으로 역하지만 'pain'이 '고통'임을 구체적으로 밝혀주는, '셜음이나 고통(not weary with) sorrow, (nor weary with) pain', '치웁과 압픔cold and in pain' 등과 같이, 짝말 표현이 나올 때에는 '고통', '아픔' 등으로 역하였다.

'설음'과 '눈물'을 주조로 한 단일하고 순정적인 정서를 두드러지게 하는 김억의 창작적 변용은 『진달내쏫』 시편들의 주요한 특성과 관련을 지닌다. 아서 시몬즈 원시에서의 '그녀'가 김억에 의해 '님'으로, 아서 시몬즈의 원시에서의 '고통과 두려움, 슬픔 등'이 김억에 의해 '설음', '설움'으로, 그리고 이러한 정서를 강조하고 그 일환으로서 역설적 표현이 주요하게 활용되고 있는 것은, 김소월의 시편들에 있어서 '님'의 의미와 '설움'의 깊이를 구현하는 데에 있어서 주요한 한 근원으로 작용하였다고 볼 수 있다. 특징적인 것은, 김억이 아서 시몬즈의 낭만적 시편들에서 주요한 시적 대상인 'she'에 관해서 대체로 '연인'의 의미를 지닌 '님'으로서 명명하고 그러한 주제를 부각시켜 변용한 점이다. 그리고 그는 원시에서의 'sorrow', 'sad', 'woe', 'pain', 'wail', 'alas', 'O' 등을 모두 '설움(서름)'으로 변용하였으며, 원시에서 여러 감정이 복합적으로 형상화된 정서('hope'와 'fear'와 'tears' 등)에 관해서도, 대체로 이와 같은 전통적이고 순정적인 정한으로 나타내었다. 이와 같이 김억은 창작적 역시의 주제와 정서에 있어서 우리의 전통적 정한을 견지한 '님'을 잃은 '서름(설움)[35]의 미학'에 주목하였다.[36]

---

35 '서름'이라는 시어와 함께, 무엇보다도 창작적 변용어로서 매우 자주 나오는 것은 '곱다'이다. 즉 「In the wood of Finvara옌빠라의 森林」의 '곱은soft'과 '곱게도delicate', 「The coming of spring오는 봄」의 '곱은delicate', 「The Opium-smoker阿片쟁이」의 '곱게도deliciously'와 '곱다란sweet', 「On the beach海邊」의 '곱게도soft'와 '곱은soft'과 '곱게도softly', 「Gipsylove찝시의사랑」의 '곱은merry', 「In Carnival快樂節」의 '곱음sweet', 「Love in Dreams꿈의 사랑」의 '곱은(해당어는 없으나 의미를 살리려 덧붙임)', 「Music and memory音樂과 記憶」의 '(아양스럽게도) 곱게 (빛나는)magical', 「Spring twilight봄의 黃昏」의 '곱은fair', 「Peace at noon百日의 平和」의 '곱게sweet' 등을 들 수 있다. 김억은 'soft'를 '곱다'로 역하는데 이것이 'sweet'와 함께 나왔을 때는 '보드랍은'이라는 본래적 의미를 밝혀 역하였다(「The Opium-smoker阿片쟁이」의 '보드랍은soft (music like a perfume, and) 곱다란sweet (light)'). '서럽나'과 '곱나'라는 김억의 주요 창작적 변용어는 김소월의 시에서도 유의성을 지닌 핵심적 시어로서 나타난다.

36 이밖에 김억이 고심하여 역한 형용어구로는, 「Souvenir紀念」의 '맑진divinest', 「Autumn Twilight : Grey and Gold가을의 黃昏」의 '핼금하게도as pale', 「After Sunset落日 뒤」의 '핼금하야pale', 「Moonrise月出」의 '날금한zest', 「Twilight黃昏」의 '핼금하게도 보이한(보얀)pale and grey'과 '삼가는듯이stealthily.' 「Isolation孤寂」의 '애닯게도sorrowful', 「The Opium-smoker阿片

김억식 창작적 운문시형, 시체 및 각운운용의 특징은 『진달내쐇』의 상당수 시편들에서도 나타난다. 주로, 『진달내쐇』의 전반부에, 김억이 선택, 역한 아서 시몬즈의 시편들과 유사한 김억식 우리말 구어체 어법이 두드러지며, 이 시편들은 『잃어진 진주』와 마찬가지로 '낭만적 연가풍'의 정조와 주제를 보여준다. 한편, 이 시집의 후반부로 가면서는 주로, 고전시가의 한자어구와 관습적 어법 및 민요가락이 두드러지며 사별의 정한과 비가적 주제가 두드러진다.[37] 즉 시집의 구성 면에서 보면, 김억의 창작적 역시형, 시체와 낭만적 연가풍의 주제를 지닌 운문시편들, 즉 짜임새 있는 행, 연의 구성 및 대응행의 각운에 관한 의식적 배려가 돋보이는 작품들이 주로 시집의 전반부에 속해 있다.

쟁이」의 '錯覺에 錯覺을 거듭한delirious', 「On the beach海邊」의 '삼가는 듯시stealthy', 「Love in Dreams꿈의 사랑」의 '맑지게gleam', 「Music and memory音樂과 記憶」의 '아릿답은happy', 「Second thoughts뒤의 생각」의 '그립은loved', 「During Music音樂의 째」의 '그윽하게도(원시에 없으나 맥락상 덧붙임)', 「In the night밤」의 '곱하는repeat', 「In Autumn가을」의 '아름답은(원시에 없으나 맥락상 덧붙임)', 「In Ireland : Isle of Aram아람의 섬」의 '연약한delicate', 「Rain on the down沙丘의 비」의 '빈듯거러라gleamed', 「In the vale of Llangllen랑쓸랜의 골작이」의 '새팔한 新鮮한green cool', 「Strange to remember tears!異常도하여라」의 '異常하게도strange', '예도는through', '어득한shadowy', '그윽한faint' 등이 있다(김억은 명사로서의 'love'는 '사랑'으로 역하였으나 동사로서는 '그립다'라는 표현을 쓴다).

37 "소월의 사랑시는 사랑의 생성과 소멸의 과정에 따라 연가love song와 비가elegy로 나누어 볼 수 있다. 연가는 사랑의 현존現存이 주체의 언술행위enunciation로 발현된 텍스트이며, 비가는 사랑의 부재不在가 주체의 언술행위로 발현된 텍스트이다. 그러나 사랑의 현존과 부재 간의 구분은 현실논리에 따른 것으로, 주체의 심리적 현실psychische realität로서의 환상 안에서는 그 구분이 무의미해진다. 그러므로 연가와 비가를 모두 사랑의 현존과 부재에 따른 사랑시의 양면으로 간주하여 한 범주 안에서 논할 수 있다", 오주리, 「소월의 '사랑시 연구－연가와 비가를 중심으로」, 서울대 석사논문, 2004.4, 7쪽.

3. 창작적 변용원리로서의 '반복'과 '변조'와 '생략'

나는 또다시 적은길와 넓은들을 밟노라,
「즐겁은 奇別, 즐겁은 奇別」하며
새는 나의귀에 노래을 보내나니,
아아 듯기를 바래든 새팔한新鮮한 노래여.

「즐겁은 奇別, 즐겁은 奇別」하며,
새는 수풀사이에서 내게 주저리나니,
이는 日光의소리러라,
이는 풀과나무의 소리러라,

「즐겁은 奇別, 즐겁은 奇別」하며,
日光을 밧으며, 나를 위해, 노래하는 새소리는
수풀의 하늘속으로서 흘너나오는
大地의 즐겁음, 그것이러라.

In the fields and the lanes again!
There's a bird that sings in my ear
Messages, messages;
The green cool song that I long to hear.

It pipes to me out of a tree

Messages, messages;

This is the voice of the sunshine,

This is the voice of grass and the trees.

It is the joy of Earth

Out of the heaven of the trees :

The voice of a bird in the sunshine singing me

Messages, messages.

김억 역, 「In the vale of Llangllen랑글랜의 골작이」, 『잃어진 진주』

봄가을업시 밤마다 돗는달도

「예젼엔 밋처몰낫서요.」

이럿케 사뭇차게 그려울줄도

「예젼엔 밋처몰낫서요.」

달이 암만밝아도 쳐다볼줄을

「예젼엔 밋처몰낫서요.」

이제금 져달이 서름인줄은

「예젼엔 밋처몰낫서요.」

김소월, 「예젼엔 밋처 몰낫서요」, 『진달내꼿』

휘둘니山을넘고,

구비진물을건너,

푸른풀붉은꼿에

길것기시름이어.

닙누른시닥나무,

철이른푸른버들,

해벌서夕陽인데

불슷는바람이어,

김소월, 「낭인浪人의 봄」 1・2연, 『창조』, 1920.3

첫 번째 시에서 김억의 아서 시몬즈 역시의 창작적 시상전개방식을 눈여겨 볼 필요가 있다. 그것은, 새의 소리를 독백의 방식으로서 나타내는 인용 표지들과 이것들을 각 연에서 위치짓는 방식으로 구체화된다. 그리고 이것은 원시와 대비하여 김억이 창작적으로 변용한 부분에 해당된다. 특징적인 것은 꺾쇠괄호의 후렴구이다. 이 시의 화자는 '넓은 들'과 '적은 길'이 있는 자연 속에서 '새의 노래'를 들으며 '대지'가 주는 즐거움을 만끽한다. 그는 원시에서 '새가 나의 귀에 노래을 보내'는 것을 좀 더 실감나게 표현하려고 하였다. 즉 원시에서는 "Messages, messages"로 된 구절에 대하여, 김억은 꺾쇠괄호 「」를 활용하여 새의 노래 시의 화자의 인어로시 나다내었으며, 그것은 우리말 독백의 방식으로서 변용, 강조되었다. 즉 원문을 번역하면 '메시지, 메시지' 혹은 '기별, 기별' 정도에 해당되는 것을 "「즐겁은 기별奇別, 즐겁은 기별奇別」

하며"라는 구절로서 바꾸었다. 즉 '즐겁은'이란 말을 덧붙였으며 꺾쇠괄호와 함께 '새의 노래'를 직접인용 표지인 '하며'를 덧붙여서 시의 흐름에 입체감을 부여하였다.

김억은, 이 같은 어구를, 각각의 연에서 대응되는 일정한 자리에 옮겨 반복되도록 하였다. "Messages, messages"는, 원시에서는, 각각, 1연의 3행, 2연의 2행, 3연의 4행에 나타나는 어구이다. 그런데 김억의 역시에서는 이 어구에 수식어를 덧붙여 괄호 및 인용표지를 취하여, 전체상황을 제시하는 첫 번째 시작 행인, "나는 또다시 적은길와 넓은들을 밟노라" 이후에, 각 연의 첫 행마다 "「즐겁은 기별奇別, 즐겁은 기별奇別」하며"를 오도록 조정하였다. 즉 그는 괄호를 활용하여 시적 의미의 중심부를 독백형식으로서 구체화하면서 각 연의 일정한 행에서 얻게 되는 규칙적 리듬감을 드러내도록 하였다. 이런 측면에서, 시에서 각각의 연과 행이 균형적 짜임새를 지니면서, 각 연의 일정한 대응행에서 내적 독백이 나타나는 구도는 김억의 창작적 역시형의 한 가지 특성이다. 김억은, 원문에 큰따옴표가 없다 하더라도 발화형식으로 구체화하고자 하는 시구는 원시어를 반복하거나 또는 수식어를 덧붙여서 꺾쇠괄호를 활용하고 있다. 구체적으로, 「In the night밤」에서 원문의 "'love love'"인 것을 '「사랑, 사랑, 사랑」하며'로 고친 것이나, 「Why are you so sorrowful in dreams엇지하야 그대는」에서 원문의 'the hours'를 '「때」의 소리를'로 바꾼 것을 들 수 있다.

세 번째 시는 김소월의 초기작 중 한 편으로서, "휘둘니 산山을 넘고 / 구비진 물을 건너, / 푸른 풀 붉은 숫에"와 같은 시작어구에서 보듯이, 어구구사 면에서, 고전시가의 관용어구와 한자어구의 문어체가 혼용되어 있다. 두 번째 시는 『진달내꼿』 첫 부분에 수록된 작품으로서 우리말로 된 대화형식의 구어체를 보여주며 민요적 율격을 바탕으로 하면서도 행, 연을 배려하여 전통적 정한을 주제로 형상화한 근대적 서정시의 특성을 보여준다. '예전엔 밋처 몰낫서요'와 같은 우리말 내적 독백을 시 속에 끌어들여서, 각 연에서 대응되는 행에서 규칙적 리듬을 형성시키는 방식은, 김억이 서구 근대시의 원어역 과정에서 우리말로 된 근대적 운문시로서 변용하는 과정과 관련을 지닌다. 뿐만 아니라 이와 같은 내적 독백에 의하여 의미를 강조하고 규칙적 리듬을 얻는 방식은 『진달내꼿』 시편들이 전대와 다른, 근대적 서정시로서의 새로운 표현을 모색한 주요한 사례가 된다.

'내적 독백'의 장치는 위에서의 김소월의 등단작 및 그의 초기 시편들과 대비할 때, 관습적인 수식어구와 한자어구를 탈피하고 우리말로 된 현대적인 구어체 표현을 가능하도록 한다. 김소월의 초기작으로부터 근대적인 어법을 얻은 이러한 변모의 계기로는, 김억이 서구시의 중역 및 원어역을 거쳐서 고안한 우리 근대시형, 시체이자 그 자신의 창작적 시형, 시체가 작용하였다고 할 수 있다. 제자였던 김소월의 시를 지도하고 그리고 그의 시집을 내어주던 시기에, 김억은 이와 같은 우리 근대운문시형을 만드는 데에 고심하였고 그 결과물이 『오뇌의 무도』와 『잃어진 진주』였다. 『잃어진 진주』는 『기탄자리』와는 달리 전문적 수준의 역시집이라고 하기는 어렵다. 그러나 이것은 우리나라 최초의 서구 근대시 원어역 시십이자 시선십이며 이 시집에서 유의 깊게 보아야 할 부분은 김억이 고전시가로부터 우리 근대운문시형, 시체를 만들어나가는 것에 있어서 그가 모색한 방식이다. 그의 이러한 근대운문시형, 시체의 궁극적인 지향이 발전적으로 전개된 것이 김소월의 시편들이라고 할 수 있다.

고전시가의 율격과 한자어구의 관습적 표현을 함께 보여주던 김소월의 초기 시편들로부터, 그의 시가 우리말로 된 근대시형, 시체에 대한 인식을 보여주고 우리말 구어체로 된 시상전개를 보여주게 된 근저에는, 김억이 그의 창작적 역시를 통해 최초로 모색했던 우리말 구어체로 된 근대시의 어법과 문체가 그 매개항으로서 자리 잡고 있었다고 할 수 있다.

먼 훗날**에** 당신이 차즈시면
그때에 내 말이 「니젓노라.」
맘으로 당신이 나무**려하시면**
그때에 내 말이 「무척 그리다가 니젓노라.」
당신이 그래도 나무**려하시면**
그때에 이 말이 「밋기지안하서 니젓노라.」
오늘도 어제도 **못닛는 당신을**
먼훗날 그때에**는** 니젓노라.

김소월, 「먼 후일後日」, 『개벽』 26호, 1922.8

먼훗날 당신이 차즈시면
그때에 내말이 **「니젓노라」**

당신이 속으로나무리면

「**뭇척그리다가 니젓노라**」

그래도 당신이 나무리면
「**밋기지안아서 니젓노라**」

오늘도어제도 아니닛고
먼훗날 그때에 「**니젓노라**」

김소월, 「먼 후일後日」, 『진달내쏫』

나보기가 역겨워
가실때에는, **그때에는**
말업시 고히 보내들이우리다.

寧邊엔 藥山
그 진달내쏫, **한**아름따다
가실길에 뿌리우리다.

가시는 거름거름,
노흰 그쏫을
고히나(삽분히) 즈려밟고 가시옵소서.

나보기가 역겨워
가실때에는, **그때에는**

죽어도 아니 눈물흘니우리다

김소월, 「진달내쏫」, 『읾어진 진주』(이 시의 괄호는 『진달내쏫』 판본에서 수정된 어구이며, 고딕은 삭제된 어구임 – 저자)

나는**자랴고 설게도 누엇노라,**
只今은 사랑도 **자고잇서라.**
때좃차 나를울니든 **그사람,**
只今**은** 울고잇서라.

나는 **사랑하엿노라,** 니젓노라,
그러나 아직도 오히려,
사랑은 소근거려라!
그사람은 **아직도** 못니젓다고.
(…중략…)
安眠이라는 **큰 바다에**
사랑은 只今**고요히 자고잇서라.**

김억 역, 「사랑과 잠」,[38] 『오뇌의 무도』

나는 설음을 재웟노라,
사랑도 잠들어라,
자조 나를 울니든 그님은

---

38 I have laid sorrow to sleep, / Love sleeps. // She who oft made me weep / Now weeps. // I loved, and have forgot, // And yet // Love tells me she will not // Forget. (…중략…) Here by the sea in sleep, / Love sleeps.

뭇슴 울고 잇서라.

나는 사랑햇노라, 나는 니젓노라,
아— 아직도 오히려,
사랑은 소삭이나니,
그님은 나를 못닛는다고.
(…중략…)
잠이라는 바다속에서
사랑은 뭇슴 잠들엇서라.

김억 역, 「Love and Sleep사랑과 잠」, 『잃어진 진주』

김소월의 위 시편에서도, 인용방식의 꺾쇠괄호 「 」를 활용한 내적 독백이 특징적이다. 그리고 각 연에서의 대응행을 고려하여 반복과 변형을 가한 시구 구성이 나타난다. 즉 1연에서 "「니젓노라」", 2연의 "「뭇척그리다가 니젓노라」", 3연의 "「밋기지안아서 니젓노라」"가 그것이다. 이 구절들은 김억의 창작적 역시에서 주로 취했던 내적 독백의 표현과 유사한 방식을 보여준다. 즉 이 시는 각 연의 대응을 고려한 시구의 반복을 통하여 리듬감을 지니며 시의 중심적 의미가 강조되고 있다. 즉 대응되는 연의 첫 행에서는 어떤 상황, 구체적으로는 '―면'을 반복적으로 제시하면서, 각 연의 2행부터는 그 상황에 대한 화자의 반응을 드러내고 있다. 김소월의 시편의 대응행에서 시작하는 말이 두운 그리고 대응행에서 술어의 각운은, 김억이 『잃어진 진주』를 창작적으로 변용하여 고안한 그의 창작적 역시형, 시체의 특성과 관련을 지닌다.

또한, 이 시는 본문에서는 '먼 훗날'이란 시어가 여러 차례 나타나지만 시 제목은 '먼 후일後日'이라는 한자어 제목을 취하고 있다. 시의 제목을 한자어로 취하고 본문에서 이에 상응하는 시어를 우리말 표현으로 취하는 방식은, 『잃어진 진주』의 시편들에서, 김억식 시어운용의 주요한 특성에 해당된다. 구체적으로, 『잃어진 진주』에서, 「Hands玉手」는 '옥수玉手'라는 한자어 제목을 달았으나 본문에서는 '손', 「Rain on the down沙丘의 비」에서는 '사구沙丘'라는 한자어 제목을 달았으나 본문에서는 '적은 산山', 「Moonrise月出」에서는 '월출月出'과 '바다우으로 올라오는 달', 「Loss喪失」에서는 '상실喪失'과 '그대를 잃으면', 「Wind on the sea海風」에서는 '해풍海風'과 '바다 …… 바람', 「On the bridge橋上」에서는 '교상橋上'과 '다리' 등을 들 수 있다. 이와 같은 한자어 제목과 본문에서 제목에 상응하는 우리말 표현방식은 김소월의 시편들에서도 특징적인 부분이다.

또한 위 시는 『진달내쏫』에 수록될 때 일부 수정 작업이 이루어졌으며 그것이 위의 두 번째 시이다. 특징적인 것은, 각 연에서 반복적으로 나온 '그때에'를 마지막 연에서만 나타나도록 수정한 것이다. 이 시편의 개작에 있어서, 각 연에서 반복적으로 나타나던 '그때에'를, 마지막 연에서만 나타나도록 한 것은 이 시편뿐만 아니라 김소월의 대표작인 다른 시편이 수정될 때에도 그 특징적 국면으로 나타났다. 단적으로, 매 연 반복되는 '그때에(는)'의 생략, 수정은 「진달내쏫」의 경우에도 볼 수 있다. 김억은, 『잃어진 진주』를 발간하면서 그 발문에서, 서구시인들 중에 근대화된 민요시인 동시에 자유시를 쓰는 사례를 소개하는 가운데, 이에 이어서 민요시의 사례로서 김소월의 「금잔듸」와 「진달내꽃」의 전문을 인용하며 논의하였다.

이 자리에서 그가 인용하였던 그의 제자, 김소월의 시편들은 그가 『잃어진 진주』를 발간하고 이어 출간할, 당시에 지니고 있던 『진달내꽃』의 원고임을 알 수 있다. 그런데 이 자리에서 인용된 「진달내꽃」에는 '그때에(는)'이 「진달내꽃」의 1연과 3연에 반복적으로 나타난다. 그런데 그가 이후에 이것을 『진달내꽃』에 수록할 때에는 이 어구를 모두 생략하였다. 이러한 변화는 이 시편을 읽을 때의 어감과 리듬, 나아가 작품의 미적 완결성을 고려한다면 굉장히 큰 차이를 만들어낸다. 「먼 후일後日」의 개작에서도, 꺾쇠괄호 「」가 원시에서는 1연, 2연, 3연에서만 나타났지만, 『진달내꽃』에 수록될 때에는 4연에까지 일괄적인 방식으로 바뀌어졌다. 그리고 원시는 '연'의 구분이 없으나 『진달내꽃』에는 2행 1연 구성의 4연 구조로 바뀌었다. 또한 4연 1행에서 '오늘도 어제도 못닛는 당신을'은 '오늘도 어제도 아니닛고'로 바뀌었다. 이러한 개작은 김억식 창작적 시문체와 그 궤를 같이하는데, 그는 앞 연의 대응행에서 3음보 형식의 행 구성일 경우 가급적이면 그것을 맞추어서 행의 음보수를 조절, 수정하곤 하였다.

「진달내꽃」의 '그때에는'의 생략은, 김억이 그의 역시에서 시의 내용 전개에서 부차적인 어구라고 판단되는 경우에 과감히 생략한 방식과 연관선상에 놓여있다. 이것은 위의 세 번째 시편, 즉 『오뇌의 무도』에서 중역했던 아서 시몬즈 시편을, 그가 『잃어진 진주』에서 원어역, 개작한 네 번째 시편을 들어서 살펴볼 수 있다. 이 시편의 개작, 수정을 살펴볼 때, 그는 3음보의 규칙적 율격을 고려하여 '연'을 구별지었으며 연과 행의 전체적인 짜임새를 고려하였다. 그리고 중심적인 주제어구를 반복하면서 부차적인 어구를 생략하고 가급적 간결한 우리말 표현으로 바꾸고 있다. 즉 「먼 후일後日」에서 반복되었던 '그때에는', '내 말이', '이 말이' 등이 생략된 것과 유사한 방식으로, 시의 주제어구가 아닌 부차적인 어구들은 각행의 규칙적 음보와 반복적 표현을 감안하여 개작되었다.

즉 김억은 아서 시몬즈의 시편에서, "I have laid sorrow to sleep"를 "나는 자랴고 설게도 누엇노라"로부터 "나는 설음을 재웟노라"라는 간결한 3음보로 바꾸었다. 이것은 그가 "laid"의 목적어로서 "sorrow"를 살려 원문해석에 좀 더 부합되도록 간결하게 바꾼 것이다. 그리고 "She who oft made me weep"의 "she"가 "Now weeps"의 주어가 되는 것을 의미상 살리도록 간결하게 수정하였다. 또한 원시의 'because'를 감안, '그러나'에서 "이때문에"로 바꾸었다. 여기서 알 수 있는 것은 그가 각 연의 대응행의 음보수를 고려하여, 시행을 간결하게 하고 있다는 점이다. 즉 '-고 잇서라'를 '-서라 / 엇서라'로 바꾸고, '설게도'와 '울기를'을 각각, '설음을'과 '울음을'로, 즉 '-음'의 음운을 반복적으로 살려 간결하게 하였다. 그리고 그는 '안면安眠'을 '잠'으로 바꾸었으며, '째좃차'를 '자조'로 바꾸었는데, 그는 제목과 몇몇 관념어를 제외하면 본문에서는 대체로 어감이 좋은 우리말로 바꾸는 편이다.

못닛도록 생각이 나겟지요,
그런대로 歲月만 가랍시구려.

그러면 더러는 닛치겟지요,

아수운대로 그러케 살읍시구려.

그러나 당신이 니르겟지요,

「그립어 살틀이도 못닛는 당신을

오래다고생각인들 써지오릿가?」

김소월, 「못닛도록 생각이 나겟지요」, 『개벽』, 1923.5

못니저 생각이 나겟지요,

그런대로 한세상지내시구려,

사노라면 니칠날잇스**리다.**

못니저 생각이 나겟지요,

그런대로 세월만 가라시구려,

못니저도 더러는 니치오**리다.**

그러나 쏘한긋 이럿치요,

「그립어살틀히 못닛는데,

어쩌면 생각이 써지나**요?**」

김소월, 「못니저」, 『진달내쏫』

어리석어라, 그대가 내겻에 잇섯을때에는

내사람이여, 나는 그대를 그립 은줄도 몰앗**노라,**……

가이업서라, 그대가 내겻에 잇섯을때에는

내사람이여, 나는 그대의사랑에 困하엿**노라**,……

내사람이여, 그대가 내겻에 잇섯을째에
우리두사람은 서로 사랑한줄로 알앗는**가?**……

When you were here, ah foolish then!
I scarcely knew I loved you, dear.……

When you were here, I sometimes tired,
Ah me! that you so loved me, dear.……

When you were here, did either know
That each so loved the other, dear?……

김억 역, 「Second thoughts뒤의 생각」, 『잃어진 진주』

위의 첫 번째 시편이 개작되어 『진달내쏫』에 수록될 때에도 앞서 논의한 작품들과 유사한 변용방식을 보여준다. 구체적으로, 개작된 판본을 보면 김억의 창작적 역시편의 어법과 마찬가지로, 시편의 본문에서 나타나는 '세월歲月'의 한자를 '한세상'이라는 우리말로 바꾼 것을 볼 수 있다. 그리고 제목에서 '못닛도록 생각이 나겟지요'로부터 '못니저'라는 간결한 어구로 바꾸어낸 것도 그가 창작적 역시의 시제를 만들어내는 방식과 유사하다. 무엇보다도 이 시의 마지막 구절은 우리말로 된 구어체 표현으로 간결하게 바뀌어졌다. 즉 '그립어 살틀이도 못 닛는 당신을 오래다고 생각인들 써지오릿가?'라는 긴 표현을, '그립어 살틀이도 못 닛는데, 어쩌면 생각이 써지나요?'라는 김억 고유의 말투로 바뀐 것이다. 또한 이 문구는, 내적 독백이 아니라 하더라도 내적 독백의 방식으로써 변용, 강조하는 방식으로 나타난다. "어쩌면 생각이 써지나요?"에서, "어쩌면(엇지ᄒᆞ면) —지나요?"의 어법은 의문과 감탄을 함께 표현하는 당시 김억의 개성적 시문체였다.[39]

그리고 위 시의 개작은, 시의 행, 연의 구성, 형태 면에서도, 김억이 아서 시몬즈 원시를 우리말 근대시형으로 만들어나갔던 것과 유사한 방식을 보여준다. 김소월의 원시에서는 2행 1연 구성으로 된 두 개의 연과 3행 1연 구성으로 된 한 개 연의 형태를 보여주지만 이 시가 개작된 후자의 시편에서는 3행 1연으로 된 세 개의 연 구성 형태로 바뀐 것이다. 그리고 각각의 대응행에서 반복적 표현과 각운을 좀 더 엄밀하게 고려한 방식으로 개작되었다. 즉 각 연에서 각각의 대응되는 행의 끝부분의 각운을 고려한 반복과 변조의 방식을 보면, 1, 2연 1행의 '못니저 생각이 나겠지요', 1, 2연 2행의 '그런대로'와 '—려', 1, 2연 3행의 '—리다'의 반복, 그리고 마지막 연에서의 "그러나 쏘한긋 이럿치요"와 '—요?'의 변조를 보여준다.

즉 위 시는 2행 1연, 2행 1연, 3행 1연의 구성으로부터 모든 연이 3행 1연으로 구성된 균형적 짜임의 방식으로 바뀌었다. 그리고 각 연에서

---

30 "이렇게 물음표가 관용어법과 달리 쓰인 것으로 김억의 번역시에 "엇지ᄒᆞ면 내 가슴 압하?"(베를렌, 「거리에 나리는 비」, 『태서문예신보』, 1918.11)가 있는데 이는 마치 "내 가슴은 조금도 아프지 않다. 그런데 어떻게 하면 내 가슴이 아파질 수 있느냐?"고 묻는 것 같다. 그러나 이 역시 "엇제면 내 가슴은 이리 압흐랴"(『오뇌의 무도』)로 고쳐져 의문과 감탄을 함께 표현하고 있다", 오하근, 「김소월 시에 끼친 김억의 영향—김억과 김소월의 관계 III」, 『국어문학』 31집, 국어문학회, 1996.1, 376쪽.

의 대응되는 행마다 반복어구로써 주제를 부각시키면서 간결한 우리말 구어체를 활용하였다. 즉 이와 같은 개작방식과 그 방향성은 김억이 아서 시몬즈의 원시를 그의 창작적 역시로 만들어내는 데 있어서 활용되던 원리와 동일하다. 아서 시몬즈의 원시는 의미결이 복합적이며 시상전개도 그러한 편인데, 이것을 김억은 그의 창작적 지향을 통하여 우리말 구어체로 된 근대 운문시에 적합한 방식으로 바꾸어내었다. 그것은 비교적 단순한 형태의 행, 연의 짜임새 있는 구성 그리고 반복과 변조의 활용으로 구체화될 수 있다.

위의 김억의 역시를 원문과 대비해 보면, 그가 자연스러운 우리말의 리듬을 고려하여 창작적으로 변용하였음을 알 수 있다. 각 연의 '문두'에 나오는 '어리석어라', '가이업서라', '내 사람이여'는, 원시에서는 각 행의 '문미'에 나오는 "ah foolish then!", "I sometimes tired", "did either know"이다. 그리고 각 연의 2행 첫 부분에 나오는 '내 사람이여', '내 사람이여' 그리고 '우리 두 사람은'은, 원문에서, 1연 2행 끝부분의 "dear", 2연 2행 첫 부분과 끝부분의 "Ah me! (…중략…) dear", 3연 2행 첫 부분과 끝부분의 "That each (…중략…) dear"이다. 즉 원시에서는 각 연 끝에서의 "dear"이 리듬감을 형성하지만, 김억의 역시에서는 각 연 첫 부분에서 우리말로 된 반복어구가 나타난다. 이런 방식으로, 그는 시의 문두에서 우리말의 반복적 리듬을 살려서, 영어 원시와는 다른, 행과 연에서의 규칙적 리듬을 살리고자 하였다. 그리고 그는 우리말로 된 직역의 문장어순을 상당히 변용하여, 이것들을, 각 연 2행의 첫 부분에서 반복과 변형을 가한 방식으로 바꾸고 있다. 즉 그는, 원시를 우리말로 바꾸었을 때, 자연스러운 행과 연의 구성방식과 대응어구의 반복적

리듬감을 중시하였으며, 이런 방식으로 우리말로 된 근대 운문시의 음악성을 만들어내었다.[40]

김억이 아서 시몬즈 역시에서 전체적으로나 부분적으로 각각의 연과 대응되는 행을 고려하여 서술어미를 비롯한 반복어구로써 규칙적 리듬감을 만들어낸 것은 『잃어진 진주』에서 그가 보여준 창작적 변용의 주요특성이다. 그런데 이것은 이즈음에, 그가 김소월의 시편을 지도, 개작할 때 지향한, 낭만적 근대운문시형, 시체와 그 맥락을 함께 한다. 그는 『잃어진 진주』에 이어서 다음 해 발간한 김소월의 『진달내꼿』에 있어서도, 『잃어진 진주』에서 고안했던 창작적 역시와 마찬가지로, 안정감 있는 3, 4음보로 된 '행'을 구성하고 '행'과 '연'의 균형적인 짜임새를 추구하였으며, 그리고 각 연에서 대응되는 행의 반복어구와 '운'을 면밀히 고려, 시의 후반부에서 '변조'의 방식을 취하고 있다.

그는 그의 역시편들에서, 각 연에서 대응되는 행마다, 원시에는 있지 않는데, 우리말로 재구성하면서 두운과 각운을 활용한 반복 표현을 취하였고 마지막 연에서 변조를 가하는 방식을 주요하게 활용하고 있다.

아, 이는 生이런가, 죽음이런가? …… 아々 이는 希望이런가, 記憶이런가?

---

40 김억의 역시와 그 원시를 살펴보면, 그는 원시의 행 단위를 기준으로 번역하지 않고, 의미의 맥락이 이어지는 여러 행 혹은 한 연 전체를 직역한 다음, 그것을 다시 우리말 어순과 어법에 맞도록 행을 재구성하는 방식을 쓰고 있다. 자연스러운 우리말 어법과 어순으로 된 근대적 서정시형을 만들어내기 위해, 그가 원시의 배열순서를 바꾸어서 재배열한 사례는 그의 아서 시몬즈 역시에서 빈번하게 볼 수 있다. 즉 김억 역시에서, 각 연에서 대응되는 행의 각운을 고려하고 우리말 어법에 적합한 행과 연을 재구성한 것은, 김억이 『잃어진 진주』에서 영어식 원문을 우리말 어법과 어순으로 바꾸어내면서 우리식 근대운문시형, 시체를 모색한 그의 '창작적 방식'이라고 할 수 있다. 이와 관련한 구체적 사례에 관해서는, 이 책의 2장 62~64쪽 참고.

아々 셜어라, 生이런가, 죽음이런가?(「Requires安息」)

엇지하야 그대는 그리도 설은꿈을 꾸는가?

이는 밤이 되면 설기때문이로라 …… 엇지하야 그대는 내게로 꿈을 보내는가?

이는 지내간사랑을 위함이로라, …… 우리는 얼마나 꿈업시 잠들기를 바래스랴!

아아 셜어라(「Why are you so sorrowful in dreams엇지하야 그대는」)

나는 집藁자리를 깔고 눕어서 / 써러지는 비방울소리를 듯노라, …… 나는 집자리를 깔고 눕어서

깃븜에 뛰노는 내가슴을 듯노라(「Love in Dreams꿈의 사랑」)

그대의입살이 내입살을 차즐때에는 …… 그대이입살이 내입살을 바리지도 안아서, …… **그대의입살이 내입살을 바릴때에는** …… 苦痛의뒤나, 懷疑의 뒤에는(「Isolation孤寂」)

그러나 내가 듯은것을 **내님은 듯지못하엿서라,** …… **내님은 못듯꾀서라,** …… **나의님은 듯지도 못하고 잇서라**(「In the night밤」)

孤寂한바다는 나의가슴안에 잇서라,

바람도 灰色이 이가슴보다 孤寂치는 안으리 …… **孤寂한 내가슴은 바다속에 잇서라,**

내가슴도 灰色의 이바람보다 孤寂치는 안으리(「Wind on the sea海風」)

김억의 아서 시몬즈 역시에서 나타나는 근대적 운문시형, 시체의 특성으로서, 각 연을 구성하는 행을 균형적으로 구성해내는 것, 그리고 대응되는 행에서 반복어구를 취하고 각운의 운용을 통하여 리듬감을 만들어내고자 한 것 또한 시의 후반부에서 주로 '변조'의 방식을 취하는 것 등을 들 수 있다. 이러한 시형, 시체의 구성은, 1910년대와 1920년대 초 우리말 근대시의 전범이 부재한 시기에, 김억이 서구 근대시의 최초 '원어역'을 통하여 낭만적 연가풍의 우리 근대운문시형, 시체를 모색하여 고안해낸 것이다. 김억의 창작적 역시의 특징은 각 연의 대응어구의 각운을 중심으로 한 어구의 반복과 변조에 있으며 이를 통하여 낭만적 운문시의 음악적 리듬감을 만들어내었다. 그리고 그는 한자어구를 우리말 표현으로 바꾸고 반복되는 부차적인 어구를 생략하였으며 문장성분을 간결하게 구성함으로써 시의 주제를 강조하였다. 또한 시에서 독백으로 될 만한 시구를, 꺾쇠괄호를 활용한 확연한 대화체 형식으로 표현, 바꾸어냄으로써 운문시가 지니기 쉬운 평면성을 탈피하고자 하였다. 그리고 그는 시에서 각 연의 행 구성에 있어, 규칙적 음보를 고려한 균형적 짜임새를 추구하였다.

김억은 아서 시몬즈의 역시나 김소월의 시편 지도, 개작에 있어서, '반복'과 '변조'와 '생략'을 활용하여 낭만적 연시에서의 주제부, 주로 님을 잃은 '설움'이라는 주제를 심화시키고자 하였다.

밤이ᄢᅦㅣ ㅣ스, ᄢᅦㅣ ㅣ스이밤은 고요도 하여라,

멀게도 저곳에선 노래가 들니나니,

간은물쌀을 지어흘으는 물소리는

Serenade의 그윽한 曲調랄는가,

고요한물은 밤속으로 보내는

노래와도 갓타라.

밤, 날보다도 더 完美한밤은

光輝에 싸인 그림자의날이랄는가,

물, 하늘, 내몸은 하나이 되고 말앗서라,

밤의靜和, 하늘보다도, 光明보다도

더 오래된 **밤의靜和**는

날속으로 내려오는듯하여라,

Night, and the silence of the night,

In the Venice; far away, a song;

As if the lyric water made

Itself a serenade;

As if the water's silence were a song

Sent up into the night.

Night a more perfect day,

A day of shadows luminious,

Water and sky at one, at one with us;

As if the very peace of night,

The older peace than heaven or night.

Came down into the day.

김억 역, 「At Dogana稅關에서」, 『잃어진 진주』

잔듸

잔듸.

金잔듸,

深深山川에 팔한 불빗은

가신님 두덤가엣 金잔듸,

봄이왓네, 봄날이왓네,

버들가지에도

金잔듸에도

봄이왓네, 봄빗이왓네,

深深山川에도 금잔듸에,

잔듸

잔듸.

金잔듸,

深深山川에 **붓는 불**은

가신님 **무덤가**엣 金잔듸,

봄이왓네, **봄빗**치왓네,

버드나무끗**터도 실가지에**

봄비치왓네, 봄날이왓네,

深深山川에도 금잔듸에,

김소월, 「금잔듸」, 『진달내꼿』

아서 시몬즈의 「At Dogana」는 베니스의 밤 정경에 취한 화자의 낭만적 정취가 복합적으로 그려지는 한편, 이 시에 대한 김억의 역시는 이러한 풍경에서 정취를 부각시키는 베니스의 밤, 밤의 정화, 혹은 음조롭은 정서를, 원시에는 없는 '반복어구'의 표현, 즉 '밤의 베니스', '베니스의 밤', '밤의 정화', '밤의 정화는' 등으로써 강렬하게 드러내었다. 그리고 이 역시에서도 행 단위의 번역이 아니라 여러 행의 직역을 우리말로 바꾸고서 그것을 다시 규칙적 행으로서 구성한 김억 역시의 특성이 드러난다.

김소월은 그의 시론에서 아서 시몬즈의 위 시편과 자신의 시편을 들어서 개개 시인의 영혼이 시를 통하여 구현해내는 독창적 뉘앙스를 '음영陰影'이라고 명명하였으며 그것이 형성하는 감정의 깊이를 '그 음영陰影에 광도光度의 강약强弱'이라고 일컬었다("나는 존재存在에는 반드시 음영陰影이 따르는다고 합니다. 다만 같은 물체物體일지라도 공간空間과 시간時間의 여하如何에 의依하여, 그 음영陰影에 광도光度의 강약强弱만은 있을 것입니다. 곧 음영陰影에 그 심천深淺은 있을지라도 음영陰影이 없다고는 할 수는 없는 것입니다").[41] 즉 김소월이 시론의 핵심으로서 전개한 '음영론'의 근원처는 아서 시몬즈의 시, 「At Dogana」의 "Night, a more perfect day, / A day of shadows illuminous"

---

41 김소월, 「詩魂」, 『개벽』, 1925.5.

의 'shadows'로부터인 것이다. 그의 시론의 핵심인 '음영론'이 그 자신이 직접 구입한 원서 속의 시편이면서 그의 스승, 김억이 선택, 역한 아서 시몬즈의 시편이고 보면, 영시번역에는 익숙하지는 않았던 그가, 당시로서는 유일했던 김억의 아서 시몬즈 역시형, 시체가 김소월의 창작에 끼친 영향을 짐작할 수 있다.

위의 「금잔듸」는 김억이 『잃어진 진주』 발문에서 전문 인용하여 소개된 작품이다. 그런데 이 시는 『진달내꼿』에 수록할 때에 「진달내꼿」과 마찬가지로 일정부분(상당부분) 수정되었다. 그런데 이 작품의 개작에 있어서도 김억의 창작적 변용이 가해진 사실을 알 수 있다. 즉 그는 주제어구에 상응하는 것은 그 어구를 반복적으로 표현하면서 그것의 의미를 심층적으로 혹은 좀 더 극적인 것으로 만들며 부차적인 어구를 생략하는 방식을 취하고 있다. 구체적으로, '심심산천深深山川에 팔한 불빗'이 '심심산천深深山川에 붓는 불'로 바뀐 것과 '가신님 두엄가'가 '가신님 무덤가'로 바뀐 것은 시의 의미를 극적이고 함축적으로 바꾸어놓은 것에 해당된다. 전자에서는 시적 화자가 처한, 사별한 님이 묻힌 장면적 요소가 두드러진다면 후자에서는 시적 화자가 처한 사별의 정한과 한스러운 심정이 극적으로 드러난다. 그리고 시편의 후반부를 보면, '봄이 왓네, 봄날이 왓네'는, '봄이 왓네, 봄빗치 왓네'로, '버들가지에도 / 금金잔듸에도'는 '버드나무 끗터도 실가지에'로 바뀌어져 있다. 이것은 봄날의 '봄빗'이 가신 님 무덤가의 금잔디 주변의 버들가지 끝, 실가지에서 빈짝이는 섬세한 장면을 보여주는 효과를 지닌다. 또한 원시에서 '봄', '봄날', '봄', '봄빗'으로부터, 개작시에서 '봄', '봄빗', '봄빗', '봄날'로 바뀜으로써, 즉 유사한 시어들이 시의 전체맥락 속에서 '유의

성 있는' 반복적 표현을 취하도록 하였다.

이와 같이 김소월의 시형, 시체는, 당시에 김억이 우리나라 최초의 근대시 '원어역'을 통해 우리 근대서정시형, 시체를 모색한, 그의 창작적 역시체, 시형의 특성을 공유하고 있다. 이러한 사실은 김억의 손길이 가해진 『진달내꼿』의 몇몇 시편들, 「먼 후일後日」, 「진달내꼿」, 「금잔듸」 등의 개작 방향에 의해서 구체화된다. 이들 시편들은, 전통적 정한과 민요조 율격을 근간으로 하면서도, 시의 행과 연을 면밀히 고려한 반복과 변조의 방식을 보여주며, 부차적인 어구들은 생략되었다. 즉 근대적 운문시형, 시체에 관한 의식적 국면을 보여준다. 이러한 개작의 중요한 매개로서, 우리 근대적 운문시형, 시체, 우리말 구어체의 반복과 변조 그리고 우리말 리듬을 모색하였던 김억의 창작적 역시형, 시체가 자리 잡고 있었다.

김억은 『잃어진 진주』 발문에서 시에 관한 자신의 견해를 개진하면서 시의 유형에 관하여 논의하였다. 그는 자유시의 '자유'를 '현률現律에 대對한 상반어相反語'로 파악하고 민요시와 자유시의 차이에 관하여 서술하였다. 민요시는 형식상 조건으로 볼 때 종래의 전통적 시형을 밟는 것이며, 이것과 대비하여, "자유시自由詩의 특색特色은 모든 형식形式을 깨트리고, 시인자신詩人自身의 내재율內在律을 중요시重要視하는 데 잇"다고 논의하였다. 그는 우리의 근대자유시를 창안해내는 주요한 방식으로 창작적 번역을 취하였으며, 그의 창작적 역시들은, 당시로서는, 관습에 얽매인 전통시가로부터 새로운 근대시형을 모색해 나간 다양한 전범들인 것이다.[42] 이러한 김억의 노력과 지향은, 『진달내꼿』이 민요로부터 기원하지만 "근대화近代化된 민요시民謠詩인 동시에 자유시

自由詩"[43]가 되는 데에 주요한 역할을 하였다.

근대시의 전범이 부재하였던 당시에, 김억은 원어역과 창작적 번역을 통하여, 우리 근대시 문체와 시적 구조의 전범적 모델을 만들었으며, 이것과 관련하여, 김소월의 시문체와 시형이 근대적 방식으로 발전, 전개되었다. 즉 우리 근대시형과 시체의 형성은, 근대 초창기 지식인, 김억이 근대시집으로서 우리나라 최초로, '원어역'을 통해 아서 시몬즈의 낭만적 연시를 선택하고, 우리의 '낭만적 연가풍'의 근대서정시의 시체와 형식, 율격을 모색한 결과물에 기초하고 있다. 김억은 이와 같은 방식으로, '종교적 산문시'의 전범인 『기탄자리』를, 원어역의 방식으로써, 우리고유의 종교적 산문시형, 시체, 즉 '아아—'를 근간으로 한 '—습니다체'로 만들어내었으며 이러한 종교적 산문시체는 한용운시의 주요한 전범으로서 작용하였다.

그는, 김소월과 한용운을 비롯한 무수한 당대 시인지망생들에게, 우리 근대운문시체, 근대산문시형, 시체라는 것은 어떤 형태의 것인지, 반복과 변조와 생략을 통한 우리말의 리듬은 어떤 방식으로 만들어낼 수 있는지, 그리고 복합적인 시상전개는 어떠한 방식으로 나타낼 수

42 김억의 '자유시' 논의는 기존 정형시로부터 탈피한 운율상의 자유로움과 내적 정서의 자유로운 표출을 의미하며 그의 아서 시몬즈와 타고르의 창작적 역시들은 초창기 우리 근대자유시 형성의 주요한 사례이다. 다음의 논의는, 김억의 자유시에 관한 견해와 창작적 역시를 통한 근대시에 관한 그의 이해를 돕는다. "'자유시'라는 개념에 대해서는 아직 많은 사람들이 오해를 하고 있는 듯하다. 어떤 원칙도 없는 규범의 카오스만을 생각하는 것 등이다. 그러나 자유시는 형식이 자유스러울 뿐 원칙이나 규범을 완전히 무시한 시를 가리키는 용어가 아니다. 오히려 행과 연이 구분되어 있다는 점, 변형되고 불규칙적이기는 하지만 그 나름의 내재율과 압운 그리고 호흡 단위를 가지고 있다는 점, 자생적인 리듬 의식을 수반한다는 점 등 자유시의 중요한 원칙을 지키고 있기 때문이다. 그것은 원래 기계적이고 작위적인 율격체계를 파괴하여 살아 있는 리듬을 표현하고자 하는 의도에서 출발했던 그들의 창작 동기에서 설명될 수 있다", 오세영, 『시론』, 서정시학, 2013, 70쪽.

43 「시집 『잃어진 眞珠』에서」, 『잃어진 진주』.

있는지 등을 제시해주었다. 우리 근대서정시에서 김소월의 낭만적 운문시체와 한용운의 산문시체 그리고 이들의 '님의 시학'의 구도와 전개 방식을 떠받치던 중요한 토대로서, 고전시가로부터 우리의 새로운 근대시형, 시체를 창안하기 위해, 당시 선진적이었던 서구의 근대시를 '원어역'으로서 선구적으로 수용하고 우리 근대시의 형식과 문체와 운율을 치열하게 고심하였던 김억의 '창작적 역시'라는 매개항이 있었다.

4. 결론

이 글은 『잃어진 진주』에서 김억이 원시로부터 선별하고 그것을 우리식으로 창작적으로 변용한 내용상, 문체상 특성을 살펴보면서, 이와 대비하여, 고전시가풍의 어법과 민요가락을 주조로 한 김소월의 시편들이 우리말 구어체로 된 근대운문시형, 시체 및 율격을 갖춘 근대적 민요시로 나아가게 된 특성을 고찰하였다. 김억은 우리 근대시형과 시체를 고안해내기 위한 주요한 일환으로서 서구 근대시를 소개, 번역하는 활동을 선구적으로 담당하였으며 그러한 모색의 결과물이 그의 '창작적 역시'였다. 김억의 창작적 역시형, 시체가 이중적 의미를 지니는데 서구 근대시의 '원어역'을 통한 '수용'의 노력이자 동시에 전범이 없던, 우리말로 된 근대시형과 시체의 '창조'의 결실이라는 의미를 지닌다.

김억은 아서 시몬즈 시전집의 여러 개별 시집들로부터 주로 '낭만적 연가풍'의 운문시를 선택, 번역하였으며 시편들의 내용에 부합하도록 '잃어진 진주'라는 그의 개성적 명명을 붙였다. 그리고 김억은 『진달내꽃』의 구성, 체제에 있어, 전통적 민요가락과 한자어구를 보여주는 비가적 시편들을 후반부에 배치하였으며, 민요적 율격을 근저로 하지만 우리말 구어체로 되었으며 근대 서구시의 시형 및 시체를 보여주는 시편들을 시집의 첫 부분에 두었다. 이것은 김억의 창작적 번역시체 혹은 그가 지향한 우리 근대 운문시형, 시체의 특성과 관련을 지닌다. 구체적으로, 그는 '꿈'과 '설움'을 주조로 한 '낭만적 연가풍'의 주제를 부각시키면서, 전체적인 짜임새를 고려한 행과 연의 구성 그리고 대응행, 어구의 '반복'과 '변조'와 '생략'을 보여주고 있다. 그리고 그는 낭만적 연가풍의 운문시에 적합한 우리의 시체로서 주로 '—어라 / —서라체'를 취하였으며, 대응행의 각운을 활용한 어감이 좋은 우리말 구어체 표현을 지향하였다. 김억이 그의 '창작적 역시'를 통하여 근대적 시형, 시체로서 재창조한 과정을 경유하여, 김소월의 시편들은 민요로부터 기원하지만 "근대화近代化된 민요시民謠詩인 동시에 자유시自由詩"의 빼어난 전형으로 탄생할 수 있었다.

참고문헌

기본자료

권영민 편, 『김소월시전집』, 문학사상, 2007.
김소월, 『진달내꼿』, 매문사, 1925.
김소월, 김억 선, 『素月 詩抄』, 博文書舘, 1939.
김억 역, 『오뇌의 무도』, 광익서관, 1921.3.20.
______, 『기탄자리』, 이문관, 1923.4.3.
______, 『신월』, 문우당, 1924.4.29.
______, 『잃어진 진주』, 평문관, 1924.8.10.
______, 『원정』, 애동서관, 1924.12.
김용직 편, 『金億作品集』, 형설출판사, 1977.
________, 『김소월전집』, 서울대 출판부, 1996.
김종욱 편, 『정본 소월전집』 상・하, 명상, 2005.
박경수 편, 『안서 김억 전집』, 한국문화사, 1987.
오하근 편, 『정본 김소월전집』, 집문당, 1995.
유성호 편, 『꽃다발』, 열화당, 2012.12.
윤주은 편, 『김소월 시전집』, 학문사, 1994.
한용운, 『님의 침묵』, 서울대 출판부, 1996.
홍순석 편, 『김억 한시역선』, 한국문화사, 1988.

吉田絃二郎, 『タゴールの哲學と文藝』, 大同館書店, 1915(大正 4).
花園緑人, 『タゴールの詩と文』, ジャパンタイムス學生號出版所, 1915(大正 4).
增野三良 역, 『印度新詩集』, 東京 : 東雲堂書店, 1915(大正 4).
小林愛雄・佐武林藏 역, 『近代詩歌集』, 東京 : 估堂書肆, 1918.

Symons, Arthur, *POEMS BY ARTHUR SYMONS*, VOLUME I · II, LONDON : WILLIAM HEINEMANN, 1912.

Tagore, Rabindranath, *GITANJALI*, Macmillan Co., March 1913.

________________, *THE CRESCENT MOON*, Macmillan Co., 1913.

________________, *THE GARDENER*, Macmillan Co., 1913.

참고자료

곽명숙, 「1920년대 초기시의 미적초월성과 상징주의」, 『한국문화』 40집, 서울대 규장각한국학연구원, 2007.

구인모, 「고안된 전통, 민족의 공통감각론」, 『한국문학연구』 23집, 동국대 한국문학연구소, 2000.12.

_____, 「시, 혹은 조선시란 무엇인가－김억의 '작시법'에 대하여」, 『한국문학연구』 25집, 동국대 한국문학연구소, 2002.

권정우, 「김소월 시의 구어체 진술」, 『한국현대문학연구』 41집, 한국현대문학회, 2013.12.

김문혜, 「Paul Verlaine와 金億의 比較硏究」, 영남대 석사논문, 1984.

김소월, 「詩魂」, 『개벽』, 1925.5.

김승종, 「岸曙 金億의 詩論 硏究－韓國近代詩論의 位相과 向方」, 중앙대 박사논문, 1992.

_____, 「안서 김억의 실제비평 연구」, 『안양과학대학논문집』 21집, 안양과학대, 1999.2.

김영미, 「한 근대시인의 오뇌와 궤적－안서의 경우」, 『현대문학이론연구』 33집, 현대문학이론학회, 2008.4.

김옥성, 「김소월 시에 나타난 '영혼'과 '꿈'의 역학」, 『한국현대문학연구』 15집, 한국현대문학회, 2004.6.

김용직, 「Rabindranath Tagore의 수용」, 『한국현대시연구』, 일지사, 1974.

_____, 「오히려 안서유고일수도」, 『문예중앙』, 1978 봄.

김윤식, 「에스페란토 문학을 통해 본 김억의 역시 攷」, 『근대한국문학연구』, 일지사, 1973.

김은전, 「김억의 프랑스 상징주의 수용 양상」, 서울대 박사논문, 1984.

김은철, 「金億의 民謠的 詩 硏究」, 영남대 석사논문, 1985.

김장호, 「金億의 알베르 · 싸멩 번역을 살핀다」, 『한국문학연구』 14집, 동국대 한국문학연구소, 1992.

김재홍, 「岸曙 金億 硏究－西歐詩 受容과 傳統指向을 中心으로」, 연세대 석사논문, 1983.
김종욱, 「이 경이, 문학사에 도전하는 집념」, 『문예중앙』, 1978 봄.
김준희, 「김억의 번역이 한국 근대시에 미친 영향 연구」, 숙명여대 석사논문, 2007.
김지영, 「김억의 창작적 번역과 창작시 연구」, 서울대 석사논문, 1996.
김진희, 「근대문학의 장과 김억의 상징주의 수용」, 『한국문학이론과비평』 22집, 한국문학이론과비평학회, 2004.3.
_____, 「1920년대 번역시와 근대서정시의 원형 문제－'님의 시학'과 번역의 역동성」, 『비평문학』 42호, 2011.12.
김철기, 「金億의 近代詩意識 硏究」, 한양대 석사논문, 1983.
김춘식, 「초창기 잡지의 시 월평과 신시론의 전개」, 『한국어문학연구』 50집, 한국어문학연구학회, 2008.
김환숙, 「1920年代 象徵主義 詩文學 硏究－黃錫禹, 金億을 中心으로」, 공주대 석사논문, 1999.
남궁연, 「岸曙 金億 詩 硏究－詩 飜譯과 創作의 變化樣相을 中心으로」, 성균관대 석사논문, 2002.
남기혁, 「김소월 시의 근대와 반근대의식」, 『한국시학연구』 11호, 한국시학회, 2004.
노춘기, 「岸曙와 素月의 한시 번역과 창작시의 율격」, 『한국시학연구』 13호, 한국시학회, 2005.8.
류순태, 「김소월의 「시혼」에 나타난 미의식 연구－김억과의 관계를 중심으로」, 『인문학연구』 45-0권, 2013.
류철균, 「1920년대 민요조 서정시 연구」, 서울대 석사논문, 1993.
문학사상사, 「미발표 소월 자필 유고시집」, 『문학사상』, 1977.11.
박거용, 「영어신화의 어제와 오늘」, 『내일을 여는 역사』, 2008 여름.
박상천, 「韓國近代文學 性格 究明 試考」, 『한국학논집』 7집, 한양대 한국학연구소, 1985.2.
박슬기, 「김억의 번역론, 조선적 운율의 정초 가능성」, 『한국현대문학연구』 30집, 한국현대문학회, 2010.4.
박용택, 「金億의 詩에 나타난 日本的 要素」, 『일본문화학보』 7집, 한국일본문화학회, 1999.8.
박현수, 「『십현담주해』의 언어관과 한용운의 시론」, 『한국현대문학연구』 38집, 한국현대문학회, 2012.12.
范偉利, 「초창기 한・중 상징주의 시의 비교 연구－김억과 李金髮의 초기시를 중심으로」, 서울대 박사논문, 2008.
신두환, 「김억의 『詩經』 번역에 대한 일고찰」, 『한국언어문화』 24집, 한국언어문화학회, 2003.12.
신명경, 「김억 시론의 성격 연구」, 『동남어문논집』 8집, 동남어문학회, 1998.8.
신유은, 「1920년대 민요시 연구」, 한양대 석사논문, 1997.
심선옥, 「근대시 형성과 번역의 상관성－김억을 중심으로」, 『대동문화연구』 62집, 성균관대 대동문화연구원, 2008.6.
안옥병, 「金億의 詩 硏究－그의 戀詩를 中心으로」, 경남대 석사논문, 1989.
양왕용, 「自由詩意識과 感傷克服의 苦惱」, 『사대논문집』 4집, 부산대 사범대학, 1977.12.
오문석, 「1920년대 인도시인의 유입과 탈식민성의 모색」, 『민족문학사연구』 45집, 민족문학사학회 민족문학사연구소, 2011.
오주리, 「소월의 '사랑시 연구－연가와 비가를 중심으로」, 서울대 석사논문, 2004.4.
오하근, 「김소월이 김억 시에 끼친 영향 연구－김억과 김소월과의 관계考 IV」, 『원광대학교논문집』 30집, 원광대, 1995.11.
______, 「김소월 시에 끼친 김억의 영향－김억과 김소월의 관계 III」, 『국어문학』 31집, 국어문학회, 1996.1.
윤석달, 「岸署 金億論」, 『한국항공대학교 논문집』 29집, 한국항공대, 1991.
윤여탁, 「1920년대 民謠調 敍情詩 硏究」, 『국어교육』 53・54호, 한국국어교육연구회, 1985.12.
윤주은, 「김소월시 원본확정에 관한 연구」, 『어문학』 41집, 한국어문학회, 1981.
이명자, 「韓國象徵詩 硏究－金億과 黃錫禹를 通한 初期의 特性을 中心으로」, 고려대 석사논문, 1971.
이수정, 「『님의 침묵』에 나타난 R. 타고르의 영향관계 연구」, 『관악어문연구』 28집, 서울대 국어국문학과, 2003.
이승미, 「岸曙 金億 詩論 硏究」, 서강대 석사논문, 1997.
이영걸, 「시몬즈, 안서, 소월의 시」, 『한국외대 논문집』 29집, 한국외대, 1996.
이우섭, 「한국 근대 문인의 서구 상징주의 영향 연구－김억과 주요한의 초기 상징시와 일본 문인과의 상관관계를 중심으로」, 한중대 석사논문, 2012.
이원재, 「1920年代 韓國象徵主義詩 硏究－金億, 黃錫禹, 朱耀翰을 中心으로」, 계명대 석사논문, 1988.
이월미, 「1920年代 民謠詩 硏究－金億, 洪思容, 金東煥을 中心으로」, 동아대 석사논

문, 1993.
이유미, 「김억의 예술론 연구」, 서울대 석사논문, 2009.
이창식, 「『懊惱의 舞蹈』의 飜譯樣相」, 『한국문학연구』 10집, 동국대 한국문학연구소, 1987.
임수만, 「김소월 시의 原本 문제」, 『청람어문교육』 46집, 2012.12.
임정임, 「안서 김억 시의 리듬 연구」, 인제대 석사논문, 2009.
장정희, 「1920년대 타고르시의 수용과 小波 方定煥의 위치」, 『인문연구』 63호, 영남대 인문과학연구소, 2012.12.
전영경, 「岸曙 金億 硏究」, 『동대논총』 16집, 동덕여대, 1986.
전정구, 「미발표 소월 자필 유고의 쟁점과 과제」, 『비평문학』 33호, 2009.9.
정귀임, 「김억의 시와 시론 연구」, 동아대 석사논문, 2007.
정금철, 「김억의 시에 미친 英詩의 영향」, 『인문과학연구』 3집, 강원대 인문과학연구소, 1996.2.
정영효, 「번역과 근대시 형성－김억(金億)을 중심으로」, 동국대 석사논문, 2009.
정우택, 「한국 근대의 정서구조로서의 '님'의 발견」, 『한국 근대시인의 영혼과 형식』, 깊은샘, 2004.
정한모, 「한국 근대시 형성에 미친 역시의 영향」, 『동대논총』 4집, 동덕여대, 1974.5.
______, 「소월시의 정착과정 연구」, 『성심어문논집』 4집, 성심어문학회, 1977.8.
조남현, 「개작과정으로 본 소월 시의 裏幕」, 『문학사상』 51, 문학사상사, 1976.12.
조동구, 「안서 김억 연구－시론과 시의 변모과정을 중심으로」, 연세대 박사논문, 1988.
조병춘, 「金億의 民謠詩 硏究」, 『새국어교육』 55호, 한국국어교육학회, 1998.1.
차호일, 「안서 김억의 상징주의 시론 연구」, 『문학한글』 14호, 한글학회, 2000.
최동호, 「정지용의 타고르 시집 『기탄자리』 번역 시편」, 『한국학연구』 39, 고려대 한국학연구소, 2011.12.
최라영, 「김억 번역 연구－『잃어진 진주』를 중심으로」, 『어문학』 114집, 한국어문학회, 2011.12.
______, 「김억 번역 연구－『기탄자리』를 중심으로」, 『한국시학연구』 33호, 한국시학회, 2012.4.
______, 「김억의 창작적 번역 연구－『잃어진 진주』와 『기탄자리』를 중심으로」, 『어문학』 117집, 한국어문학회, 2012.10.
______, 「김억의 『신월』 연구」, 『한국시학연구』 35호, 한국시학회, 2012.12.
______, 「김억의 『원정』 연구」, 『어문학』 119집, 한국어문학회, 2013.3.

______, 「김억의 창작적 역시가 근대시에 미친 영향—한용운 시와의 관련성을 중심으로」, 『어문학』 123집, 한국어문학회, 2014.3.
최미란, 「金億의 漢詩 飜譯과 創作詩의 關係 硏究」, 한국학중앙연구원, 2011.
최영호, 「金億의 飜譯詩와 初期詩의 相關關係 硏究」, 고려대 석사논문, 1989.
하재연, 「'조선'의 언어로 한용운에게 찾아온 '생각'—『기탄잘리』와의 비교 분석을 통해 본 한용운의 『님의 침묵』」, 『한국근대문학연구』 20집, 한국근대문학회, 2009.
한수영, 「1920년대 시의 노래화 현상 연구」, 『비평문학』 24호, 한국비평문학회, 2006.12.
허금주, 「岸曙 金億 詩 硏究」, 성신여대 석사논문, 1992.
현태리, 「타골시 번역규범과 만해시 비교론」, 만해학국제학술대회 발표문, 1998.8.
홍아영, 「한국영어교육에 대한 사적 고찰」, 성균관대 석사논문, 2000.
황종연, 「데카당티즘과 詩의 音樂」, 『한국문학연구』 9집, 동국대 한국문학연구소, 1986.

김용직, 『한국근대시사』 상, 학연사, 1994.
김우선 편, 『선구자 김억』, 한국에스페란토협회, 2002.
김욱동, 『근대의 세 번역가』, 소명출판, 2010.
______, 『번역과 한국의 근대』, 소명출판, 2010.
김재홍, 『한용운문학연구』, 일지사, 1982.
박경수, 『한국 근대 민요시 연구』, 한국문화사, 1998.
박노준・인권환, 『한용운 연구』, 통문관, 1960.
송희복, 『김소월 연구』, 태학사, 1994.
신범순, 『한국 현대시사의 매듭과 혼』, 민지사, 1992.
오세영, 『한국낭만주의 시연구』, 일지사, 1980.
______, 『시론』, 서정시학, 2013.
윤주은, 『시혼과 음영—김소월 시 연구』, 울산대 출판부, 1998.
이재숙 역, 『우파니샤드』 I, 한길사, 1997.
조영복, 『1920년대 초기 시의 이념과 미학』, 소명출판, 2004.
조동일, 『한국문학통사』, 지식산업사, 2005.
크리슈나 크리팔라니, 김양식 역, 『R. 타고르의 생애와 사상』, 세창출판사, 1996.

초출일람 __

1장 「김억 번역 연구–『기탄자리』를 중심으로」, 『한국시학연구』 33호, 한국시학회, 2012.4.

2장 「김억 번역 연구–『잃어진 진주』를 중심으로」, 『어문학』 114집, 한국어문학회, 2011.12.

3장 「김억의 『신월』 연구」,『한국시학연구』 35호, 한국시학회, 2012.12.

4장 「김억의 『원정』 연구」,『어문학』 119집, 한국어문학회, 2013.3.

5장 「김억의 '창작적 번역' 연구」, 『어문학』 117집, 한국어문학회, 2012.10.

6장 「김억의 창작적 역시가 근대시에 미친 영향–한용운 시와의 관련성을 중심으로」, 『어문학』 123집, 한국어문학회, 2014.3.

7장 「김억의 창작적 역시가 근대시에 미친 영향–김소월 시와의 관련성을 중심으로」, 『어문학』 125집, 한국어문학회, 2014.9.

작품 · 문헌명 관련 색인

/ ㅈ /

/ ㅊ /

/ ㅋ /

/ ㅌ /

/ ㅍ /

/ ㅎ /

/ A /

/ R /

/ S /

/ T /

/ V /

/ W /

시구 관련 색인

/ ㄱ /

일반 명칭 색인

/ ㅈ /

/ ㅊ /

인명 관련 색인